课程与教学论

李允 主编
齐军 副主编

北京大学出版社

图书在版编目(CIP)数据

课程与教学论 / 李允主编. —北京：北京大学出版社，2015.3
（21世纪教师教育系列教材）
ISBN 978-7-301-25408-0

Ⅰ. ①课… Ⅱ. ①李… Ⅲ. ①课程–教学理论–师资培训–教材 Ⅳ. ①G423

中国版本图书馆CIP数据核字(2015)第018146号

书　　　名	课程与教学论
著作责任者	李允　主编
丛 书 主 持	李淑方
责 任 编 辑	李淑方
标 准 书 号	ISBN 978-7-301-25408-0
出 版 发 行	北京大学出版社
地　　　址	北京市海淀区成府路205号　100871
网　　　址	http://www.pup.cn　　新浪微博：@北京大学出版社
电 子 信 箱	zyl@pup.cn
电　　　话	邮购部 62752015　发行部 62750672　编辑部 62767857
印 刷 者	河北滦县鑫华书刊印刷厂
经 销 者	新华书店
	787毫米×1092毫米　16开本　16.5印张　350千字
	2015年3月第1版　2022年8月第6次印刷
定　　　价	42.00元

未经许可，不得以任何方式复制或抄袭本书之部分或全部内容。
版权所有，侵权必究
举报电话：010-62752024　电子信箱：fd@pup.pku.edu.cn
图书如有印装质量问题，请与出版部联系，电话：010-62756370

前 言

"课程与教学论"是教师教育类课程中的一门必修课程,它是在以往课程论与教学论的基础上经过一定的整合而发展起来的。怎样在一本教材中处理好课程与教学、课程论与教学论之间的区别与联系呢?许多教材编写者进行了一定的探索,有的教材将二者并行排列,先课程论再教学论,或先教学论再课程论,这种排列简单易行,内容结构易于处理,但不能显示二者的内在关联;有的采取完全整合的方式,将课程与教学不作具体区分,这样突出了二者的联系,但有些区别被掩盖或淡化。鉴于上述两种组织方式的优点和不足,本书采用适度整合、有分有合的整体排列方式。合是指在本书的整体框架上,按课程与教学的共性或密切联系点进行设计;分是指在具体的内容组织或问题探讨中,对二者在路径、范畴、策略等具有各自特点的方面,进行分别组织和排列,将二者的区别和特点呈现出来。

本教材编写的指导思想是落实《国家中长期教育改革和发展规划纲要(2010—2020年)》中提出的"深化教师教育改革,创新培养模式,强化师德修养和教学能力训练,提高培养质量"。本教材紧扣教育部中小学教师资格考试大纲,在内容的选择和组织上,力图反映近年来国内外基础教育课程与教学改革的新变化、新趋势、新特点,在系统阐述课程与教学基本原理的基础上,紧密结合基础教育课程与教学的实践,突出科学性、时代性、理论联系实际、实用性的教材编写原则。

本教材编委会成员都是从事课程与教学论的教学和研究工作的专业教师,对课程与教学的基本问题有着比较全面的了解和把握,而且具有丰富的教学经验。具体内容及编写者分别是:第一章,课程与教学概述(李允);第二章,课程与教学目标(赵小凤);第三章,课程与教学内容(刘亭亭);第四章,课程与教学的开发与设计(刘彩祥);第五章,课程与教学实施(赵小凤);第六章,课程与教学评价(齐军);第七章,课程与教学管理(齐军、朱玉露);第八章,课程与教学改革(李允、王远香)。最后由李允、齐军负责统稿和定稿。

在本教材的编写过程中,我们参考了大量的中外论著,引用了大量的研究成果,尽管我们尽力注明出处,但仍有可能挂一漏万,在此特别加以说明并向它们的作者们致以衷心的感谢。限于时间和水平,书中错漏之处在所难免,恭请读者批评指正,以便今后修订时改正、完善。

本教材得到曲阜师范大学的教师教育教材资助。感谢曲阜师范大学教师教育学院领导的支持和帮助;感谢北京大学出版社李淑方老师的帮助和指导。

编　者

2015/1/15

目　录

第一章　课程与教学论概述 ……………………………………………………… 1
　　第一节　课程与教学的内涵 ………………………………………………… 1
　　第二节　课程与教学研究的历史发展 ……………………………………… 14
　　第三节　课程与教学论的研究任务 ………………………………………… 24

第二章　课程与教学目标 ………………………………………………………… 30
　　第一节　课程与教学目标概述 ……………………………………………… 30
　　第二节　课程与教学目标的确定 …………………………………………… 43
　　第三节　课程与教学目标的表述 …………………………………………… 51

第三章　课程与教学内容 ………………………………………………………… 57
　　第一节　课程与教学内容概述 ……………………………………………… 57
　　第二节　课程与教学内容选择的依据与原则 ……………………………… 63
　　第三节　课程与教学内容的组织与呈现 …………………………………… 69

第四章　课程与教学的开发和设计 ……………………………………………… 88
　　第一节　课程开发的过程 …………………………………………………… 88
　　第二节　课程设计的模式 …………………………………………………… 99
　　第三节　教学设计的过程 …………………………………………………… 109
　　第四节　教学设计的模式 …………………………………………………… 112

第五章　课程与教学实施 ………………………………………………………… 124
　　第一节　课程与教学实施概述 ……………………………………………… 124

第二节　课程实施的取向与模式 …………………………………… 137
　　第三节　教学过程的原则与方法 …………………………………… 141

第六章　课程与教学评价 ……………………………………………… 161
　　第一节　课程与教学评价概述 ……………………………………… 161
　　第二节　课程与教学评价的类型 …………………………………… 168
　　第三节　课程与教学评价的实施 …………………………………… 172

第七章　课程与教学管理 ……………………………………………… 191
　　第一节　课程与教学管理概述 ……………………………………… 191
　　第二节　课程与教学管理模式 ……………………………………… 196
　　第三节　课堂教学管理 ……………………………………………… 213

第八章　课程与教学改革 ……………………………………………… 228
　　第一节　课程与教学改革的动因 …………………………………… 228
　　第二节　国外课程与教学改革 ……………………………………… 234
　　第三节　我国课程与教学改革 ……………………………………… 246

第一章　课程与教学论概述

学习目标

1. 理解课程与教学的内涵，明晰课程与教学的关系。
2. 理清课程与教学研究的发展脉络，了解不同阶段的主要特点。
3. 了解课程与教学论研究的任务，认识学习课程与教学论的意义。

每一位教师和学生在学校生活中，每天都在频繁地接触着课程与教学，但对课程与教学的相关学术问题并不一定都能清楚。那么，什么是课程与教学？课程与教学之间是怎样的关系？课程与教学是怎样发展变化的？为什么要学习课程与教学论？这就是本章需要梳理和回答的主要问题。

第一节　课程与教学的内涵

> **案例 1-1**
>
> 　　一次应邀去一所中学参加校本教研，研讨开始前我与老师们开始相互认识寒暄。一位中年教师很礼貌地问我："老师，您是教哪科的呀？"我回答道："我是教课程论的。"他听后脸上露出几丝疑惑："课程论？课程论具体是搞什么的呀？"我正思忖着怎样简明扼要地回答他的问题，稍作迟疑，他又快人快语地自我解释道："课程论是不是研究教师所应教的课，比如学校的课表的呀？"我连忙应答："是，但也不全是，课程论要研究学校的课表，但又不仅仅研究课表。"

什么是课程与教学？这是课程与教学研究的逻辑起点。课程与教学是两个普遍存在但又十分复杂的概念，不同的时期、不同的学者对此有着不同的理解。

一、课程的内涵

课程是一个不断发展变化的概念，不同的人从不同的角度对其会有不同的理解。

对课程内涵本身的歧见,不仅引起了课程理论研究中的纷争,而且还导致课程实践重心的摇移。但对课程内涵的揭示又是课程论研究中的一个基本问题,因此,辨析课程概念的内涵,对于课程理论的建构和课程实践的深化具有重要的奠基作用。

(一)"课程"一词的词源考略

从词源上看,在我国,"课程"一词始见于唐宋期间。据考证"课程"一词在汉语文献中最早出现在唐朝孔颖达在《五经正义》里为《诗经·小雅·巧言》中"奕奕寝庙,君子作之"句注疏:"维护课程,必君子监之,乃依法制。""奕奕寝庙,君子作之"直解为"好大的殿堂,由君子主持建成","奕奕"形容宏伟状;"寝庙"指殿堂、庙宇,比喻伟大的事业;"君子"指有德者。全句的意思是"伟大的事业,乃君子维持",这里的"课程"指的是"伟业",可见含义的宽泛远远超出了学校教育的范围。宋代朱熹在《朱子全书·论学》中多次提及课程,如"宽着期限,紧着课程""小立课程,大作功夫"等。虽说他只是提及课程,并没有明确界定,但意思还是清楚的,即表示为功课及其进程。

在西方教育史上,"课程"(curriculum)一词最早出现在英国著名教育家斯宾塞(H. S. Spencer,1820—1903)的《什么知识最有价值?》一文中。它是从拉丁语"currere"一词派生出来的,意思是"跑道"(race-course)。根据这个词源,最常见的课程定义是"学习的进程"(course of study),又称为学程,这一解释在英文字典中很普遍。课程既可以是指一门学程,又可以指学校提供的所有学程。

(二)见仁见智的"课程"概念

对于"课程"一词,无论在意义的广狭上,还是在概念的外延与内涵上,中外课程论研究者们均有不同的见解。难怪美国学者斯考特(R. D. V. Scotte)称"课程是一个用得最为普遍但却定义最差的教育术语"[①]。下面对见仁见智的课程定义略加归纳,把有代表性的观点列举如下。

1. 课程即学问和学科(学科本质观)

把课程视为学问和学科,在历史上由来已久。我国古代的课程有"礼、乐、射、御、书、数"六艺;欧洲中世纪初的课程有"文法、修辞、辩证法、算术、几何、音乐、天文学"七艺,都是强调学问的分科课程。时至今日,把课程等同于学问和学科的观点仍很普遍。美国哥伦比亚大学荣誉教授费尼克斯(P. H. Phenix)在《课程面临的抉择》一文中明确提出:"一切的课程内容应当从学问中引申出来。或者换言之,唯有学问中所包含的知识才是课程的适当内容。"[②]按照费尼克斯的观点,学问知识是课程的唯一源泉。目前,我国《辞海》《教育大辞典》《中国大百科全书》,以及众多的《教育学》教材中,也大多将

---

① [美]比彻姆.课程理论[M].黄明皖,译.北京:人民教育出版社,1989:169.
② 钟启泉.现代课程论[M].上海:上海教育出版社,1989:115.

课程等同于学问和学科,或者指学生学习的全部学科——广义的课程,或者指某一门学科——狭义的课程。

对于"课程即学问和学科"这一定义,批评者认为其虽然概括了课程的主题,但却是不完全的,因为学校为学生提供的学习已远远超出了课程的学问和学科范围。实际上,在学校中,学生除了从学问和学科课程中学到知识外,还可以通过活动和社会实践等学到更为广泛的知识。另外,如果把课程局限于学科知识范围,把学生的学习生活局限于课堂这一狭小的空间,容易导致学生生活单调枯燥,缺乏生气。因而,完整的课程不应当只是学问和学科。

2. 课程即学习经验(经验本质观)

把课程视为"学习经验"是20世纪30年代以来,相当受重视并影响深远的课程定义。但从其渊源上看,这种定义是由美国实用主义教育家杜威(John Dewey)在20世纪初提出的。杜威根据实用主义的经验论,把课程看做是学生在校内通过各种活动获得的学习经验。这种定义的基本思想是:只有个体亲身的经历才是学习,课程就是让受教育者体验各种各样的经历。鉴于学习经验过于宽泛而难以把握,一些学者试图对学习经验通过"有计划的""有意图的""有指导的"等做出限定。20世纪60年代以后,这种观点就相当流行。

把课程定义为学习经验是试图把握学生实际学到了什么,并希望把课程的重点从教材转向个人。从理论上讲,把课程作为个人的经验似乎很有吸引力,但这种定义过于宽泛,在实践中让人难以把握。美国课程专家坦纳夫妇(D. Tanner & L. N. Tanner)就曾列举出经验课程的如下缺憾:① 未能指出何种经验应由学校或其他机构提供;② 可能排除了系统化的知识;③ 即使在教师的指导下,也可能包含好的和不好的经验;④ 未指出经验所要达到的结果,似乎以学习经验为目标。[1]

3. 课程即预定的教学计划(手段本质观)

这种观点认为,课程即"教育计划""学习计划"或"培养方案"。美国课程论专家比彻姆(G. A. Beauchamp)认为:"课程是书面文件,可包含许多成分,但它基本上是学生注册入学于某所学校期间受教育的计划。"同时还指出,一个理想的课程计划应该包括:"① 说明用这个计划文件作为指导规划教学策略的意图;② 说明为学校提出的目的,以及为此目的而设计的课程;③ 为实现这个目的可能需要的使用方法说明;④ 说明测定课程和课程体系的价值及效果的评价方案。"[2]我国也有一些学者持有类似的观

---

[1] D. Tanner, L. N. Tanner. Curriculum Development: Theory into Practice[M]. New York: Macmillan Publishing Co. 1980: 15-16.

[2] G. A. Beauchamp. Curriculum Theory(2d.)[M]. Wilmette, IL: Kogg Press, 1968: 6.

点,如吴杰在其《教学论》一书中称:"课程是指一定学科有目的、有计划的教学进程。这个进程有量、质方面的要求,它也泛指各级各类学校某级学生所应学习的学科总和及其进程和安排。"①

对于这一课程定义,批评者的焦点主要集中在以下三个方面:第一,将课程视为预设的教学计划,而忽视学生的实际体验,从而造成课程实践中的本末倒置现象,即把教学计划作为目的,而恰恰忽视了这些计划的真正意义——为促进学生的学习与发展服务。第二,实践证明,在教学活动中,事先安排好的计划并不是一成不变的,它常常要根据具体的教学情境进行必要的调整和更改,况且还有许多教学活动是基于非计划来进行的,所以,课程体系中不应忽视那些计划外的内容。第三,把教学计划等同于课程,显然混淆了课程与教学的概念。一般说来,教学是课程实施的主要途径,教学计划即课程实施的方案,而把教学计划(课程实施方案)与课程画等号,则明显缩小了课程的外延,犯了包容过小的逻辑错误,导致课程研究的狭窄化。

4. 课程即预期的学习结果或目标(目标本质观)

这一定义在北美课程理论中有较大影响。像博比特(F. Babbitt)、加涅(Robert Gagne)、约翰逊(M. Johnson)等人认为,课程不应该是教学活动计划,而应该直接关注预期的学习结果或目标,把重点从手段转向目的。这就要求在进行课程设计时,事先制定一套有结构、有序列的教学目标或学习结果,所有教学活动都是为达到这些目标服务的。这一定义的一个主要意图是区分课程和教学这两个概念,如约翰逊认为,课程是教学的指南,课程必须被看做"期待的,而非报告式的",课程"规定教学的结果"但"并不规定教学的手段以至教学的内容",因此,课程只能由"预期的学习结果的构造系列"所组成。②

然而,研究表明,所预期应该发生的事情与实际发生的事情之间总是存在着差异。在课程实践中,预期的学习目标是由课程决策者制定的,教师作为课程实施者,尽可能按照这些目标组织课堂教学活动。在客观上,课程目标的制定过程与实施过程是分离的,两者不可能完全一致。因此,有人提出,制定目标与实施目标之间的差距,应该成为课程研究的基本焦点。另外,把焦点放在预期的学习结果上,会忽略非预期的学习结果。而研究表明,师生互动的性质、学校文化或隐性课程对学生的成长有很大的影响。所以尽管从表面看,所有学生都显示出已达到预期的学习结果,但这种结果对不同的学生来说是很不同的。

(三)课程概念的基本认识

课程作为学科、经验、计划和目标的定义,并非完全对立,事实上,它们在不同形态

---

① 吴杰. 教学论[M]. 长春:吉林教育出版社,1986:5-6.
② M. Johnson, Definitions and Models in Curriculum Theory, Educational Theory, April, 1967:30.

的课程中,可以各得其所,相互补充,相得益彰。课程本质的探讨不是为了寻找一种永恒不变的定义。了解各课程观点有助于我们看到课程的丰富性与复杂性,在进行课程设计和实施时,需要全面考虑学科、经验、社会的作用,吸纳各课程观的合理成分,保持适度平衡,克服实践中的偏颇,从而进行明智的抉择。全面地对课程进行界定,主要从课程的范围和层次两个角度进行把握。

1. 课程概念的范围

从课程概念的范围进行分析,课程由小到大可以分为以下几种。

(1) 最狭义的课程概念。课程是指某门学科甚至某本教材。

(2) 狭义的课程概念。课程是指为实现各级各类学校的培养目标而规定的教学科目及其目的、内容、范围和比例的总和。它是一整套以课程计划为基本框架,包含各门学科以及各门学科所包含的知识技能、价值观念和行为规范。

(3) 广义的课程概念。课程不仅指在课程计划、课程标准、教材中规定的,有计划实施的显性信息,同时还包含由学校生活质量、教师态度、教学活动等所传递的隐性内容,这些内容虽未经计划,但潜移默化地影响着学生的发展。

(4) 最广泛的课程概念。课程既包含校内正规教育内容,也包含校外非正规、非正式的教育内容。凡是对学生发展产生影响的活动,都可纳入课程的范畴。

2. 课程概念的层次

不同的课程定义,有时是指不同层次上起作用的课程。课程从计划、编制到实施,从课程决策者、编制者到教师和学生,经历了多种转换。事实上,有些课程定义关注的是某一层次上的课程,而有些则把焦点放在另一层面上。当然,关注不同层次的课程,本身也反映了定义者的基本观点和取向。

美国学者古德莱德(J. I. Goodlad)认为,人们在谈论课程时,往往是站在不同的层面上去理解。在他看来,课程自上而下,从理论到实践可以分为五个层次。

(1) 理想的课程(ideological curriculum)。这种课程是由研究机构、学术团体和课程专家提出的应该开设的课程,他们较多的是从理论和实践的角度论证课程开设的意义或必要性。这种课程能否由理想成为现实,取决于是否能被官方所采纳。

(2) 正式的课程(formal curriculum)。这类课程是由教育行政部门规定的课程计划、课程标准和教材,也就是已经被列入学校课程表中的课程。

(3) 领悟的课程(perceived curriculum)。它是指被任课教师所领会的课程。由于不同教师对正式课程会有各种不同的理解和解释方式,因此教师对课程"实际上是什么"或"应该是什么"的领会,与正式的课程实践会有一定的距离,从而减弱正式课程的某些预期的影响。

(4) 运作的课程(operational curriculum)。它是指在课堂上实际实施的课程,由于课程的运作需要教师根据学生的实际情况加以调整,教师领会的课程与实际运作的课程也会有一定的差距。

(5) 经验的课程(experiential curriculum)。这一层面的课程是指学生实际体验到的东西。因为每个学生对事物的看法和理解都有自己的个性特点,不同的学生即便是学习同样的课程,也会有不尽相同的体验。

综上可见,课程是一个多角度、多层面且不断发展中的概念,永恒不变的课程定义是不存在的,对于教育工作者而言,重要的不是选择何种固定的定义,而是要意识到各种定义的指向性。对于学习者而言,对课程定义也应从多层面、多角度理解和把握,"广义的课程即学生在校期间所学的内容的综合及其进程的安排""狭义的课程特指一门学科及其进程",这类定义是目前在教科书和一些文件中常见的。这种定义既包括静态的"课",又包括动态的"程"。在我国,课程的具体表现形态有三种,即课程计划、课程标准和教科书。课程类型也是多种多样的,按课程内容的固有属性可以将课程分为学科课程与活动课程;按课程内容的组织方式可以将课程分为分科课程与综合课程;按对学生的要求进行划分,课程又可分为必修课程与选修课程;按课程设计、开发管理的主体,课程分为国家课程、地方课程和校本课程;按课程的表现形式或对学生的影响方式,可以将课程分为显性课程与隐性课程。(具体分析参见本书第三章第三节内容)

二、教学的内涵

"教学是什么?"这是教学理论研究中的一个基本问题,是不能回避不答的问题,但教学又是历史悠久、内涵丰富的问题,辨析教学概念的内涵,必将有益于教学理论的建构和教学实践的深化。

(一)"教学"一词的词源考略

在我国,关于"教学"一词,早在商朝甲骨文中就出现了"教"和"学"二字。"教学"二字连用为一词,最早见之于《书经·尚书·兑命》:"斅学半"(斅 xiào,同教)。《学记》中引用它作为"教学相长"思想的经典依据:"学然后知不足,教然后知困,知不足然后能自反,知困然后能自强也。故曰:教学相长。"宋朝蔡沈对"斅学半"的注释是:"斅,教也……始之自学,学也;终之教人,亦学也。"其意为:一开始自学这自然是学;学了以后去教人,这也是学。这里的"教"与"学"实际上都是指教师的行为,是说教师的"教"与"学"是辩证的、对立统一的,是相互依赖、相互促进的。《学记》开宗明义地指出:"建国君民,教学为先。"这里的"教学"含义非常宽泛,几乎与"教育"同义,与我们今天所指的课堂教学中的"教学"有很大不同。据考证,"教学"一词真正代表教师的"教"和学生的"学"意蕴的是在宋朝欧阳修为胡瑗先生作墓表时所写:"先生之徒最盛,其在湖州学,弟子来去常数百人,各以其经传相传授,其教学之法最备,行之数年,东南之士,莫不以仁义礼乐为学。"

 知识卡片 1-1

教、学的甲骨文写法

在英语世界里,涉及教学所对应的单词有 teach(教、教导)、learn(学、学习)和 instruct(教导)。teach 和 learn 最早表达的是同样的意思,也是可以通用的。

Learn 来自中世纪英语中 lernen 一词,意思是学习或教导。Lernen 来源于盎格鲁-撒克逊语言中 lernian 一词,其词干是 lar,lar 是 lore 一词的词根。Lore(经验知识)本来的意思是学习或教导,但现在被用来指所教的内容。因此可以说,learn 和 teach 是由同一词源派生出来的。

"teach"一词还有另一种派生形式。它源于古英语中 taecan 一词,taecan 又是从古条顿语中 taikjan 一词派生出来的。Taikjan 的词根是 teik,意思是拿给人看,它又可通古条顿语以前的 deik 一词,一直追溯到梵语中的 dic。与 teach 一词有关系的还有 token(符号或象征)。Token 来源于古条顿语 taiknom,这与 taikjan 是同源词,古英语中 taecan 的意思是教。所以,token(符号或象征)与 teach(教导)从历史上看是相互联系的。根据这一派生现象,教学就是通过某些符号或象征向某人展示某事物,利用符号或象征唤起某人对事件、人物、观察、发现等的反应。在这一派生现象中,teach 与使教学得以进行的媒介相联系。①

我国古代汉语中的"教"源自于"学",与此不同,英语中的 teach 与 learn 是同一词派生出来的,learn 与所教的内容相联系,teach 与使教学得以进行的媒介相联系。后来,词义的发展是基于分析的逻辑,即不是两者兼取(both-and)而是两者择一(either-or),所以英语中的教与学指的是两种不同的活动,两个不同的概念,不同于汉语涵盖

---

① 汪霞.小学课程与教学论[M].上海:华东师范大学出版社,2011:6.

教与学两方面的"教学"的概念。不过,我们有时会在一些英文文献中见到 teaching-learning 一词,这一合成词与我国通常所理解的教学形式可以等同。

至于 teach 和 instruct 这两个词的释义,确实还有分歧。例如,有人认为,前者多与教师的行为相联系,作为一种活动;后者多与教学情境有关,作为一种过程。但绝大多数学者还是把它们当作同义词,可以互相替代。

(二) 见仁见智的"教学"概念

教学是一个发展中的概念,人们对教学的看法由于角度不同,突出点不同,有比较大的差异,从而存在多种定义,其中我国有代表性的定义有如下几种。

1. 教学即教授

在我国,19世纪末20世纪初较为流行的观点是教学即教授,意为教师的教。由于当时科举制度刚刚废除,新式学校开始兴办,又苦于没有专职教师,加之受德国教育家赫尔巴特教学法的影响,人们非常重视教师的"教"。"怎样教"的问题便使教学演化为"教授"。在西方"teach"这个词,从其词源的词根上分析,也有"说明"的意思。这与我国的教学即教授、讲授有一致之处,偏重于教师"教"的一面。

2. 教学即教学生学

教学的这种定义与我国著名的教育家陶行知有关。1917年,陶行知从美国学成回国后,考察了许多学校,对当时学校教育的状况极为不满,因为"先生只管教,学生只管受教"。"论起名字来,居然是学校,讲起实在来,却又像是'教校',这都是因为重教太过。"在他看来,"教的法子必须要根据学的法子……先生的责任不在教,而在教学,教学生学"[①]。因此,他极力主张把"教授"改为"教学",并将南京高等师范学校全部课程中的"教授法"改为"教学法",这样"教学"就有了"教学生学"的语义。这种语义显然是受美国教育哲学家杜威"学生中心"思想的影响。

3. 教学即教师的教与学生的学

中华人民共和国成立后,我国在全面学习苏联教育学家凯洛夫(Kairov, Ivan Andreevich 1893—1978)主编的《教育学》时,了解到苏联教育家对"教学"所下的定义是:"教学过程一方面包括教师的活动(教),同时也包括学生的活动(学)。教和学是同一过程的两个方面,彼此不可分割地联系着。"[②]于是我国学者就接受了这种定义:教学是教师的教和学生的学统一的活动。我国的教育学或教学论教科书以及教育方面的辞典中大多是这样的解释,这种观点已经普遍被人们接受。

---

① 方严.陶行知教育论文选辑[M].北京:生活·读书·新知出版社,1947:10.
② [苏联]凯洛夫.教育学[M].陈侠,等译.北京:人民教育出版社,1957:130.

> **知识卡片 1-2**
>
> 1. 所谓教学,乃是教师教、学生学的统一活动;在这个活动中,学生掌握一定的知识和技能,同时,身心获得一定的发展,形成一定的思想品德。
>
> ——王策三.教学论稿[M].北京:人民教育出版社,1985:88-89.
>
> 2. 教学就是指教的人指导学的人进行学习的活动。进一步说,指的是教和学相结合或相统一的活动。
>
> ——李秉德.教学论[M].北京:人民教育出版社,1991:2.
>
> 3. 教学是以课程内容为中介的师生双方教和学的共同活动。
>
> ——顾明远.教育大辞典[M].上海:上海教育出版社,1990:178.

(三)教学概念的基本认识

如何给"教学"下一个稳定的定义,这是一件并非容易但又是应该做的事情。在对教学概念进行梳理的基础上,我们对现代教学做出如下思考。

1. 教学是多层面的活动

王策三先生曾对教学的不同含义做过多层面的归纳。①

(1)最广义的理解。一切学习、自学、教育、科研、劳动以及生活本身,都是教学。

(2)广义的理解。在这种理解下,教学已不再是某些自发的、零星的、片面的影响,从内容到目的都体现出有目的、有领导、全面的影响。

(3)狭义的教学,指教育的一部分或基本途径。通常所说的教学就是这一种理解。

(4)更狭义的教学。在有的场合下,教学被理解为使学生学会各种活动和技能的过程。如教小学生阅读、写字、算术,有"训练"的意思。

(5)具体的教学。以上四种类型的教学都是抽象的,事实上,教学是具体的,都是与一定的时间、地点和条件联系在一起的。一旦谈到具体的教学,那么教学本身以及关于教学的观点就更加多样了。

一般教科书和教学论中所研究的教学主要是狭义的,教学主要指"教育的基本途径",而且多指的是课堂教学。

---

① 王策三.教学论稿[M].北京:人民教育出版社,1985:86-88.

2. 教学是教与学的统一

首先,教不同于学。在课堂教学情境中,教主要是教师的行为,学主要是学生的行为。教师与学生之间存在着差异,教与学之间也存在着差异。教主要是一种外化过程,学主要是一种内化过程。正因为教师与学生之间、教与学之间存在着差异,教师与学生之间的交往才有价值。

其次,教与学互相依赖。教与学之间互为基础、互为方向。在课堂教学情境中,教师的教就意味着学生的学,学生的学也内含着教师的教,这是同一个过程。在教学情境中,不存在没有教的学,也不存在没有学的教。

最后,教学过程是师生交往的过程。在教学过程中,教师和学生都是主体,而且是人格绝对平等的主体。教师与学生之间的关系是主体与主体之间的关系——交互主体的关系。学生有其独立人格,独特的精神世界,独特的认知、情感、态度和价值观念,对教学过程有选择的权利,学生是教学过程的主体。教师是教学交往的另一方,教师"闻道在先",担负着教学过程的组织者、引导者、咨询者、促进者的角色,教师也是教学过程的主体。教师与学生之间不是单向的主体和客体的关系,不是塑造与被塑造的关系,而是复杂得多向的交往关系。

3. 教学是一种探究活动

教学本质上就是一种探究。因为教师从事教学的工作对象是活生生的、健康的人,而不是相对静止的物,这是教学工作与其他工作的区别所在。这种工作特性决定教师的专业工作生活方式必须面对教育情境中的不确定性。教师每时每刻面对的情境都具有即时性、多面性,需要教师去解决、去探究。

通过上述分析,我们可以尝试地将教学定义为:教学是教师与学生以课堂为主要渠道的交往探究过程,是教师的教和学生的学相统一的活动。通过这个交往和探究活动,学生掌握一定的知识技能,形成一定的能力态度,人格获得一定的发展。

三、课程(论)与教学(论)的关系

我们在考察了课程与教学各自的内涵之后,顺应逻辑分析的原则,将关注点投向课程与教学的关系上。在教育研究中,存在着课程与教学两个领域;在教育学科中,有着相应的课程论和教学论两门学科。由于历史的原因,对于课程(论)与教学(论)的关系问题,国内外均未取得一致意见,下面对国外和国内相关观点做简要的梳理和分析。

(一) 国外的四种模式

在欧美,对课程(论)与教学(论)之间关系的看法,有四种不同的主张,形成了三种

不同的模式。

1. 二元独立模式

这种模式认为,课程与教学独居其位,两者没有"接触",相互之间存在巨大的"鸿沟"。课程与教学之间是彼此独立、互不依赖的。根据这种观点,教师指导下的课堂里发生的事情与人们计划好的课堂里应该发生的事情之间没有关系。课程规划者,忽视了教师,反过来也被教师所忽视。课程研究与它们在学校中的教学实际应用分离开来,两者会独自变化而互不影响。就如布鲁纳所指出,应"将课程和教学看作是分离的实体"①。

2. 包含模式

这种模式又有两个变式:一是大教学小课程,即认为教学是上位概念,课程包含于其中。这种观点在苏联以至当今的独联体国家仍具有较大影响。这种观点隐含有课程等同于教学内容的趋向,如把课程定义为"指学校教育科目及各科教材,也就是教学内容"。这样,课程就成了教学理论中的一个基本要素。二是大课程小教学,即把课程理解为上位概念,课程的内涵和外延都相对扩大。这种观点在北美影响较大。美国现代课程理论奠基人泰勒(R. W. Tyler)把教学作为课程理论的组成部分,这在其代表著作《课程与教学的基本原理》中提出的4个基本问题中得以体现,即学校应该试图达到哪些教育目标?学校提供哪些教育经验才能实现这些目标?怎样才能有效地组织这些教育经验?我们怎样才能确定这些目标正在得到实现?

3. 循环模式

这种模式认为,课程与教学是两种系统,虽相对独立,但存在互为反馈的延续关系,课程不断地对教学产生影响,反之亦然。西方学者提出的三个隐喻可以说明这种观点。

隐喻一:课程是一幢建筑的设计图纸;教学则是具体的施工。

隐喻二:课程是一场球赛的方案;教学则是球赛进行的过程。

隐喻三:课程可以被认为是一首乐谱;教学则是作品的演奏。

该模式意指教学决定在课程决定之后,且在教学决定付诸实施与评价之后,根据成效,修正课程决定。这一过程周而复始,永不终止。在该模式中,课程与教学如图 1-1 所示,虽为分开的实体,但是均为一个圆周的一部分,两个实体彼此相互调适与改良。

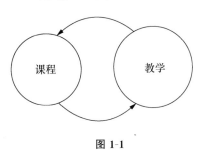

图 1-1

---

① 崔允漷.课程与教学[J].华东师范大学学,1997(1).

（二）我国的三种不同见解

在我国的课程与教学论研究中，一方面继承过去的传统，一方面借鉴西方的成果，一方面则从课程与教学改革实践中吸收营养，在课程与教学的关系问题上，出现了三种不同的观点。

1. 教学（论）包含课程（论）

1949年前后，我国引进苏联的教育学。在苏联教育学里只研究教学内容，不研究课程，只有教学论，没有课程论。改革开放以来，我国的课程论学科开始恢复起来，就引发了课程与教学、课程论与教学论的关系问题。一些人根据历史传统，很自然地就把课程（论）归属于教学（论）的门下。

2. 相互独立论

在课程与教学关系问题的讨论中，以陈侠为代表的另外一些学者则提出，课程研究是一个独立的领域，课程论是独立于教学论的一门教育学的下位分支学科。这种观点受美国学者比彻姆（G. A. Beauchamp）的影响较大，比彻姆"是把课程理论和教学理论并列的，可见二者有各自的研究领域，没有必要把课程论包括在教学论之中……如果放在教学论里讲，会受到一定的限制，会束缚这门学科的发展"。我国之所以要建立课程论这门学科，"是因为课程是实现教育目标的手段，课程编订的好坏，决定着教育质量的高低，决定着教育目标能否完满实现"[①]。所以，课程论应该从教学论中独立出来。

3. 课程与教学整合论

课程与教学、课程论与教学论相互独立的主张，在有力地促进课程与教学研究发展的同时，助长和加剧了课程研究与教学研究相互割裂的倾向。针对此问题，我国有些学者在相关研究和探讨中，逐步提出了课程（论）与教学（论）整合的新主张，譬如高文提出"课程与教学一体化"，张华提出"课程与教学整合论"。除此之外，黄甫全还提出了"大课程观与大课程论"的理念。

（三）课程与教学关系的基本认识

综合国内外有关课程与教学关系的基本观点，我们不难发现课程和教学这一对概念既有着紧密的联系，但又存在着一定程度的分离、差异，简单地把来自不同概念框架的两者之中的一个归结于另一个的亚系统或将两者截然分开的论断显然是不科学的。然而，尽管要想准确地描述出课程和教学的关系是非常困难的，但是下列几点似乎已经达成共识。

[①] 陈侠.课程论的学科位置和它同教学论的关系[J].课程·教材·教法，1987(3).

其一,课程与教学虽然有关联,但又是各不相同的两个实体。课程强调每一个学生及其学习的范围(知识或活动或经验),教学强调教师的行为(教授或辅导或咨询)。

其二,课程与教学肯定存在着相互依存的交叉关系,而且这种交叉不仅仅是平面的、单向的。

其三,课程与教学虽是可以分开进行研究与分析的实体,但是不可能在相互独立的情况下各自运作。

基于上述共识,我们应怎样在教育科学的概念系统中看待课程与教学的关系呢?什么样的表达方式在逻辑上是可行的?目前有一种表述似乎容易被接受,即"课程是为有目的的学习而设计的内容,教学则是达到教育目的的手段。""课程理论与教学理论之间必然存在着各种联系和交叉重叠部分,课程理论必然会考虑到课程实施问题,而教学理论则肯定会涉及与教学方法相关的教学内容问题。"①

美国著名课程论专家麦克唐纳(J.B. Macdonald)在其学校教育系统模式中勾勒出一张教育概念系统图(如图1-2),②可以用来支持上述的理解。在这个系统模式中,课程和教学是一个大系统中互动的子系统。课程是教育中最直接的社会系统,它为教学制订计划。而教学这一系统与教师和学生这两种主体结合后,教和学的两种个人化的系统就加入这一大系统中。这里"教"被视为教师以个人方式组织学生的学,"学"则是学生以个人方式参与学习。教学系统和课程系统的结合则是课程目标的具体化。如果再与教师的教的系统和学生的学的系统相交就产生一中心,即教师的努力和学生的学习行为使课程目标在教学中得以实现。

图1-2是个人化的教与学和课程与教学系统的平面展示,将多张这种图交织起来就形成了课程、教学、教、学之间的多维的立体网络关系。当把这种立体化、网络化的系统模式启动后,课程和教学的关系就更为形象地展示出来。假设我们新课程通过各种手段、途径确定下来,当它付诸实施时,教学这一主要的系统就要充分发挥作用。为完成新的课程方案,教学要适应新要求,就必须不断地进行自身调节,以达到课程目标。适应新的课程方案过程对于教学而言并非是单向或简单的,而是一种双向的或创新的过程,新的教学

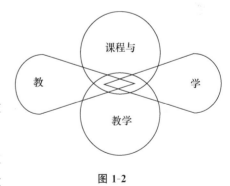

图1-2

反之又对课程提出新的要求,相对陈旧的课程又需要更高层次上进行调整适应。

---

① 施良方.试论北美教学理论的形成和发展[J].教育研究,1993(1).
② 崔允漷.课程与教学[J].华东师范大学学报(教育科学版),1997(1).

第二节　课程与教学研究的历史发展

> **案例 1-2**
>
> "八年研究"是美国教育史上规模最大、意义最为深远的课程实验。通过实验,泰勒总结了课程编制的原理和方法。
>
> 1929 年的经济大萧条给美国经济以沉重打击,生产力水平急剧下降,个人失业率骤增,劳动力市场上难有中学毕业生的一席之地,这对学校课程提出了新的挑战。据统计,在 1930 年,成年人中有 25% 的人失业,而青少年几乎 100% 无法找到工作。这样,大批青少年在就业无门的情况下,只能又回到学校。1910 年,美国 14~17 岁年龄组中只有不到 17% 的人入读高中,而到了 1930 年,这个年龄组中则有 51% 升入高中。许多学生进入高中,主要是为了避免在社会上闲荡,他们并不打算将来升入大学。
>
> 针对这种情况,美国教育协会发起并开展了"八年研究"(1934—1942),共有 300 多所大学,30 多所中学参与了该课程实验。"八年研究"在实验学校进行了综合课程实验,实验的目的是:(1)致力于帮助学生适应社会生活;(2)编制一套更统一、更连贯的课程。

古代学校建立后,教学活动得到发展,促进了教育工作者对课程与教学问题的深入、系统的思考,这些思考延绵不断,逐渐汇集成丰富的课程与教学思想,然后产生了关于课程与教学的系统理论。从课程与教学思想的历史发展看,作为一个独立的领域,系统的教学研究早于系统的课程研究。本着历史与逻辑统一的原则,我们先梳理教学论发展的脉络,然后再回顾课程论的发展历程。这样也有利于理解课程与教学之间的区别与联系。课程与教学思想从起源、发生、发展的总体路径看,都经历了萌芽期、建立期和繁荣期三个阶段。

一、萌芽阶段的课程与教学思想

在课程与教学思想的发展过程中,经历了漫长的萌芽时期。这一时期,教学和课程研究还处于萌芽阶段,不存在现代意义上的课程与教学理论。人们关于课程与教学思想的论述多是经验的总结、感性的描述,尚未将"课程""教学"作为独立的对象加以研究,有关课程与教学思想也是散见于哲学、政治学等著作中,没有相对完整的理论体系。

(一) 教学思想的孕育

古代教学经验的长期积累孕育了最初的教学思想,它的源头可以追溯到我国春秋战国时期与古希腊时期。那个时期百家争鸣,智者云集,人类思想处于萌发阶段。中国先秦涌现出一大批教育家,如孔子、孟子、荀子、老子、庄子,他们阐发了众多著名的教育、教学主张。

《论语》是儒家的经典著作,它以语录体和对话体的形式记载了我国古代著名教育家孔子及其弟子的言行,其中包括"有教无类""因材施教""博约相依""学思结合"等教学主张,是古代教学思想的宝库。

知识卡片 1-3

《论语》中的经典名句

1. 学而不思则罔,思而不学则殆。(《为政》)
2. 学而时习之,不亦说乎。(《学而》)
3. 知之者不如好之者,好之者不如乐之者。(《雍也》)
4. 求也退,故进之;由也兼人,故退之。(《先进》)
5. 兴于诗,立于礼,成于乐。(《秦伯》)

《礼记·学记》被认为是世界上最早专门论述教育、教学问题的著作,该书成书于战国晚期,相传为孟子的学生乐正克所著。《学记》言简意赅,通篇虽只有 1229 个字,却喻词生动,全面而精到地阐明了教育目的、教育制度、教学原则、教学方法、教师地位、教师素质、师生关系等主张,至今仍闪耀着智慧的光辉。

知识卡片 1-4

《学记》中的经典名句

1. 是故学然后知不足,教然后知困。知不足,然后能自反也。知困,然后能自强也。故曰:教学相长也。
2. 独学而无友,则孤陋而寡闻。
3. 故君子之教,喻也。道而弗牵,强而弗抑,开而弗达。道而弗牵则和,强而弗抑则易,开而弗达则思。和易以思,可谓善喻矣。
4. 大学之法:禁于未发之谓豫;当其可之谓时;不陵节而施之谓孙;相观而善之谓摩。此四者,教之所由兴也。

在西方,古希腊的苏格拉底、柏拉图、亚里士多德阐述了各自的教学思想,出现了苏格拉底的"产婆术",柏拉图的《理想国》,亚里士多德的《尼各马可伦理学》《政治学》等。古罗马昆体良系统地总结了罗马教学成就和自己的从教经验,写出了古代西方第一部教学法专著《雄辩术原理》(也译《论演说家的教育》)。

(二)课程思想的前期准备

尽管课程设置与学校相伴而生,但跟教学研究相比,课程问题的探究则比较松散,课程思想的前期准备时间相对较长。中国有着悠久的教育传统,有着丰富的教学思想,尽管没有孕育出系统的课程理论,但还是蕴涵着丰富的课程思想。战国时期的《学记》提出课程设置思想:"比年入学,中年考校。一年视离经辨志;三年视敬业乐群;五年视博习亲师;七年视论学取友,谓之小成;九年知类通达,强立而不反,谓之大成。"这可能是世界上最早关于课程设置的精彩论述。孔子在课程方面的一项重要贡献,是他整理了《诗》《书》《礼》《乐》《易》《春秋》,即"六经",并使之成为儒家教育的经典教材。我国古代的课程思想以儒家思想为主,董仲舒、韩愈、朱熹、王夫之等著名教育思想家均有对课程问题的独到见解。

古希腊是西方教育的源头,也是西方课程思想最初的发源地。在斯巴达和雅典的教育体系中产生了两种截然不同的课程体系:斯巴达教育的主要课程是围绕军事体育教育设置,如赛跑、跳跃、掷铁饼、投标枪、角力等军事五项;而在奴隶制民主政治和商业贸易基础上形成的雅典教育,其课程充分体现了和谐教育的思想,在各个教育阶段都分别设置文化、艺术、体育等方面的课程。以古希腊教育的课程实践为主,雅典的智者派创立了"三艺"课程,即文法学、修辞学、辩证法,加上在古希腊各种学校里普遍实行的"四艺"(算术、几何、天文、音乐),形成了"七艺"的雏形。古希腊课程思想的主要代表人物是苏格拉底、柏拉图、亚里士多德。

17世纪到19世纪,欧洲各国先后建立了资产阶级政权,民主主义思潮兴起,生产力的发展,加之教育科学、心理科学的发展,使得近代学校课程随之发生了重大变化。在这一阶段,对课程思想的丰富作出重要贡献的是夸美纽斯、赫尔巴特、斯宾塞、杜威等人。夸美纽斯在其"泛智主义"教育思想的指导下,在为当时的国语学校、拉丁学校设计课程体系时,提出和论证了第一个具有现代意义的课程体系。他认为,国语学校除了读、写、算和教义问答之外,还应增加几何测量、自然常识、地理、历史、唱歌和手工技艺等。拉丁学校除了"七艺"外,要增加物理、地理、历史,还要学习拉丁语、希腊语、本民族语和一门现代外语课程。

赫尔巴特对于课程理论的主要贡献,在于将心理学与课程连接起来,使得课程获得了重要的理论基础,这在课程论的发展史上是极为关键的一步。赫尔巴特认为,教育的主要任务之一在于引起和培养受教育者多方面的兴趣,他以兴趣为依据,提出和论争了课程思想;为了引起和培养学习者的兴趣,需要开设相应的各种课程。尽管在今天看来赫尔巴特的心理学基础并不科学,但其使课程设计与心理学联系起来,在当时的历史背景下仍然有着非常重要的意义。

英国教育家斯宾塞是课程发展历史上的重要人物,他从个人生活和发展需要论及教育及课程的目的,提出了各种学科相关价值的功利主义课程思想。他认为,教育的职责是"为完满生活做准备",那么,教育又该选择什么样的内容帮助个人过完满生活呢?斯宾塞在1861年出版的《教育论》一书中,喊出了他的著名口号"什么知识最有价值?"他认为一致的回答是"科学",并提出了他为"五种完满生活"设计的五类科学课程。

美国教育家杜威1902年出版《儿童与课程》一书,提出"教材心理学化"的构想,并于1896—1904年在芝加哥大学实验学校开展了独创性课程实验。杜威倡导课程活动化,主张"学校科目相互联系的真正中心,不是科学、不是文学、不是历史、不是地理,而是儿童本身的社会生活"①。杜威的课程思想为课程论科学化和当今的课程改革提供了重要的思想资源。

二、建立阶段的课程与教学理论

这一阶段的课程与教学思想表现出的特点是:第一,课程与教学理论从哲学和教育学中逐渐分化出来,成为相对独立的学科;第二,课程与教学理论与心理学建立联系,使得课程与教学理论的科学化程度得到提高;第三,对课程与教学理论的认识和描述从经验性转向理论性说明;第四,课程与教学理论研究方法日益科学化;第五,传统的课程与教学理论逐渐完善,形成了以课堂为中心、以教师为中心、以学科知识为中心的"传统"课程与教学论。

(一)系统教学理论的形成

系统教学理论的形成,产生于资产阶级革命的开始和产业革命的发生时代。科学技术的迅猛发展、社会生产力的快速提高、自然科学的发展,为教学理论的启蒙与独立奠定了基础。这一时期对教学理论的发展作出重要贡献的是夸美纽斯、卢梭、裴斯泰洛奇和赫尔巴特等。

1. 夸美纽斯的教学理论

1632年捷克教育家夸美纽斯(Johann Amos Comenius,1592—1670)出版的《大教学论》被认为是历史上第一部专而系统地研究和阐述教育教学问题的专著。该书第一次系统总结了欧洲文艺复兴以来的教育经验,提出普及教育、"泛智教育"的思想。夸美纽斯的教学理论主要体现在以下几个方面:第一,详尽、系统地论述了教育适应自然

---

① 赵祥麟,王承绪编译.杜威教育名著[M].北京:教育科学出版社,2010:6.

的原则、直观原则、循序渐进原则、巩固性原则、量力性原则、激发儿童学习的主动性与自觉性原则等一系列原则。第二，提出实行并在理论上论证了班级授课制，即把学生组成班级，由一名教师面向班级全体学生统一授课，实现了教学组织形式的变革，对后来的普及教育产生了深远的影响。第三，第一次提出学校工作实行学年制的要求，确立了"学年""学季"的概念，将招生、入学、升学、毕业放在相同时间里进行，对放假、学期、周等也作了详尽的规定，并对作息时间也进行了周密的筹划和安排。第四，系统规定了如何组织教学、解释新教材、巩固练习、布置作业以及考试考查、分组分班等，把纷繁复杂的班级授课形式统一化、科学化，这在当时具有开拓性的历史意义。第五，进一步阐述了语文、艺术、科学等具体学科的教学方法。

2. 卢梭的教学理论

卢梭（Jean-Jacques Rousseau，1712—1778），法国教育家。卢梭继承和发展了夸美纽斯的教学理论，在批判封建教育不合理的基础上，提出自然教育理论，"必须把人当作人看待，把儿童当儿童看待"，这是自然教育的出发点。自然教育的核心，就是强调对儿童进行教育时必须顺应人的本性，如果不适应这种本性，就无法谋求天性的正常发展，教育也就收不到应有的效果。卢梭的这种儿童本位论的主张，就是教学要适应自然，要根据儿童年龄和身心发展水平加以实施。另外，卢梭把发现视为儿童的天性，把兴趣与方法视为发现教学的基本因素，据此确立了活动教学、实物教学等方法，其"自然教育""发现教学"成为"儿童中心"和"发现法"的思想渊源。

3. 裴斯泰洛奇的教学理论

裴斯泰洛奇（Johann Heinrich Pestalozzi，1746—1827），瑞士教育家，其思想深受卢梭的影响。裴斯泰洛奇是近代教学理论的集大成者，他首次明确提出了教学必须适应儿童心理，把心理发展研究作为教育学的基础，因此，他成为"教育教学心理学化"思想的先驱，推动了教学理论科学化的进程。他的教学理论主要表现在：第一，教学应遵循"和谐发展"的教学目的。教学必须适应儿童的本性，为此，教学目的在于发展人的一切天赋能力，而这种发展必须是全面的、和谐的。第二，要为学生设置多样综合的教学内容。从"和谐发展"的教学目标出发，学校应设置丰富的教学内容，包括道德情感、身体素质、基础知识等方面的课程。第三,提出一系列教学原则,包括:适应自然的原则、直观性原则、循序渐进原则、理论与实践结合原则。

4. 赫尔巴特的教学理论

赫尔巴特(Johann Friedrich Herbart,1776—1841),德国教育家,1806年出版《普通教育学》。赫尔巴特在裴斯泰洛奇"教育教学心理学化"思想的影响下,在教育史上第一次以心理学为基础形成教学理论,他将教学过程分为明了、联想、系统、方法四个阶段。

他的教学理论的主要内容有:第一,教学心理化。他试图依据心理学揭示教育和教学规律,从理论到实践,给人的心理发展提供了许多有价值的说明。尤其是他揭示了教学过程和学生掌握知识过程的一致性,力图给教学过程的组织和教材教法的选择以科学解说,这是教学发展史上的一座里程碑。第二,教育性教学思想。针对教育教学中的传授知识和培养道德的问题,赫尔巴特在历史上第一次提出"教育性教学"的概念,揭示了"教学的教育性"规律,第一次把教学与道德教育统一起来,对后世影响深远。第三,教学阶段论思想。赫尔巴特以观念心理学为基础,把多方面兴趣和集中学生的注意力结合起来,提出了著名的教学阶段论,对班级授课制下的教学过程给予了系统的说明。

 知识卡片1-5

赫尔巴特的四段教学论

明了——教师要使学生明了知识,必须集中学生的注意力,深入研究学习的材料。教师要清楚、明白地讲解新材料,一般情况下可以采用直观谈话法或讲述法进行。联想——要求学生集中注意力深入地思考,把所要学习的新观念同原有的旧观念联系起来。系统——这时进入理解教材阶段,是审思的活动。学生在审思的过程中形成秩序和系统,在新旧观念的联系中得出各种各样的结论和概括。教师在教学上采用综合法,帮助学生寻找确切的定义和结论。方法——这是学生把定义和结论运用于实际的阶段,要求学生自己去分析问题和解决问题。在教学方法上,要求学生独立地完成各种练习,遵照教师的指示修改作业。

在我国,这一阶段的教学理论发展相对比较贫乏。明末清初,西学东渐肇始,出现了经世致用的实学思想。鸦片战争以后,西学大量引进,中西文化教育深度接触,不断交融,中国传统教学思想开始转型。

(二)系统课程理论的形成

相较于教学理论的系统化,课程问题的系统探讨则相对较晚。课程论成为一门独立的领域还不到100年的时间。在这一过程中,美国著名课程论学者博比特和泰勒作出了巨大的贡献。

1. 博比特的课程理论

1918年,美国教育学者博比特(F. Bobbitt)出版《课程》一书,这被认为是课程成为一个专门研究领域的标志。博比特的课程理论强调课程目标的重要性,认为目标应当来自社会。他的课程编制模式就是通过对社会需要和人类生活活动进行科学分析来确定目标,进而编制课程。按照他的逻辑,教育主要是为成人的生活,而不是儿童,课程的科学性实际上是以成人的生活为标准的。在其后续的著作《怎样编制课程》一书中,博比特具体阐释了课程编制的基本模式:(1)分析人类经验。

这是课程编制的第一步。将人类经验的全部领域加以考虑,分为若干主要领域,如语言、卫生保健、公民、社交、娱乐、宗教、家庭、职业等,并判断学校有关经验与这些经验的联系。(2)职业分析。将已经分类的领域进一步分成更为具体的活动,这是课程编制的具体基础。(3)派生目标。在活动分析的基础上,提出具体目标。博比特列出了人类经验的10个领域,以及800多个目标。例如,在语言领域内的一般目标有:① 正确的读音能力;② 用合适的方式发音的能力;③ 使用语法正确的语言等。(4)选择目标。并不是所有的目标都对课程编制有意义,因此必须对提出的各种目标进行选择。(5)制订详细计划。设计实现目标所需要的活动经验和机会。必须为每一年龄或年级的儿童每天的活动制订详细的计划,这些详细活动构成了课程。

2. 泰勒的课程理论

泰勒(Ralph Tyler)是美国当代著名的课程和评价专家,被誉为"课程理论之父""教育评价之父"和"行为目标之父"。泰勒于1949年出版的《课程与教学的基本原理》一书,是现代课程理论的奠基石,也是现代课程研究领域最有影响的理论构架,被誉为"现代课程论的圣经"[①],被称为课程研究中的"里程碑"。该书中形成了课程开发中的主导模式,又称为"泰勒原理"。该书提出并探讨了课程开发中的四个问题:

---

① 张华.课程与教学论[M].上海:上海教育出版社,2000:10.

（1）学校应该达到哪些教育目标？
（2）提供哪些教育经验才能实现这些目标？
（3）怎样才能有效地组织这些教育经验？
（4）我们怎样才能确定这些目标正在得以实现？

"泰勒原理"清晰而完整，被誉为对课程开发原理最完美、最简洁、最清楚的阐述，达到了科学化课程开发理论的最高水平，标志着课程开发经典模式的诞生。

 知识卡片 1-6

餐巾纸上诞生的经典

美国"八年研究"期间，在1936年的一次会议上，30所实验学校校长普遍反映，评价组对他们的指导和帮助比课程组更大些，因为泰勒制定的评价原理在实践中起了指导的作用，而课程组则没有提供类似的原理。就在那次会议上，当泰勒与其学生和助手共进午餐时，泰勒突然萌发了课程原理。他在餐巾纸上向助手勾勒了这个原理的概图。午餐后，他把这张餐巾纸给这些实验学校的校长们看，他们看后都说："这正是我们所需要的！"之后，泰勒整理出了《课程与教学的基本原理》作为芝加哥大学暑期研讨班的讲授纲要，最后于1949年由芝加哥大学出版社正式出版。

20世纪20年代至40年代，我国课程论的研究与美国等西方国家是同步进行的，在课程的理解上，在有限的程度上受到美国课程价值观念的影响。这一时期，我国有关课程理论的系统研究主要体现在一些课程论专著中。民国时期程湘帆的《小学课程概论》(1923)，是我国近现代最早的课程论专著。王克仁的《课程开发的原则和方法》(1928)，是我国比较早的综合性的课程论专著。此后，还有一批课程著作陆续出版。中华人民共和国成立初期到20世纪80年代以前，我国又沿袭了苏联教育学的体系和概念，基本上不使用"课程"一词，也未对课程进行深入的理论研究。

三、繁荣发展阶段的课程与教学理论

20世纪是教育发展的黄金年代，随着教育规模的扩大，对教育质量和教育公平的追求具体化为对学校课程与教学质量和学校课堂教学平等的追求，大量亟须解决的课程与教学问题，刺激了课程与教学研究的发展，使课程与教学论进入了一个繁荣发展的时期。

(一)现代教学理论的繁荣发展

在繁荣阶段,教学理论的发展主要表现在:对教学问题的研究进一步扩展;出版了一大批代表不同流派的教学论专著;教学理论基础心理学化逐渐加强;现代教学媒体的迅速发展和广泛运用,演变成了当代新的教学思维方式、教学模式和教学原理。在这一阶段的发展中,起着重要作用的代表人物有杜威、凯洛夫、布鲁纳、巴班斯基等。

1. 杜威的教学理论

杜威(John Dewey,1859—1952)是美国实用主义教育的代表人物,他对现代教学理论与实践的发展作出了重大的贡献,其思想在世界范围内产生了深远、持久的影响。杜威的教学思想极为丰富,其中有代表性的观点如下。

(1) 对传统教学的批判。杜威认为,现代教育正在发生"一场和哥白尼把天体的重心从地球转到太阳那样的革命……儿童是中心,教育的各种措施围绕着他们而组织起来"[①]。杜威对传统教育展开了猛烈的批判,他认为,传统教育消极地对待儿童,机械地使儿童集合在一起,只传授那些与儿童生活无关的科目,课程和教学整齐划一。教学的中心在教师、在教科书,唯独不在儿童自己的直接的本能和活动。

(2) 基于经验的教学思想。杜威认为,相信一切真正的教育是来自经验的,教育是经验持续不断的改造或改组。经验乃是有机体与环境、主体与对象相互作用的过程及其产生的结果。教育的主要作用就是促进人生经验不断地改组或改造。

(3) 反省思维活动与教学。与传统哲学观点不同,杜威把人视为自然和社会的组成部分,认为有机体是经常谋求对环境适应的,个人也是通过参与社会活动而得到发展的。人在生活中遭遇难题需要解决才进行思维,不是为思维而思维和为真理而真理的。这种认识论应用在教学上,便是"从做中学"。

2. 凯洛夫的教学理论

凯洛夫(Kairov, Ivan Andreevich, 1893—1978)是苏联著名的教育家。他的教育思想集中反映在他主编的《教育学》中,该书为俄罗斯联邦教育部批准的师范学院教科书,分别于1951年和1957年翻译到我国,被称为"凯洛夫教育学",对我国的教育产生了极大的影响。凯洛夫十分注重系统科学文化知识的教学,主张教学是教师领导下学生掌握系统知识和技能、技巧的过

---

① [美]杜威.学校与社会·明日之学校[M].赵祥麟,任钟印,吴志宏,译.北京:人民教育出版社,2005:41.

程,认为系统的知识是使学生获得全面发展及形成辩证唯物主义世界观、共产主义观点和相应行为的基础。凯洛夫主要从学生会掌握知识方面去理解教学过程。他认为,教和学是同一过程的两个方面,彼此不可分割,教师的讲授在教学过程中起着主导作用。

3. 布鲁纳的教学理论

1957年苏联在全世界率先发射人造卫星,对美国社会产生了巨大的冲击和影响,直接推动了美国20世纪60年代的教育教学改革。布鲁纳(J. S. Bruner1915—　)是这一时期美国教育改革的重要代表人物之一。作为结构主义思想的继承者,布鲁纳提出现代化的课程与教学设计应当注重知识的结构,教材应当包含学科的基本概念、原理法则及其联系。结构化、系统化的知识更有利于学生的理解、联想和迁移。

布鲁纳对教学的重大贡献在于倡导"发现法"。他认为,学生掌握知识的结构、基本概念等,主要不是接受,而是发现。发现式学习是主动、参与、积极的,它能够引发学习者的兴趣,让他们感到兴奋和自信。学生的学习同科学家的研究之间存在相似性和一致性,只不过学生是亲自去发现自己未曾知晓的事物。

另外,苏联巴班斯基的"教育教学过程最优化"理论、保加利亚教育家洛扎洛夫的"暗示教学法"、美国心理学家罗杰斯的"非指导性教学"等理论也是当代非常有影响的教学理论。从20世纪60年代末开始直到整个70年代,认知心理学逐渐取代了行为主义在心理学领域的主导地位,而以认知心理学为基础的教学设计理论也开始兴盛起来;进入20世纪80年代,欧美的教学设计理论的一个基本趋势是把教学设计理论与认知科学、教育技术学综合起来;到了20世纪90年代,建构主义对各国的教学理论产生了重要影响。

我国当代教学理论的发展,主要是在引进的基础上逐渐丰富和发展起来的。1978年以来,我国开始引进赞科夫的发展性教学思想、布鲁纳的结构课程理论和发现学习、苏霍姆林斯基的学生全面和谐发展理论、巴班斯基的教学过程最优化理论、布鲁姆的掌握学习理论、罗杰斯的非指导教学理论、杜威的实用主义教学理论等先进教学理论。进入21世纪,随着我国基础教育课程改革的不断推进和深入,西方建构主义、科学主义、后现代主义等思潮对我国教育教学改革产生了重要的影响。同时,我国还开展了大量的教育教学改革试验。

我国当代教学理论研究呈现出开放性、多元性、实践性、交叉性、综合性等一系列新的特点。有研究者对改革开放以来我国教学理论研究进行概括,总结出以下特点:第一,20世纪80年代是国际比较教育教学理论研究的活跃期;第二,90年代研究的重点是学科教学理论的建构与应用;第三,近10年研究的最大热点是建构主义教学理论;第四,教学理论的应用研究呈现上升趋势;第五,对我国古代及近代教学理论研究缺乏热情;第六,教学理论的本体研究和建构相对薄弱。[①] 而这些也正是我国今后促进教学理论进一步发展的着力点。

总之,当代教学理论发展丰富多彩,特别是20世纪50年代以后,产生了许多新的教学理论和流派,教学理论研究呈现出繁荣多样、综合发展的趋势。

(二)现代课程理论的繁荣发展

继"泰勒原理"之后,一些学者对泰勒模式进行了深化研究,使其日益丰富、完善。同时,也呈现了一些新的课程开发理论,如美国布鲁纳的学科结构课程理论、施瓦布的实践课程理论,英国斯滕豪斯的过程课程开发理论等。20世纪70年代以后,课程研究深受后现代思潮的影响,课程研究领域发生"范式转型",即由"课程开发"范式走向"课程理解"范式,课程研究多样化态势初现端倪,在此阶段出版了大量的课程论专著。当代课程理论发展的总体特点表现在两个方面:一是在一系列哲学、心理学思潮如人本主义、结构主义、建构主义、后现代主义等影响下,课程理论研究呈现出多元化、复杂化、综合化的特点,课程理论具有更加开放、坚实、宽广的理论基础;二是课程理论学科群的逐步形成。

我国当代课程理论的发展相对薄弱,1989年陈侠的《课程论》、钟启泉的《现代课程论》两本著作的出版,标志着我国课程论从中华人民共和国成立后的消失,重新从教学论中分化出来成为一门独立的学科。此后我国课程理论和课程实践不断深化、丰富和发展,目前已有大批的课程论专著出版,而且随着课程改革实践的不断深入,课程理论已成为研究的热点。

第三节 课程与教学论的研究任务

案例 1-3

在一次新课程改革的经验交流会上,聆听到一位中学校长的这样一席话:"新一轮的基础教育课程改革,开始给大家带来了很多的新鲜感,在层层的培训过程中,老师们熟悉了很多'课改专用语'——'校本课程''教师是课程的设计者''教师是课程的开发者''自主合作探究''平等中的首席'等,我们的教育似

---

① 杨丽,温恒福.近30年我国教学理论研究的主要特点分析[J].教育研究,2011(3).

> 乎真的改头换面'新'了起来，甚至还滋生了'革命即将成功'的喜悦。但是，随着课程改革的进一步深入，老师们慢慢地发现，这些新概念、新名词并不能真正地在实践中产生实效，它们蕴涵着怎样的道理，如何将这些概念落实到实践中，这恐怕是课程改革向'纵深'发展需要深入思考和解决的问题。"

为了依托教材学好课程与教学论这门课程，有必要先对课程与教学论的基本情况作简要介绍。课程与教学论作为教育科学中两门重要的分支学科，基本的研究任务是什么？如何将它们进行整合和架构？

一、认识课程与教学现象

课程与教学论的首要任务就是认识课程与教学现象。课程与教学现象是指课程与教学活动所表现出来的外部的形态和联系，是课程与教学外在的、易变的方面。教学现象表现为三个方面或层面：一是环境性的，如教室和实验室及其结构、教学设备及其结构、校园成分及其结构等；二是活动性的，如课堂教学及其结构、实验教学及其结构、校内外教学见习和实习及其结构、个别教学及其结构等；三是关系性的，如教师与学生的关系，教师、教材与学生之间的相互关系，教学与文化结构的关系，教学过程与教学结果之间的关系等。课程现象表现为三个方面或层面：一是物质性的，如计划、标准、教学材料、教学指南、补充材料、视听教学材料、电子教学材料等；二是活动性的，如课程与教学规划、课程与教学实施和课程与教学评价等课程与教学研制活动；三是关系性的，如内容选择与教育目的的关系、内容组织与文化结构以及学生发展的关系、课程研制与课程产品之间的关系等等。[①] 课程与教学现象纷繁复杂，我们不可能一览无余、毫无遗漏地对课程与教学领域发生的诸多现象进行客观的记录、描写。但现象是研究的门径，我们首先要从繁杂的课程与教学现象中选择一些我们认为重要的问题，如课程与教学发展历史的考察，课程文本的描述，课堂教学的实录，课堂观察记载，课程开发、课堂教学、教学管理现状的调查等。通过事实的呈现、现状的描述，把握课程教学的实际状况，在此基础上揭示课程与教学的本质与特征，为价值分析与实践指导提供依据，从而将课程教学活动与制度的研究建立在客观的、可靠的基础之上。

---

① 黄甫全.课程与教学论[M].北京：高等教育出版社，2002：4-5.

案例 1-4

教学现象：一位小学一年级的语文老师在教课文《画家乡》，课文分五段，第一段由老师示范，引导学生朗读从生字到重点词语、段落大意。接下来老师宣布小组讨论，满教室开始了嗡嗡的声音，四人小组里，每人都在张嘴，各执一词，谁也听不清谁在讲什么。教师在一旁任其探究，最后选组汇报。小组代表汇报完，老师刚要总结两句，下课铃响了。

提出问题：探究性学习遍及各个学科，从自然学科到语学文、社会、英语、音乐，从低年级到高年级，不问教育对象、知识内容，盲目探究。有些北方学校删去了教材中有关"大海"的课文，而南方学校则更换了教材中有关"沙漠"和"冬雪"的内容。难道一切知识都要学生亲自去探究吗？一切教学都要始于学生已有的经验吗？

问题分析：就知识的分类来看，有陈述性知识与程序性知识两种。陈述性知识是有关"是什么"的知识，这类知识通过教师的讲授就可以掌握；程序性知识是有关"为什么"和"怎么办"的知识，这类知识需要学生通过自己的操作、运算、探究、体验等具体活动才能自主内化和占有。由此可见，讲授式学习和探究式学习方式各有其适用的知识类型，各有其存在的必要。新课程倡导的学习方式既有创新也有继承，那种片面推崇自主探究学习，视学生的主动探索为学习的最为重要甚至是唯一的途径，从而将探究式学习与讲授式学习绝对地对立起来的做法是错误的。[1]

二、揭示课程与教学规律

揭示课程与教学的规律是课程与教学论的重要研究任务之一。在教育史上，教育家们都努力探求课程与教学规律，并有诸多精辟的概括。规律是事物发展变化过程中的本质的联系和必然的趋势；课程与教学规律是课程与教学活动内在的东西，是人的感官不能把握的，只有思维才能把握。课程与教学规律具体存在于课程与教学现象中，反映在课程与教学过程各个因素直接的相互关系中。课程与教学规律是多种多样的，对规律的认识存在着一个方法论的问题。根据规律的存在与人们认识的方式，可

---

[1] 课堂教学现象分析：我们需要怎样的课堂[EB/OL]http://news.xinhuanet.com/edu.

将课程与教学规律划分为以下几种。①

(一) 科学性规律与价值性规律

课程与教学作为客观事物,它们的内在本质联系和必然趋势,有着纯粹的科学认识的实然性的一面,这就是课程与教学的科学性规律;不过,课程与教学是人类的再造物,总是打着主体的主观选择的烙印,它们的内在本质联系和必然趋势,又有着人类价值选择的规范性一面,这则是课程与教学的价值性规律。在实践中,课程与教学的科学性规律与价值性规律是既对立又统一地存在着和运行着。

(二) 存在性规律与反映性规律

课程与教学作为一种纯粹的客观存在,其本质联系和必然趋势,是不以人的认识和作用为转移的,对我们的认识来说是终极性的,这是课程与教学的存在性规律。我们的课程与教学研究,实际上就是在努力对这一规律进行正确的反映,人们常说的课程与教学规律一般指的是这种反映的结果,实质上仅仅是对存在性规律的一种带有人类认识能力局限的摹写、解释和反映,并不能等同于存在性规律,只是一种反映性规律。这种反映规律也就是人们通常所说的课程与教学原理,它是人们对课程与教学发展变化的本质联系和必然趋势的认识结果,具有主观与客观相统一的特性。明确从存在到反映、从规律到原理的区别与过渡,将有助于我们的课程与教学研究者对自身的任务和局限进行正确的认识和把握。

(三) 理论性规律与实践性规律

在课程与教学研究中,无论是思辨的还是实验的,总是"解剖式"的,即控制或"忽略"了一些变量或因素,因而得出的对课程与教学的内在本质联系和必然趋势的认识结果,总是有条件的,理想的,具有一般性,这仅仅是课程与教学的理论性规律;而在课程与教学实践中,条件是自然性的,所有的变量或因素均在发生作用,支配课程与教学实践的本质联系和必然趋势,是有条件的和现实的,具有特殊性,这是教学的实践性规律。它们两者,存在理论与实践、一般与特殊的对立统一关系。

三、指导课程与教学实践

课程与教学理论来源于实践,同时反过来能动地作用于课程与教学实践。课程与教学实践是极其丰富的,概括起来大致可以分为三种类型:① 课程与教学管理实践。是指基于行政部门或学校行政部门对课程与教学过程的计划、实施、评估和总结的组织行为。在我国主要表现为:对课程与教学改革的行政组织领导;对课程与教学材料的行政管理;对课程开发与教学实施的组织领导。② 课程与教学研制实践。研制实

---

① 黄甫全,王本陆.现代教学论学程[M].北京:教育科学出版社,1998:6-7.

践包括课程研制及教学设计,是教育行政领导、课程与教学专家和教师等专业人员,有组织地编制课程与教学材料以及制订教学计划的实践活动。③ 课程与教学应用实践。应用实践是指学校里的教师和学生根据课程与教学计划,使用课程与教学材料进行的所有教育活动。

　　课程与教学研究对实践的指导要求:① 课程与教学论研究者要亲自改造课程与教学实践,面对课程与教学实际问题,参照相关理论,提出研究假设或行动方案,运用实验研究、行动研究、课例研究等方法,对课程教学实践进行设计、实施、反省,对自己或他人的实践进行分析、解剖,在变革课程与教学现实中检验、修正课程与教学理论,发展、完善课程与教学实践;② 课程与教学管理者、决策者要自觉运用有关理论,对课程教学管理工作、规章制度、运行机制进行变革,完善课程运行与教学管理工作;如:1991年国家教委颁发的《全国中小学校长任职条例中和岗位要求》对中小学学校的管理者在课程与教学理论和实践方面提出了一系列的要求。③ 课程与教学实践工作者在课程教学实践过程中,要有意识地对自己的课程与教学实践进行自觉回顾、反思,在此基础上改进自己的课程教学实践,优化课程教学过程,提升课程教学品质。

> **知识卡片 1-7**
> **《全国中小学校长任职条件和岗位要求》**
>
> 　　乡(镇)完全小学以上的小学校长应有不低于中师毕业的文化程度,初级中学校长应有不低于大专毕业的文化程度,完全中学、高级中学校长应有不低于大学本科毕业的文化程度;中小学校长应分别具有中学一级、小学高级以上的教师职务;都应有从事相当年限教育教学工作的经历;都应接受岗位培训,并获得"岗位培训合格证书"。
>
> 　　领导和组织教学工作。坚持学校工作以教学为主,按照国家规定的教学计划、教学大纲,开齐各门课程,不偏科。遵循教学规律组织教学,建立和完善教学管理制度,搞好教学常规管理。深入教学第一线,正确指导教师进行教学活动,努力提高教学质量。

本章小结

　　课程与教学都是一个多角度、多层面的发展中的概念。广义的课程即学生在校期间所学的内容的综合及其进程的安排;狭义的课程特指一门学科及其进程。在我国,课程的具体表现形态是课程计划、课程标准和教科书。教学是教师与学生以课堂为主要渠道的交往探究过程,是教师的教和学生的学相统一的活动。通过这个交往和探究活动,学生掌握一定的知识技能,形成一定的能力态度,人格获得一定的发展。

课程(论)与教学(论)的关系,尽管在不同的历史发展阶段,国内外学者对此的观点不尽相同。但目前能够形成基本共识的观点是:"课程是为有目的的学习而设计的内容,教学则是达到教育目的的手段""课程理论与教学理论之间必然存在着各种联系和交叉重叠部分,课程理论必然会考虑到课程实施问题,而教学理论则肯定会涉及与教学方法相关的教学内容问题"。

课程与教学研究的历史发展经历了从萌芽阶段、建立阶段到繁荣发展阶段一个逐步丰富化、系统化、科学化的过程,是与人类社会的发展进步和教育的不断变化息息相关的。在课程与教学研究发展的过程中,形成了许多重要的课程与教学思想,也留下了许多宝贵的经验和教训。这些经验和教训都集中体现在古今中外教育家们的课程与教学观念之中。

课程与教学论的任务就是认识课程与教学现象、揭示课程与教学规律、指导课程与教学实践。学习课程与教学论这门学科,是对教育教学理论和实践工作者的共同要求。

思考与练习

1. 多层面理解课程和教学的概念。
2. 试分析课程与教学的关系模式。
3. 梳理并分析课程与教学研究的发展历程。
4. 你对学习课程与教学论有怎样的认识?

参考文献

[1] 李定仁,徐继存.教学论研究二十年[M].北京:人民教育出版社,2001.
[2] 李定仁,徐继存.课程论研究二十年[M].北京:人民教育出版社,2004.
[3] 黄甫全.课程与教学论[M].北京:高等教育出版社,2002.
[4] 刘学利.课程与教学论[M].北京:中国人民大学出版社,2013.
[5] 潘洪建.课程与教学论基础[M].南京:江苏大学出版社,2012.
[6] [美]泰勒.课程与教学的基本原理[M].罗康,张阅,译.北京:中国轻工业出版社,2008.

第二章　课程与教学目标

学习目标

1. 理解课程与教学目标的内涵及功能。
2. 理解和掌握课程与教学目标确立的依据和基本程序及步骤。
3. 掌握运用课程与教学目标的基本表述方式。

目的性是人类实践活动的根本特性，它支配、调节着人类的实践活动，任何活动都是围绕着实现一定的目的而进行的。目标作为目的的具体化，是一切实践活动的出发点与归宿。教育、教学活动也不例外。教师从事教学，首先要明确课程与教学的目标和任务。有了明确的课程与教学目标，才能使教学更好地促进学生的健康成长。

第一节　课程与教学目标概述

案例 2-1

新课程改革提出了三维课程目标，即知识与技能、过程与方法、情感态度与价值观目标，它们是新课程改革的核心理念。"三维目标"推出以来已为广大教育工作者所熟知，并在中小学中得到普遍的认同与实践。但"三维目标"理念在中小学课堂中的实践有喜有忧，喜的是教师基本认同了该理念，忧的是教师对"三维目标"的理解和实施还存在困惑："三维目标"作为课程目标与课堂教学目标是怎样的关系？"三维目标"的"三维"应该如何把握？在教师的课堂教学中如何体现"三维目标"？

人的活动是一种目的性的活动。马克思说过："蜜蜂建筑蜂房的本领使人间许多建筑师感到惭愧。但是，最蹩脚的建筑师从一开始就比最灵巧的蜜蜂高明的地方，是他在用蜂蜡建筑蜂房以前，已经在自己的头脑中把它建成了。"教育是培养人的一种社会活动，是一种目的性活动。因此，教学也是一种目的性活动，即每一次教学活动，每一堂课，甚至每一个教学言语行为都具有一定的目的，这就是课程与教学目标。

一、课程与教学目标的含义

(一)课程与教学目标的内涵

要把握课程与教学目标的含义,首先需要理解什么是"目标"。《现代汉语词典》中,把"目标"解释为"想要达到的境地或标准"①。在英语中,"objective"原意为"流水线上生产出的产品",把这个词引入教育领域后,其语义转变为"用预期达到的教育结果来支配教育行动的思想"。②

课程与教学目标的提出及其定义,经过了长期的认识过程,至今仍然处于变化和发展之中。最早提出"课程目标"的学者,是美国的博比特。他在被称为"课程论诞生的标志"的《课程论》一书里分析道:"人类生活无论怎样的不同,均包含着特定活动的表现。为生活做准备的教育,就是明确而适当地为这些特定活动作准备的。这些活动无论因社会阶层的不同,量有多大、差异有多大,都是可以发掘出来的。这只需要我们置身于事物的世界,并发掘出这些事物所包含的特别成分,它们就将显示出人们需要的能力、态度、习惯、鉴赏和知识的形式。这些就是课程的目标(the objectives of the curriculum)。"可见,博比特提出的课程目标,指的是那些儿童需要掌握和形成的能力、态度、习惯、鉴赏和知识的形式。此后,又有许多学者各自对"课程目标"作出了自己的定义。尽管人们对课程目标的含义和实质的理解和阐释不尽相同,但有一点是相同的,那就是他们均把课程目标理解为"学生学习所要达到的结果"。因此,课程与教学目标是指人们事先确定的,课程与教学预期达到的结果,它直接受教育目的、培养目标的制约和影响。也就是说,课程与教学目标是在课程与教学实施中教与学双方合作实现的共同目标,是课程与教学实施预期的结果,也是通过课程与教学实施可以达到的结果。

课程与教学目标作为一个整体,是由课程与教学总目标、学校教学目标、课程目标、单元目标和课时目标组成的具有递进关系的系统,如图2-1所示。

课程与教学总目标即课程与教学目的,是课程与教学实施中最一般意义的目标,是期望教学达到的最终结果。它居于整个目标系统的最顶端,对下面各个层次的具体目标具有指导意义。在我国它一般包括实质性目标、发展性目标和教育性目标三个组成部分,分别反映了三大基本任务:实质性目标反映了课程与教学实践中传授知识和基本技能、发展性目标反映了发展学生的体力和智力、教育性目标则反映了进行思想品德和世界观教育等相应的任务。例如,我国全日制小学《自然》课教学目标规定为:

---

① 中国社会科学院语言研究所词典编辑室.现代汉语词典(修订本)[M].北京:商务印书馆,1996:903-904.
② 李森.现代教学论纲要[M].北京:人民教育出版社,2005:113.

"指导儿童初步认识自然界、初步了解人类对自然界的探索、利用、改造和保护,从而使他们获得基本的自然科学常识,发展爱科学、学科学、用科学的兴趣,受到科学自然观、科学态度、爱家乡、爱社会主义祖国等的思想熏陶,促进他们的身心健康发展。"①在这里,既规定了实质性目标,又规定了发展性目标和教育性目标,三者之间相互联系、相互支持,共同构成了课程与教学的总目标。

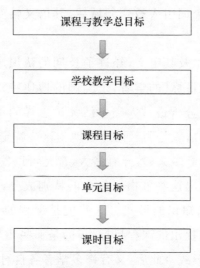

图 2-1 课程与教学目标系统示意图

学校教学目标是指各级各类学校的教学目标,一般是由国家或地方教育行政部门指导下由各级各类学校自行制定的。由于各级各类学校培养人才的规格和水平不尽相同,所以是由课程与教学总目标结合各级各类学校的特点和需要借以具体化而形成的各级各类学校的学校教学目标。学校教学目标是一个目标群,它包括幼儿学校教学目标、初等学校教学目标、中等学校教学目标、高等学校教学目标、职业学校教学目标和成人学校教学目标等。各级各类学校的教学目标必须同中有异、重点突出、特色鲜明。例如,对分辨是非能力的教学能力的培养,小学阶段要求培养"初步分辨是非的能力",而初中阶段则要"使学生具有一定的分辨是非和抵制不良影响的能力"。

课程目标是指由学校教学中各门学科目标组成的目标系统。每门学科的目标因各自学科特点和性质的不同而有所不同。课程目标是学校教学目标在具体学科教学中的体现,只有所有课程目标连续达成后,学校教学目标才能最终实现。例如,小学阶段思想品德课的课程目标是"进行以爱祖国、爱人民、爱劳动、爱科学、爱社会主义为中心的社会公德教育和社会常识教育,从小培养良好的思想品德和行为习惯";语文课的

---

① 中华人民共和国国家教育委员会制定.全日制小学自然教学大纲[M].北京:人民教育出版社,1996.

课程目标是"使学生学会汉语拼音,掌握三千左右常用汉字,会说普通话,打好听、说、读、写的基础,初步培养观察思维能力并进行思想品德教育"。

单元目标在课程与教学实践中是对该单元教学的具体要求。单元是指各门课程中相对完整的划分单位,它是根据学科内容的特点而进行划分的。一门课程一般被分解成若干个单元,一个单元的内容有着相对的完整性,教师一般按单元组织一门课程的教学。例如,语文课的单元通常是指一组题材相同的课文;英语的单元则是指教材的一课。我国中小学的各科的学科课程标准(教学大纲)就是由一系列单元目标具体组成的。单元目标实质上反映了课程编制者或教师对一门学科的概念体系结构的总的看法以及在此基础上对这种结构按着教育科学的要求所作的分解和逻辑安排。

课时目标是指对每个课时教学的具体要求。课时是教学活动的基本单位,一个单元的教学目标往往需要几个连续的课时来完成。而每个课时的教学目标即是课时目标,它是对单元教学目标的进一步具体化。课时目标一般是由教师参考教学大纲和教学参考书,并结合学生的学习实际情况而自行编订的。课时目标和每天的教学活动相联系,是非常具体、明确而富有成效的。

(二)课程与教学目标和教育目的、培养目标的关系

教育目的(aims)是一个国家、一个地区对各级各类学校教育培养人的质量规格的总体设计,反映国家、社会对教育的总体要求和期望,关系到教育所培养的人的数量和质量,具有抽象性、概括性、原则性强的特点,对各级各类学校都具有广泛的适应性,对各种形式的教育和教学活动都有指导和制约作用。例如,1999年6月,《中共中央 国务院关于深化教育改革 全面推进素质教育的决定》中对我国现阶段教育目的的表述是:"全面贯彻党的教育方针,以提高民族素质为根本宗旨,以培养学生的创新精神和实践能力为重点,造就有理想、有道德、有文化、有纪律的、德智体美等全面发展的社会主义事业建设者和接班人。"教育目的要反映生产力和科技发展对人才的需求,要符合社会政治经济的需要,还要符合受教育者的身心发展规律,是教育工作的出发点和最终目标。因而教育目的是在宏观上指明教育的发展方向,要想把教育目的进一步落实,还必须明确培养目标。

培养目标(goals)是各级各类学校根据教育目的制定的,符合一定社会需要的具体要求,是具体化了的教育目的,它与教育目的的关系是具体与抽象的关系。也就是说培养目标要根据教育目的来制定,而教育目的又要通过各级各类学校的培养目标的实现才能实现,没有培养目标,教育目的就要落空。例如,我国2001年颁布实施的《基础教育课程改革纲要(试行)》中实施素质教育,促进学生德智体美等全面发展,应当体现时代要求。培养目标表述为要使学生具有爱国主义、集体主义精神,热爱社会主义,继承和发扬中华民族的优秀传统和革命传统;具有社会主义民主法制意识,遵守国家法

律和社会公德;逐步形成正确的世界观、人生观和价值观;具有社会责任感,努力为人民服务;具有初步的创新精神、实践能力、科学和人文素养以及环境意识;具有适应终身学习的基础知识、基本技能和方法;具有健壮的体魄和良好的心理素质,养成健康的审美情趣和生活方式,成为有理想、有道德、有文化、有纪律的一代新人。

 知识卡片 2-1

南京师大附中校长胡百良将新时期教育目的具体化为以下十个方面,从整体上培养人的素质:① 坚定的信念和理想;② 广博而扎实的文化基础知识;③ 开拓创新精神;④ 身心健康;⑤ 务实作风;⑥ 合作品格;⑦ 社交才能;⑧ 有个性特长;⑨ 自立能力;⑩ 丰富的社会情趣。

我们体会到,要全面提高学生的素质,实际上要比单纯追求升学率更难。要达到这一目标,归根结底,要依靠建立一个与培养目标相适应的新的教学体系,这就是我们进行教育教学改革的根本出发点。

资料来源:胡百良.关于21世纪我国基础教育目标的思考[J].课程.教材.教法,1999(3).

课程与教学目标(objectives)是国家或学校为实现培养目标而安排的教育内容进程以及要求学生达到的程度,是培养目标的分解或进一步细化,是师生行动的依据。课程与教学目标侧重于课程与教学活动本身,是课程与教学活动预先确定的结果,要检验课程与教学实施工作是否取得预期的效果,也要看既定的目标是否达到。它分为课程与教学总目标、学校教学目标、课程目标、单元目标、课时目标,课程与教学目标是具体体现在课程设计、教学过程中的预期的教育价值。

教育目的、培养目标、课程与教学目标是不同层次的教育目标。教育目的最宽泛,层次最高,指导范围最广。它是一个长期的目标,其结果需要学生经过漫长的学校教育之后才能逐步显现出来。它是抽象性的、观念性的,需要人们在实践中反复体验才能真正理解。如"培养德、智、体、美、劳等全面发展的人",成为"一个完善的人",培养"完整的人格""公民责任""创新精神"等,它对学校师生日常行为的影响是潜在的,不可能在一堂课的教学中完整全面地体现出来。培养目标次之,它针对的是一个学段或一种类型的学校,比如普通教育义务教育阶段的培养目标、职业技术教育的培养目标。培养目标对教育目的的解释具有独特性、针对性,体现了一个学校的办学指导思想和办学特色。课程与教学目标是最具体的,它的制定首先考虑教育目的和培养目标的要求。

二、课程与教学目标的功能

目标是活动的出发点和归宿,它支配、调节着整个活动过程的进行,任何活动都是为实现一定的目标而进行的。具体而言,课程与教学目标主要具备定向、激励、评价和聚合功能。

(一)定向功能

课程与教学目标是课程与教学活动的预期结果。它在一定意义上制约着课程与教学设计的方向,对课程与教学过程起着导向作用,是教学中师生学习的共同目标,可以避免无关刺激的干扰,使师生都把注意力集中到与目标相关的事物上,确保教学目标的实现。实践证明,课程与教学活动的效果与教学目标的定向功能有着十分密切的关系,不同的课程与教学目标将导致不同的教学效果。一般说来,教学定向正确,即可取得正向的教学效果;反之,则只能取得负向的教学效果。例如,有人曾做过这样一个小实验:把同一班的学生分成两个小组,领他们去郊区农村参观。出发前告诉第一个小组的学生:"你们注意观察谷物的生长情况,看那里有什么,长得怎样。"告诉第二组的学生:"你们注意蔬菜和水果的生长情况。"回来后让他们分别把观察所得写下来。学生们一般都有比较详细、具体、生动的描述。接着,教师让第一组的学生描写蔬菜和水果的生长情况,让第二组的学生描写谷物的生长情况。这样,只有极个别的学生能够写出自己的印象,多数学生的叙述是含混、模糊的。[①] 这个结果清楚地说明教学目标的导向作用对学生观察的影响,说明教学活动的效果和课程与教学目标的导向作用有着密切的关系。一个出色的教师总能在教学开始时就向学生提出明确的目标。著名教育改革家魏书生在长期的教学实践中创立了以学生活动为主的"课堂教学六步法":定向、背诵、讨论、答疑、自测、日结。其中,定向是指明确教学要求,即明确本节课训练的重点和难点。学生首先明确目标,就能更有针对性地开展学习。因此,确定恰当、合理、正确的课程与教学目标被认为是课程与教学设计活动的首要环节和"第一要素"。

(二)激励功能

目标能激发人们的行为,它不仅是一种预期结果,还是一种期待、一种诱因。课程与教学目标同样如此。在以下三种情况下,课程与教学目标激发学生学习动力的功能比较明显:首先,当课程与教学目标与学生的内部需要相一致时,学生为了满足有关的内部需要,就会努力地为达到课程与教学目标而努力,努力转化为学生积极参与教学活动的动力。因为需要是积极性的源泉,它会起到驱动个体活动的作用。其次,当课程与教学目标与学生的兴趣一致时,这种教学目标就将较明显地激发学生的学习活

---

① 李秉德,李定仁.教学论[M].北京:人民出版社,1991:63.

动,使学生为达到这种教学目标而努力。再次,当课程与教学目标的难度适中时,这种课程与教学目标能够较明显地起到激励学习活动的作用。"跳一跳摘桃子的难度"就比较容易引起学生的兴趣,从而起到持久的激励作用。按照维果茨基的"最近发展区"理论,就是课程与教学目标要适度超出学生的现有发展水平而达到学生的可能发展水平,这样最容易激励学生的学习活动,维持学生持久的学习动力。例如,对于一个不喜欢某项学习的学生,教师即使提出了从事这项学习的明确目标,也不一定能激起他的积极性,即使勉强进行,热情也可能不会持久。这说明,教师提出的课程与教学目标只起到定向作用,而没有起到激励作用。教学实践证明,一个符合学生需要的、难度适中的课程与教学目标,才能引起学生持久的学习积极性,激励他们为实现目标而不懈努力。例如,天津师大二附小的杨老师在教小学《语文》第二册第19课《蔬菜》一文时,提出该课的课程与教学目标是"全班学生必须学会5个生字、7个新词,掌握新部首'户字头';熟悉掌握'什么是什么'的句式,学习用'都是'造句;认识五种蔬菜,读懂句子;培养学生从小喜欢吃蔬菜的习惯"。这个目标合理可行、易于操作。杨老师紧紧围绕该目标组织教学,激发了学生的学习兴趣,有力地调动了学生的学习积极性,因而整个课堂气氛热烈、活跃。在教学过程中,教师的主要任务在于引导学生学习,5个生字、7个新词以及"什么是什么"的句式基本上是在他的指导下由学生自己学会的。[①]

(三) 评价功能

课程与教学目标确定之后,它的达成与否就成了评价课程与教学实施效果的尺度。在课程与教学活动进行中,我们经常需要对课程与教学活动进行评判,以便了解课程与教学实施活动的进程及效果如何,随时对课程与教学实施活动的进度、方法等进行调整和改进。在课程与教学实施活动结束后,通常也要对课程与教学实施活动的效果进行评价,以便了解课程与教学实施活动存在的问题,及时提出改进措施,为其他的课程与教学实施工作者或管理者提供参考。课程与教学实施效果的测量和评价,都是参照课程与教学的既定目标来进行的。由于教师的课程与教学实施活动是紧紧围绕课程与教学目标来组织和展开的,因此,课程与教学目标在其中是否发挥了应有的作用,课程与教学实施效果是否达到既定的课程与教学目标,就成了教学评价的主要内容。课程与教学目标是否合理、客观,是进行科学评估的基础。如果课程与教学目标设计得不合理,将导致教学评价出现偏差,其测评的效度、信度、难度和区分度都将失去合理的保障。总之,课程与教学目标的评价既能为课程与教学实施效果的评价提供尺度,也能为课程与教学目标的设计与编制作出反馈。

---

① 李森.教学动力论[M].重庆:西南师范大学出版社,1998:151.

(四) 聚合功能

课程与教学目标是教学系统内各组成要素的核心和灵魂,对其他要素有支配、聚合和协调的作用,使之发挥出最佳的教学整体效果。无论是教师的教和学生的学,还是教材、教学方法、教学手段、教学环境等都是为实现既定的课程与教学目标而服务的。因此,可以这样说,正是有了课程与教学目标这个核心,才使课程与教学实施活动的各个要素聚合在一起,使之能够有效地运行。相反,如果没有课程与教学目标,就不存在所谓的教学;如果课程与教学目标含糊不清,教学就像一盘散沙,尽管各个要素都可能发挥出最大潜能,也难以使教学系统达到整体最优化状态,不能把各种要素聚合起来,从而形成和谐的课堂状态。课程与教学目标正是有了这样的聚合功能,才促使人们自觉地围绕着课程与教学目标——这一课堂的灵魂,优化教学系统的结构以求教学质量的提高和教学整体效能的最大限度发挥。

三、课程与教学目标的基本取向

课程与教学目标是一定教育价值观(教学目的、教育宗旨、教育方针)在课程与教育领域中的具体化,也就是说,任何课程与教学目标都体现一定的价值取向,都是为一定的教育目的、教育方针、教育宗旨服务的。

根据美国课程论专家舒伯特(W. H. Schubert)的观点,典型的课程与教学目标的形式取向主要有四种:普遍性目标取向、行为性目标取向、生成性目标取向、表现性目标取向。

(一) 普遍性目标取向

"普遍性目标"(global purposes)是基于经验、哲学观或伦理观、意识形态或社会政治需要而引出的,有意识或无意识地推演出具有普遍或一般性质的教育宗旨或原则,再将这些宗旨或原则直接运用于课程与教学领域,使之成为课程与教学领域一般性、规范性的指导方针。"普遍性目标"就是以抽象的、概括的、普遍的形式来陈述课程与教学目标。一般表现为教育宗旨、教育方针或教育目的,它对各门学科都有普遍的指导价值,适用于所有的教育实践,是一种终极性的目标。"普遍性目标"在表述上又是模糊的、概括的、不具体的。因而,"普遍性目标"具有普遍性、模糊性、规范性的特点。

"普遍性目标"作为一种古老的课程与教学目标取向,可追溯到中国古代的先秦、西方的古希腊和古罗马时期。例如,中国古代的经典文献《大学》一书里开宗明义地指出教育的目的:"大学之道,在明明德,在亲民,在止于至善。"通过"格物、致知、诚意、正心",达到"修身、齐家、治国、平天下"的教育宗旨(后概括为"内圣外王")。中国古代的教育家希望把受教育者培养成"士"、成"贤"、成"圣"。对于士、贤、圣可以做各种各样的解释和说明,但很难有一个全面的描述和概括。在古希腊雅典，提出了身心和谐发展、具有革新精神、热爱自由、热爱城邦、勇敢与冒险精神、具有智慧的教育目标。柏拉图曾在其《理想国》中阐述教育最高目的是培养能够明智治理国家的哲学家。在近现代教育史上，英国哲学家、社会学家、教育家斯宾塞确立"教育为完满生活做准备"的五个综合性教育目标：自我保全、获得必需生活品、抚养和教育子女、维持适当的社会和政治关系、满足爱好和感情。① 《学会生存》对教育目的做了一个广义的界说："把一个人在体力、智力、情绪、伦理各方面的因素综合起来，使他成为一个完善的人，这就是对教育基本目的的一个广义的界说。"②以上这些有关教育目的的论述，都属于"普遍性教育目标"，只是对教育目的作了整体的勾画或只从一个侧面加以强调，体现的是一种"普遍主义"的价值观，是应当运用于所有的教育实践和教育情境的。

譬如，有人研究了柏拉图的著作之后，试图为柏拉图所设计的哲学家画像，其形象如下："他是一个智力非凡、理解力强、渴望学习的人。他不拘泥于细节，总是力图从整体上观察事物；他不贪生怕死，也不贪财；他性格中不含丝毫的炫耀。他处处宽宏大量，也颇有魅力。他崇尚真理、正义、勇气和自制。"这样的描述把柏拉图所崇尚的各种美德都汇集起来了，构成了完人的图像。这是不是柏拉图心中的哲学家呢？值得我们商榷。

"普遍性目标"属于理想的范畴，它同政治理想、社会理想以及对人性的理解有关。因此，从不同的哲学观点出发就会有不同的教育目的。实用主义有实用主义的教育目的，存在主义有存在主义的教育目的，如此等等。各种社会学，又可以有各自的教育目的。如此多样的教育容易使人们眼花缭乱，无所适从，在教育实践中真正操作比较困难。

（二）行为性目标取向

"行为性目标"（behavioral purposes）是以具体的、可操作的行为的形式陈述的课程与教学目标，它指明课程与教学过程结束后学生身上所发生的行为变化。③ 行为性目标是预期的，是在课程与教学实施前所设定的，最终表现为外显的行为，而这种行为的主体是学习者。与"普遍性目标"的普遍性、模糊性、规范性的特点相比，"行为性目标"具有具体性、精确性和可操作性。

在古代的手工作坊中，师傅要求徒弟在规定的时间内完成确定的、具体的任务，这些任务实际上就具有"行为性目标"的性质，尽管这些任务大多只是以口头的形式出

---

① ［英］斯宾塞.斯宾塞教育论著选［M］.胡毅，王承绪，译.北京：人民教育出版社，1997：53-57.
② 联合国教科文组织国际教育发展委员会.学会生存［M］.北京：教育科学出版社，1996：195.
③ 张华.课程与教学论［M］.上海：上海教育出版社，2000：156.

现。"行为性目标"在课程与教学领域最早是由博比特倡导的,他明确提出了课程与教学目标的来源。而真正为"行为性目标"奠定理论基础的是泰勒,他于1949年发表的《课程与教学的基本原理》一书中系统阐述了"行为性目标"的理念,即目标陈述既指出要使学生养成的那种行为,又要言明这种行为能在其中运用的生活领域或内容,即目标陈述应该包括目标的行为和内容两个方面。在泰勒看来,"行为性目标"的阐述方式表现为,一方面指出了旨在使学生哪些行为发生变化,另一方面也具体规定了为达到每一种行为目标要使用的特定的材料、特定的观念和特定的情境。由于行为目标的陈述形式便于教师的教学操作,且具有可测量和可观察的优点,因而受到人们的追捧。由此而形成人们对课程与教学目标陈述形式的这样一种观念,课程与教学目标应该具体清晰且操作性强,并且认为,"教师在叙写教学目标时要以课程标准的行为动词为依据,科学、合理和准确地运用这些行为动词"。例如"能用普通话朗读、不读错字,能比较流畅朗读,能在朗读时读出感情"等都是具体的"行为性目标"。

行为目标取向的课程目标理论还表现在布卢姆(B. S. Bloom)、克拉斯沃尔(D. R. Krathwohl)、辛普森(E. J. Simpson)的教育目标分类。他们把教育目标分为三大领域——认知领域(cognitive domain)、情感领域(affective domain)和动作技能领域(psychomotor domain)。他们的教育目标分类强调指导教学过程和对结果进行评价。其中布卢姆的认知领域的目标从低到高依次分为六个亚领域,即知识、领会、运用、分析、综合和评价。克拉斯沃尔将情感领域的教学目标根据价值内化的程度分为接受或注意、反应、形成价值观念、价值的组织、价值或价值系统的性格化五个等级。辛普森将动作技能教学目标分为知觉、准备状态、引导下的反应、机械化动作、复杂的外在反应、适应和创作七个层次。

从以上分析可以看出,"行为性目标"是具体的、精确的和可操作的。但也有其缺陷:一是容易忽视教学过程中的生成变化;二是容易忽视学生心理倾向与能力的变化;三是容易淡化对学生的情感、态度、价值观的培养。

(三)生成性目标取向

"生成性目标"(evolving purposes)是在教育情境中随着教育过程的展开而自然生成的课程与教学目标,是"演进着"的,这是一种人本主义的课程观,即在教学过程中内在地决定的目标。如果说"行为性目标"是在教育过程之前或教育情境之外而预先制定的作为课程指令、课程文件、课程指南而存在的话,那么"生成性目标"则是教育情境的产物和问题解决的结果,它注重的是过程,而不是像"行为性目标"那样重视结果。考虑学生的兴趣、能力差异,强调的是学生的生长、个性的完善。因而,"生成性目标"具有适应性、生成性、过程性。

美国进步主义哲学家、教育家杜威的"教育即生长"命题是"生成性目标"的理论基础,杜威反对把某种外在的目的强加于教育,认为教育是儿童经验的不断改组和改造,是儿童的生活和生长,生活、生长和教育经验改造本身就是教育目的。

随着新课标的实施,课堂教学必须注重"生成性"已经成为新课改后教师的一种共识。生成性的课堂教学,往往能创造出许多未曾预约的精彩,是新课标下教师所追求的理想的教学境界。然而,物极必反,很多教师为了体现新课标精神,为了追求"生成性"的课堂教学,常常会为求"生成"而"迷失"。例如,"教师要尊重学生""让学生成为学习的主人""教师要运用充满魅力的鼓励性语言"等这些句子,是实施新课标以来,我们耳熟能详的。于是,在教改"形势"的合围下,在评价学生答问时,有些教师即便学生的回答离题万里,教师们也会来一句:"很好,你真会动脑筋!"之类的话。在教师"亲切"的"表扬"下,课堂的"生成性"是有了,但因此而"迷失"了文本所应有的价值取向,却是得不偿失的。"生成性目标"既要让学生充分感受到心灵的自由,又要潜移默化地渗透学科知识;既要大胆猜测,放飞想象,又要尊重事实,讲究科学,既要有教师的宽容和学生的自主,又要有教师的引导和学生的自律。这样才能真正达成课堂教学的三维目标,实现课堂教学无序和有序的统一。

"生成性目标"最大的特点在于它的生成性,最大优点在于为学生的自由生长提供足够的空间。因为社会价值、规范的确立及思想体系的形成是很难在预定的行为目标中加以陈述的,这种生成性目标在理论上很诱惑人,但其缺陷也很明显。首先,它对教师的素质要求很高,教师不仅要系统掌握本门学科知识体系,而且对学生的身心发展特点要准确把握,教师要具有较高的专业敏感性。因此对教师的研究能力提出很高的要求,一般教师根本做不到。其次,即使是受到专门训练的教师,在教育过程中也不愿意采用,因为它毕竟要增加教师大量额外的工作时间。

案例 2-2

一位教师教学"正反比例的意义"时,让学生从生活中寻找成正反比例的例子,一位学生看到老校长坐在后面听课,就编了这么一道题:"老校长爱吸烟(通过平时观察得到),一盒烟20支,吸掉1支,剩19支,吸掉2支,剩18支……吸掉的烟越多,所剩的烟就越少,变化正好相反,所以吸掉烟的支数和所剩烟的支数成反比例。"教师大为震惊,没想到编题会编到老校长头上。但冷静一想,觉得此题大有利用价值,于是急中生智,充分利用这种意外生成的资源作为后续教学的内容,先引导学生讨论此题是不是成反比例,通过讨论,学生明白了本题是"和"不变,应该是"不成比例"。然后教师继续引导学生深入下去:"还是这个事,能不能编出一道成正比例关系的题呢?"大家互相启发,终于有人编出来:"每支烟含尼古丁量一定,抽烟的支数和吸入的尼古丁量成正比例。"教师紧接着说:"看来吸烟危害太大了,我们一起劝老校长戒烟好吗?"教室里顿时响起热烈的掌声,老校长也情不自禁地鼓掌,并不断点头。

从这个案例中我们通过反思可以获得以下认识:① 数学教学生活化是新课程的一个重要理念,只要我们引导学生留心观察身边的事物,就会发现生活中处处有数学,通过生活应用,能使学生体验到数学的价值;② 对学生的错误不要以对错简单判之,而应该将他们巧妙地引导到正确中去,通过正反对比,使认识不断深化;③ 面对教学中的意外,教师只要冷静分析,从容应对,往往能变"废"为"宝",这是新课程对教师素质方面提出的新要求;④ 要结合教学内容,不失时机地渗透德育,做到既教书又育人,实现三维目标的有机整合。

资料来源:陈力.数学老师开展教学反思的四个"着眼点"[J].教育科学研究,2005(2).

(四) 表现性目标取向

这是美国课程专家艾斯纳(E. W. Eisner)倡导的一种目标取向。"表现性目标"(expressive purposes)是指学生在从事某种活动后所得到的结果,每一个学生在与具体教育情境的种种"际遇"中所产生的个性化表现,而不是事先规定的结果,旨在培养学生的自主性、创造性、差异性,强调个性化。当学生的主体性充分发挥、个性充分发展时,他在具体活动中表现出来的是某种创新性反应,而不是事先规定的结果。也就是说,"表现性目标"追求的是学生反应的多元性,结果的开放性。所以,"表现性目标"的特点是开放性、差异性和创造性。

艾斯纳基于自己从事的艺术教育领域,提出课程目标中存在的两种不同的教育目标:一个是使学生掌握现成的文化工具,即"教学性目标",它实际上就是"行为性目标",是在课程计划中预先规定好的,学生在完成一项或几项学习活动后所应习得的具体行为。"教学性目标"对于大多数学生而言是共同的。另一个是培养学生的创造性反应,即"表现性目标"。"表现性目标"旨在成为一个主题,学生围绕它可以运用原来学到的技能和理解了的意义,通过它扩展和拓深那些技能与理解,并使其具有个人特点。应用"表现性目标",人们期望的不是学生反应的一致性,而是反应的多样性;是在教学过程中对学生个性化和创造性的培养;强调学生的自主性和主体性,尊重学生的个性差异,教学活动中教师和学生都可以摆脱行为目标的束缚,可鼓励学生有机会探索、发现他们感兴趣的问题。

艾斯纳对如何制定"表现性目标"给出了一些例证:解释《失乐园》的意义;考察和

欣赏《老人与海》的重要意义;通过使用铁丝与木头展示三维形式;参观动物园并讨论哪儿有趣。艾斯纳强调,这些目标并不期望指明学生在参加这些教育活动后能做什么,而是识别学生际遇的形式,描写的是学生教育的经历,是看学生在学习中的表现,并不是关注学生在活动之后能做什么,做得如何。正如艾斯纳所说:"一个表现性目标既向教师,也向学生发出了一份请帖,邀请他们探索、追随或集中争论他们特别感兴趣或对他们特别重要的问题。表现性目标是唤起性的,而非规定性的。"

案例 2-3

一堂语文课的课堂实录

师:同学们,小青蛙听到大家把井外的世界说得这么精彩,它真想跳出井口来看一看(出示课件:青蛙跳出了井口)。说说青蛙跳出井口后,将会怎么样呢?

生:它看到绿绿的小草,还有五颜六色的花儿。

生:它看到校园里开满了桂花,闻到了阵阵花香。

生:它看到了果园里挂满了黄澄澄的梨子,红彤彤的苹果,一派丰收的景象!

生:它会到处逛逛,看看美丽的风景,看看拔地而起的高楼大厦。

(正当我倾听于学生对生活的赞美之言时,一位学生忍不住叫着他也想说说)

生:老师,我觉得青蛙有可能没有看到这么美的景色。

师:(师一愣,然后充满好奇疑惑)说说你是怎么想的?

生:它看到路边垃圾成堆、蚊蝇成群,闻到一阵阵很刺鼻的臭味。

(一石激起千层浪,学生众说纷纭)

生:它看到人们往小河里倒垃圾,河面上还漂浮着鱼的尸体,心里很害怕。

生:它看到有人大量砍伐树木,鸟儿没有了家。

生:它感觉外面的世界并不像我们说得那么美,它想回到安全的井中去。

(师灵机一动)

师:那么我们能不能用什么好办法来挽留小青蛙呢?让它安心快乐地和我们生活在一起。

(学生思考片刻,跃跃欲试,兴趣盎然)

生:我们做个广告牌,上面写上"保护动物,人人有责"来告诉人们应该与动物成为好朋友。

> 生:发现那些乱砍树、捕杀动物的人要报警,让警察来抓这些坏人。
>
> 生:我们不仅自己要知道环保知识,还要向同学、家人、朋友宣传爱护动物、保护环境的知识。
>
> ……
>
> 师:同学们说得棒极了!只要大家共同来保护环境,爱护家园,小青蛙就会被我们挽留下来,动物们才会快快乐乐地生活在我们身边!
>
> 资料来源:http://www.doc88.com/p-9384159362390.html.

"普遍性目标"所体现的是"普遍主义"的价值观,认为任何课程与教学目标都能够并应当运用于所有教育情境,所谓"东海西海,心同理同"。"行为性目标"强调人的外显行为,关注的是学生的行为表现,是学习后所达成的结果。这类目标便于操作,但是把人的行为分解为各个部分,割裂了作为整体的人所具有的完整性,容易忽略人的情感、态度、价值观等内在因素。"生成性目标"的着眼点在教育教学过程中,更多地强调在具体的教育教学情境中随着教育教学过程的展开而发生的积极变化。"表现性目标"关注的是学生在活动中表现出来的某种程度上首创性的反映,而不是事先规定的结果。这类目标指引下的教学活动旨在为学生提供活动的领域,重视学生独特的个性表现,活动的结果因此具有很大的灵活性和开放性。

由此看来,尽管四种课程目标取向各有其存在价值,但由"普遍性目标"取向和"行为性目标"取向发展到"生成性目标"取向、再发展到"表现性目标"取向,体现了在课程与教学中对人的主体价值和个性解放的不懈追求,反映了时代精神的发展方向。"生成性目标"取向和"表现性目标"取向并不否定"行为性目标"取向的合理性,而是基于更高的价值追求对"行为性目标"的取向的超越。

第二节 课程与教学目标的确定

> **案例 2-4**
>
> 一次讨论课上,围绕着新课改的口号:"一切为了学生、为了一切学生、为了学生的一切"展开了讨论,大家各抒己见。一学生若有所思地问道:在历史上,曾经出现过的"社会本位""知识本位""学生本位"的课程与教学观,现在的口号是不是意味着我们这次新课改的理念就是"学生本位"?我思考后的

回答是:"新课改倡导以'学生为本',但与历史上'学生本位'有所不同,除了重视学生的需要和发展外,还必须考虑到社会发展的需求以及科学知识发展的水平。"

确定明确而合理的课程与教学目标是课程与教学实施活动的一个首要环节和任务。为什么确定这样的课程与教学目标而不是其他课程与教学目标,这就涉及课程与教学目标的来源问题。明确课程与教学目标的来源,是设计或确定课程与教学目标的基础。

一、课程与教学目标的来源

在教学活动中,人们经过长期的实践和探索,提出了课程与教学目标的不同来源。泰勒集其大成,归纳总结为三个方面的来源:"对学习者自身的研究""对校外当代生活的研究"和"来自科目专家的目标建议"。需要引起注意的是,在分析目标来源时,要注意儿童、社会生活和科目之间的相互关系和相互作用。① 根据对课程与教学目标三个来源关系的不同认识,集中反映了不同的教育价值观,由此产生了"儿童本位课程论""社会本位课程论""学科本位课程论"三种典型的课程观。

知识卡片 2-2

我国的课程与教学目标的确立可以 1986 年开始制定义务教育课程方案作为一个阶段标志,大致经历了三个发展阶段,即社会——学科、社会——学生、学科、社会。在第一个阶段,即以社会为指向的阶段,课程与教学目标的制定主要是依据社会发展的需要,强调国家和社会的发展最重要,个人应当服从国家和社会的需要,课程与教学的目标就是把受教育者培养成为适应社会需要、促进社会发展的人。因此,学生学习的主动性、积极性不高,培养出来的人才规格单调。第二阶段,即以社会为指向、以学科为中心的阶段,课程与教学目标的制定不仅考虑社会发展的需要,更过分强调学科知识的系统性和全面性,造成中小学课程偏深、偏难,学生的课业负担过重,课程内容严重脱离学生的生活实际。第三个阶段,即课程与教学目标强调社会需要、学科

---

① 黄甫全.课程与教学论[M].北京:高等教育出版社,2002:252.

> 知识、学生发展的有机结合。这是一种科学的抉择。因为在社会生活中,知识的学习,不仅是学生个性发展的需要,也是社会发展的需要。人是社会中的人,社会是由人组成的,人的素质的提高,有助于推动、促进社会发展,满足社会的需要,但同时人又存在着个性的差异,个人需要可以成为社会需要的一部分。因此,素质教育的课程与教学目标必须实现人本位和社会本位的有机结合,除了要满足国家和社会的需要之外,也必须充分尊重和发展学生的个性,满足个人发展的需要,要从片面地以社会为主或以学科为中心转向兼顾学科知识、社会需要、学生发展三要素的有机结合,以育人为本,最终目标是促进人的全面发展。
>
> 资料来源:夏瑞庆.课程与教学论[M].合肥:安徽大学出版社,2002:60,61.

(一) 对学习者的研究

教育教学的目的是要促进学习者身心等方面的发展,因此,教学是为了学习者的教学,课程与教学目标也必然要考虑学习者的身心发展特点和规律以及他们的学习兴趣和需求。

对学习者的研究,分析学习者的需要是制定课程目标的首要依据。课程是学习者的课程,因而学习者的需要是确定课程目标的基本依据之一。需要通常指的是实际状态与理想状态之间的差距,这个差距就是学习者个体的需要。课程与教学目标的确定必须考察学习者现在的状态与期望状态之间的差距,确定了这个差距,才能制定出合理可行的促使学习者超越这个差距的目标。

确定学习者的需要,在制定课程目标时应该注意考虑以下方面。

首先,要考虑学习者的现状。分析学习者的现状,并将学习者的学习现状与期望达到的状态作比较,以此来确认学习者的差距。例如,美国学者泰勒在谈到研究学习者的需要时敏锐地提出:没有一套规范,"需要"的概念就没有意义。他把由他想象出的这类研究描述为一个两步过程:"第一,了解学生现状;第二,将现状与常模作比较,以确认差距和需要。"[1]他提出,可以将学习者的现状分为以下几个方面:① 健康;② 直接的社会关系,包括家庭生活以及与亲朋好友的关系;③ 社会公民关系,包括在学校和社区中的生活;④ 消费者方面的生活;⑤ 职业生活;⑥ 娱乐活动。[2] 为了了解学习者的真实情况,对学习者现状的分析和调查需要注意年龄特点和个性差异。

---

[1] R. W. Tyler. Basic Principles of Curriculum and Instruction[M]. The University of Chicago Press,1949:14.
[2] [美]泰勒.课程与教学的基本原理[M].施良方,译.北京:人民教育出版社,1994:6.

其次,要考虑学习者的学习兴趣。在制定课程与教学目标时,尽管不可能只考虑学习者的兴趣,但兴趣在学习者的学习中有着重要的作用,是学习者学习的最现实、最直接的心理动力。古代教育家孔子曰:"知之者不如好之者,好之者不如乐之者。"爱因斯坦说:"兴趣是最好的老师。""那些符合教育期待的兴趣会成为有效教学的出发点,而那些不符合教育期待的、目光短浅的、狭隘的或不恰当的兴趣,则反映出学生想获得有效教育去需要克服的差距。"①

最后,要考虑学习者的学习能力、年龄特征和个体差异。课程与教学目标一般是由成年的教育者来制定的,但成人的思维方式、水平等方面与学习者存在极大的差异,容易导致课程与教学目标的"成人化",致使课程与教学目标失真。所以要对不同年龄阶段的学习者的学习特征与风格、知识基础和接受能力等方面进行了解和研究,在分析学习者学习能力和个性差异的基础上制定合理的课程与教学目标。

当课程以满足学习者的需要、促进学习者个性发展为直接目的的时候;当课程开发以学习者的需要为基点,强调学习者的需要的优先性的时候,这种课程就是"学生中心课程论"。

(二)对社会的研究

人的发展与社会的发展具有协调一致性。首先表现在社会的发展是个人发展的前提和基础:一定的生产关系和社会关系是个人发展的基础,社会发展为个人发展提供了物质条件和技术手段,社会革命为个人发展提供广阔的大舞台。其次表现在人是社会的主体,个人发展是社会发展的重要条件:人是社会存在和发展的主体,是社会有机体的第一要素,个人的发展推动了社会向前发展。因而,个人发展与社会发展互为因果、相互依赖,具有内在的协调一致性,正是这种协调一致性才促使个人和社会的同步发展。无论哪一级教育教学目标的确定,目的都是促进人的发展,也是社会发展的要求。

课程与教学目标是教育目的和培养目标在教学领域的转化,教育目的和培养目标的基本依据是社会对人和教育的要求,课程与教学目标必然也是社会要求的体现。学习者不仅生活在学校中,而且还生活在社会中,学习者的学校生活是为明天走向社会做准备的过程,实际上就是学生社会化与个性化的过程。课程与教学目标必须密切联系社会,反映社会生活的需求,因而制定课程与教学目标时,必须研究当代社会生活的经济全球化、政治多极化、文化多元化、社会信息化等特征,培养学习者适应社会发展需求的能力。教育不仅适应当下社会的发展需求,还要超越社会现实的发展,面向新的社会发展状态,未来的社会发展需求。例如,信息时代,学校教育具有新质的规

---

① [美]泰勒.课程与教学的基本原理[M].罗康,张阅,译.北京:中国轻工业出版社,2008:8.

定——教育先行,学校教育与社会的关系发生了深刻变化。正如联合国教科文组织的报告书《学会生存》所指出的:"现在,教育在全世界的发展正倾向县域经济的发展,这在人类历史上大概还是第一次……现在,教育在历史上第一次为一个尚未存在的社会培养着新人……有些社会已在开始拒绝制度化教育所产生的结果。这在历史上也是第一次。"①这意味着课程与教学目标的制定不仅只是研究当下的社会需求,更主要的是要研究未来社会的发展趋势,以适应未来社会的发展。

当课程以满足当代社会生活需求、以维持或改造社会生活为直接目的的时候;当课程开发以当代社会生活的需求为基点,强调当代社会生活需求的优先性的时候,这种课程就是"社会中心课程论"。

(三) 对学科的研究

人是一种历史的存在,一种文化的存在,总是在自身传统的历史文化中出生成长,在社会实践中逐渐由野蛮状态走向文明状态,从而形成自己的文化。在历史的长河中,随着人类社会的每一次进步,新的文化都会不断产生,人类的生活与文化密不可分。而文化是以分门别类的学科的形式体现出来的。即人由自然人发展为社会人的基本途径就是通过学校课程学习系统的基础知识和基本技能,教育教学需要通过一定的媒介和载体进行,这个媒介和载体就是教学内容,这就涉及了主要由知识构成的学科,也就是说学科是知识的最主要的载体。因而,学科知识及其发展成为课程与教学目标制定的重要依据之一。

学科知识即学科的逻辑体系,包括学科的基本概念和基本原理、学科的探究方式、该学科与相关学科的关系等。学科知识的典型类型包括:① 数学;② 自然科学,如物理学、化学、生物学;③ 技术学;④ 社会科学,如语言学、历史学、地理学、经济学、教育学、人类学等;⑤ 人文科学,如哲学、文学、艺术等。制定课程与教学目标必须考虑学科知识及其发展,使学生能够继承文化遗产,创造和繁荣文化,更能传承文明,并引领其发展。

当课程将学科的发展视为直接目的的时候;当课程开发以学科知识及其发展为基点,强调学科知识优先性的时候,这种课程就是"学科中心课程论"或"学科本位课程论"。

二、确定课程与教学目标的基本环节

确定课程与教学目标大致包括以下四个基本环节。②

---

① 联合国教科文组织国际教育发展委员会.学会生存[M].北京:教育科学出版社,1996:35-37.
② 张华.课程与教学论[M].上海:上海教育出版社,2000:190.

(一)确定教育目的

教育目的或教育宗旨是课程与教学的终极目的,是特定的教育价值观的体现。它主要回答把受教育者培养成什么样的人这一根本问题。教育目的有两个价值取向:个人本位和社会本位,即教育与人的发展是怎样的关系、教育与社会进步是怎样的关系?因而课程与教学目标的确定要以终极的教育目的为导向,首先确定教育目的。

(二)确定课程与教学目标的基本来源

课程与教学目标的基本来源是特定教育价值观的具体化。课程开发的基本维度有学习者的需要、当代社会生活的需求和学科的发展,对这三个基本维度的关系的不同认识集中反映了不同教育价值观的理论目的和意图。这是确立合理的课程与教学目标的关键。确定课程与教学的基本来源就是要在这三者之间作出权衡与取舍,从而体现既定的教育价值观。

(三)确定课程与教学目标的基本取向

在"普遍性目标""行为目标""生成性目标""表现性目标"等取向之间应作何选择?怎样处理这几种目标取向之间的关系?它们不仅反映了特定的教育价值观,也与课程开发的向度观有着内在联系。目标取向的确立为目标内容的选择和目标的陈述奠定了基础。

(四)确定课程与教学目标

在教育目的、课程与教学目标的基本来源、课程与教学目标的基本取向确定以后,课程与教学目标的基本内容和陈述方式也就确立下来了,在这种条件下,即可进一步获得内容明确而具体的课程与教学目标体系。

三、课程与教学目标设计的一般步骤

从课程与教学目标设计的整个过程分析,任何目的和目标的确定,一般要经过四个步骤:目标分解、任务分析、起点确定和目标表述。[①]

(一)目标分解

前面第一节我们已经分析,课程与教学目标作为一个整体,是由课程与教学总目标、学校教学目标、课程目标、单元目标和课时目标组成的具有递进关系的系统。课程与教学目标的设计首先要分解目标,在课程与教学实施中需要进一步细化、逐层具体化。

---

① 黄甫全.课程与教学论[M].北京:高等教育出版社,2002:264-267.

目标分解是教学目标设计者对课程内容自身的逻辑性、系统性的再认识过程。通过分解,把宏观、抽象的目标落实为具体可操作的目标,使师生能在全局上把握学习内容。任何下一级的课程与教学目标的确定,必须以其上一级目标为依据,下位目标是为上位目标服务的。课程与教学目标自上而下的分解过程,是一个不断具体化的过程。课时教学目标是课程与教学目标体系中最为具体的目标,要确定课时目标,就必须明确其上位目标——单元教学目标及其相互关系;依此类推,要设计课程教学目标,就必须明确其上位目标——培养目标及其相互关系。这就涉及一个课程与教学目标的分解过程。

这一过程一般需要经历四个步骤:学习需要和兴趣的分析、学习任务的选择、学习任务的组织、单元教学目标的表述和归类。首先,要进行学习需要和兴趣的分析。即结合课程与教学目标对学习者进行分析,了解学习者在知识、能力、态度、技能等方面与要达到的课程与教学目标的差距。其次,进行学习任务选择。即以第一步分析结果为基础,确定为实现课程教学目的,学习者必须完成哪些学习任务或内容。在实际的单元教学目标设计中,要适当考虑学习者来确定学习任务的难点和重点,即使学习任务已经在教科书中规定好了。再次,进行学习任务的组织。这里主要是分析各项学习任务的关系。学习任务之间或是相对独立、或是相互平行、或是前后关系、或是递进关系,据其不同的关系,可以将学习任务或组成单元、或根据需要进行顺序和结构性的调换。最后,单元教学目标的表述和归类。明确了各单元的学习任务,我们可以为每个单元编写相应的单元课程教学目标。在单元目标中,要说明学习者完成本单元学习以后应能做什么,而不是教师做什么。相对于课程教学目标来说,单元教学目标是具体的;但相对于课时教学目标来说,单元教学目标又较概括、抽象,这一点与课时目标必须可操作、可观察、可测量有很大的不同。

如语文教学关于议论文类比法的教学目标可以做如下分解:第一,用自己的话解释运用类比法的条件。第二,在课文中找出运用类比法阐述论点的段落。第三,提供含有类比法、比喻论证法的课文,能找出包含类比法的句子。[①]

(二) 任务分析

单元目标确定后,就可以根据单元目标进行任务的分析,即确定学生的起点能力、分析使用的目标及类型、分析学习的支持性条件。这里的任务分析,实际上就是指对学习者为了达到单元目标的规定,所需学习的从属知识和经验以及技能、能力、态度、情感等及其相互关系,进行具体的剖析。根据单元教学目标来确定课时教学目标时,这种任务分析往往是与单元教学内容结合进行的,所以有的人也把这种任务分析叫作

---

① 马云鹏.课程与教学论[M].北京:中央广播电视大学出版社,2002:82.

教学内容分析。通常的做法是,从已确定的教学目标开始提问和分析:要求学习者获得教学目标规定的能力,他们必须具备哪些次一级的从属能力?而要培养这些次一级的能力,又需具备哪些更次一级的能力?……这种提问和分析一直进行到教学起点为止。根据布卢姆的"教育目标分类学理论",单元教学目标可分为认知的、情感的、动作技能的几种类型。

(三) 起点确定

起点能力确定包括三个方面:一是对新知识的学习所需要的先备知识和技能的分析;二是对目标能力的分析;三是了解学生对所学内容的态度如何。

课程与教学目标不是对教师的教学行为的描述,而是指学习者的学习结果。既然如此,要设计出合适的课程与教学目标,就不能忽视对学习者的分析,就需要对学习者的起点能力进行分析,即确定教学的起点。教学起点的确定,直接关系到课程与教学目标作用的发挥和教学的有效性。如果教学起点定得太高,则可能导致课时教学目标过高,超过了一般学生的能力;如果教学起点定得太低,则会在学生已掌握的内容上或教学活动上浪费时间和精力。一般说来,确定进行起点,主要应对学习者进行三方面的分析:首先是对学习者的社会特征进行分析,主要包括学习习惯、兴趣、方法、态度以及成熟程度、班级水平、心智发展水平等。其次,是对学习者预备技能的分析,主要了解学习者是否已经掌握了新的学习所需要的知识和技能。最后是对学生目标技能的分析,即了解学习者是否已经掌握和部分掌握了课程教学目标中要求学会的知识和技能。

学习任务分析和教学起点的确定是密不可分的。没有学习任务分析,就无所谓教学起点的确定,没有教学起点的确定,学习任务就失去了重点。在设计课程与教学目标时,这两方面的分析往往是同时进行的,二者并不存在明显的先后关系。

(四) 目标表述

进行课程与教学目标设计时,必须对学习者通过每一项从属知识和技能等的学习以后应达到的行为状态作出具体、明确的表述,再将这些表述进行类别化和层次化处理。目标表述内容丰富,而且技巧性比较强,第三节我们具体来阐述有关概念、理论和方法。

第三节　课程与教学目标的表述

> **案例 2-5**
>
> **试评析人教版语文七年级下册《斑羚飞渡》的目标设计**
>
> 教学目标：
>
> 1. 通过整体感知文本内容，使学生理解作者的思想感情。
> 2. 引导学生有感情地朗读课文，品味生动形象的语言；学习本文叙事、抒情相结合的写作方法。
> 3. 帮助学生获取更大的信息量，让学生理解生活与自然的关系。
> 4. 让学生学习并理解斑羚从容、镇定、舍己为人的高尚品质。

目标编制的核心是目标表述问题。要达成目标，就要科学、精确地表述课程与教学目标。在课堂与教学设计的目标表述中，由于对新课程理念的认识与理解不够深入，对课堂教学目标设计的认识与理解不够正确，存在着目标表述定位偏颇、混淆不清的问题。它主要表现在以下几个方面。

一是课堂教学目标陈述的主体不是学生。确定课堂教学目标的指向应当是学生而不是教师，课堂应当是学生成长的地方，课堂教学是为了养成学生的素养，提高学生的学习能力和水平，目标陈述的主体应当是学生。例如："通过本节课的教学，我们要培养学生分析问题、解决问题的能力。"这样表述的教学目标的行为主体就成了教师，这是传统的教师本位观在课堂教学目标设计中的体现。课堂教学目标是指通过课堂教学所要达到的预期的学习结果，是指向学生的变化的，教师应该做什么并不是教学目标所应陈述的内容。

二是课堂教学目标表述的用语不够清晰、表述太笼统，难以操作。设计的教学目标如果使用一些混杂的、无法观测的描述心理状态的术语，那么一堂课下来难以检测教学目标是否达成，从而导致教学效率低、教学效果差。这样设计的目标难以对教学活动发挥应有的指导作用。例如，一位老师这样设计《赵州桥》的教学目标：A. 懂得赵州桥的坚固、美观；B. 体会本文运用比喻写声音的写法；C. 了解事物在自然界中的变化规律。"懂得、体会、了解"这样的表述很模糊。因此，为了使其更加明确，具有可操作性，我们可以这样表述：A. 说出赵州桥的实用价值和观赏价值；B. 画出本文运用比喻写声音的语句;C.指出(举例说明)物体的形状、位置和形态对其质量的影响。

三是课堂教学目标叙述缺乏条理性。教学目标设计的表述应当合乎教学内容的要求,符合学生的认知规律,具有一定的逻辑顺序,体现出一定的条理性。比如:在"三维目标"中,"知识与技能目标"的达成是实现"过程与方法","情感态度与价值观"目标的基础,为此,在课堂教学目标,表述时:"知识与技能"目标应放在其他目标的前面。

一、行为性目标的表述

按照教学理论的要求,具体的教学目标是可操作、可检测的行为性目标,行为性目标表达形式,一般包含四个要素:行为主体(audience)、行为动词(behavior)、行为条件(condition)和表现程度(degree),简称 ABCD 形式,刚好是其英文单词的首字母。

A 是行为主体:学习的主体——学习者,目标的陈述必须从学生的角度出发,陈述行为结果的典型特征,行为的主体必须是学生,而不能以教师为目标的行为主体。规范的行为目标开头应当要清楚地表明达成目标的行为主体是学生,例如,"学生……"用"能认读……""能背诵……""能解……""能写出……""仿照……对……写一段话""对……作出评价""根据……对……进行分析"等描述。

B 是行为动词:行为,说明学生应能做什么,这是目标表述句中的谓语;要避免运用一些笼统、模糊的术语,如"掌握""知道""熟悉"等,应运用具体的、明确的、可操作的、可把握的行为条件。如采用"认读""背诵""说出""描述""解释""说明""分析""评价""模仿""参与""讨论""交流""认同""拒绝"等能直接反映学生活动的行为动词,则意义明确、易于观察、便于检验。

C 是行为条件,说明 B 是在什么条件下产生的,这是目标表述句中的状语;是指影响学生产生学习结果的特定的限制或范围。学生在什么情况下或什么范围内完成指定的学习活动,例如:"借助工具书……""仔细阅读第几段,归纳……""用所给的条件探究……""通过小组合作讨论,制定……""在网上搜集相关内容,体验……"

D 是表现程度(标准):即程度,表明 B 的标准。课程目标所指向的表现程度通常是指学生通过一段时间的学习后所产生的行为变化的最低表现水准或学习水平,用以评价学生的学习表现或学习结果所达到的程度。例如,"写一段不少于 200 字的感悟""分析归纳出 5 个要点""能准确地说出……""会具体地写出……""客观正确地评价……"表述中的状语和补语部分便是限定了目标水平的表现程度,以便检测。

这四个要素,构成了教学目标表述中的行为主体、行为动词、行为条件和表现程度,以体现学习者通过教学所要达到的行为上的变化。当然,在实际的教学设计时,要完全按照这四个方面来表述教学目标是较为困难的,尤其是历史学科,因为在能力、认识、情感等方面的程度标准是很难详细界定的。但一般地讲,目标的表述中主体必须明确,在一定条件下的行为及内容是要具体表示出来的。但并不是所有的目标呈现方式都要包括这四个要素,有时,为了陈述简便,可以省略行为主体或(和)行为条件,但前提是以不会引起误解或多种解释为标准。例如:"学习昆虫的形态特点后,学生能以90%的准确度,从书上的图中辨认出哪些是昆虫。"其中,行为主体是"学生",行为是"辨认昆虫",条件是"在本课课本的图中",程度是"达到90%的准确度"。

二、生成性目标的表述

在生成性目标设计时,教师应该为生成性目标留有空间,让目标保持一定的灵活性,同时注意在活动中丰富与发展已经预设的目标。

要少用规定性字眼,如"学会""掌握""记住""说出"等,而用"引导""激发""启发"一类的字眼。让教师在实施课程的过程中处于一种反思、观察、审视的状态,而不是检验目标与结果的一致性。张扬个性,培养学生质疑问难的能力。问题意识的培养并非一朝一夕之功,在现行的教学体制下,可以先不提很高的要求,仅从鼓励学生提问、鼓励学生想象开始做起,不要轻易去打击、约束他们。当学生提问成习惯时,教师再不断地启发、点拨、激发学生,促进学生学习,使学生的心灵处于动态发展之中。例如,有位教师在执教完"天体和星空"一课后,让学生结合所学内容提出问题并讨论。有的同学突然站起来说:"老师,民间传说牛郎织女在阴历七月初七鹊桥相会,这是真的吗?"话音未落,教室里传来一片笑声,同学们可能认为这是一个很幼稚的问题,因为大家都知道这是一个传说。当时,笔者首先对这个同学敢于提出问题,并积极思考的勇气和态度进行了充分的鼓励和肯定。为解决这个问题,笔者设计了四个相关问题让学生进行讨论:这个传说的主要内容是什么?课文中牛郎星和织女星的位置分别在哪里?两颗星之间的距离是多少?这个美丽的传说表达了人们怎样的思想感情?学生经过思考、分析和计算,答案出来了,问题也解决了。牛郎星和织女星之间的距离是16光年,如果牛郎打一个电话给织女,织女接到电话需要16年,因此这只是一个美丽的传说,表达了人们一种渴望真诚爱情的心情。这样学生既感受到个性张扬的魅力,又体验到了动态生成的生命课堂。

三、表现性目标的表述

表现性目标主要是描述学生在教学过程中作业的情境、将要处理的问题、将要从事的活动任务等。它关注的不是预先设计的教学目标,而是学生在教学活动中表现出来的某种程度上首创性的反应形式。例如:

① 以"商鞅变法的失败与成功"为题,组织讨论会。

② 检视《背影》一课的重要意义。

③ 制订简单的英语学习计划。

④ 搜集有关资料,讨论我国某一地区改革开放以来的发展成就。

⑤ 观察周围环境中动物的行为。

以上表现性目标的实例不同程度指出了在教学过程中作业的情境、学生将要处理的问题、将要从事的活动任务等,从而激发学生学习的积极性。但学生学习的结果如何并未指定,结果是开放的,不同学生会有不同的看法和体验。这样的表现性目标给了学生释放思维、释放理性的出口和机会,给学生主体性和创造性的发挥营造了一个巨大的空间。它关注的是学生探索的一种状态及学生主体参与的程度,而不是一些有限的知识或技能;并不是对大部分学生的共同要求,而是追求多元性,即每个学生的个性化表现;它关注的是过程,而不是结果;旨在培养学生的创造性,强调学生的个性化。

> **案例 2-6**
>
> **一次缺乏引领的生成**
>
> 课堂上有很多意外发生,这些意外在当时很是让人惊讶,也有很多感慨。记得那是在讲元朝的时候,提到了元世祖发展农业生产的措施。在讲元朝交通运输业的发展时,让孩子们观察《元朝的运河和海运航线》图,旨在通过地图让同学们比较元朝时漕运(对比隋朝运河)和海运的发展。
>
> 这时,一个平时很调皮的孩子突然提出了一个问题:"老师,这幅图是不是画错了?"我愣住,便问:"哪里错了?""黄河的入海口不对,和隋朝时期黄河的入海口不一样。"我更加惊讶了,赶紧把书往前翻(惭愧,一直都没仔细观察过)。于是班里的孩子们都哗哗地翻书,议论起来。我打开一看,确实不一样。
>
> 一看到图,当时脑筋就短路了,就想:"难不成真的出错?但不应该出现这样大的错误吧?"于是,就先赞扬发现问题同学的细心观察、大胆质疑的精神。然后告诉同学们,即使是出版社这样的权威机构,也是会出现错误的,所以不要盲从于课本。这幅图是不是真有错误?还需要我们进一步探究,也可以和出版社取得联系。
>
> 这节课带着疑问结束了。下课后,我心里放不下这事,还在不停地想,为什么会出现这样的不同?猛然间,想起,历史上黄河曾经多次改道的,很多朝代的君主也曾经多次大规模治理黄河,出现这种不同,是否是黄河改道的原因。

然后赶紧跑去问地理老师。地理老师一听,马上就肯定了。

第二节课一上课,先就这个问题表扬了同学们的观察力,然后说:"历史上黄河多次改道泛滥,有作为的君主也多次治理过黄河,水利工程的兴修对百姓的生存、农业的发展是很重要的。"接着就转入了下节课的话题。

资料来源:http://blog.sina.com.cn/s/blog_4c061e980100aley.html.

根据所学的课程与教学目标理论,请分析上述案例。

本章小结

课程与教学目标是指人们事先确定的,课程与教学预期达到的结果。课程与教学目标作为一个整体,是由课程与教学总目标、学校教学目标、课程目标、单元目标和课时目标组成的具有递进关系的系统,它直接受教育目的、培养目标的制约和影响。目标是活动的出发点和归宿,它支配、调节着整个活动过程的进行,任何活动都是为实现一定的目标而进行的。因而,课程与教学目标在课程与教学实施中,主要具备定向、激励、评价和聚合功能。课程与教学目标是一定教育价值观(教学目的、教育宗旨、教育方针)在课程与教育领域中的具体化,也就是说,任何课程与教学目标都体现一定的价值取向,都是为一定的教育目的、教育方针、教育宗旨服务的。根据美国课程论专家舒伯特的观点,典型的课程与教学目标的形式取向主要有四种:"普遍性目标"取向、"行为性目标"取向、"生成性目标"取向、"表现性目标"取向。

明确课程与教学目标的来源,是设计或确定课程与教学目标的基础。在教学活动中,人们经过长期的实践和探索,提出了课程与教学目标的不同来源。泰勒集其大成,归纳总结为三个方面的来源:"对学习者自身的研究""对校外当代生活的研究"和"来自科目专家的目标建议"。从课程与教学目标设计的整个过程分析,任何目的和目标的确定,大致包括四个基本环节:确定教育目的、确定课程与教学目标的基本来源、确定课程与教学目标的基本取向、确定课程与教学目标;一般还要经过四个步骤:目标分解、任务分析、起点确定和目标表述。其中目标编制的核心是目标表述问题。要达成目标,就要科学、精确地表述课程与教学目标,如对行为性目标、生成性目标、表述性目标的表述等。

1. 怎样理解课程与教学目标的含义?

2. 比较分析课程与教学目标的四种基本取向。

3. 分析讨论课程与教学目标确定的三个来源。

4. 简述课程与教学目标设计的一般步骤。

5. 运用相关课程与教学目标的理论,学会设计和表述某门学科的一种课程与教学目标。

参考文献

1. 刘学利,等.课程与教学论[M].北京:中国人民大学出版社,2012.

2. 迟艳杰.教学论[M].北京:高等教育出版社,2009.

3. 张华.课程与教学论[M].上海:上海教育出版社,2000.

4. 李秉德.教学论[M].北京:人民教育出版社,2001.

5. 李如密.现代教学理论研究[M].长春:吉林人民科学出版社,2003.

6. 李秉德,李定仁.教学论[M].北京:人民出版社,1991.

7. 马云鹏.课程与教学论[M].北京:中央广播电视大学出版社,2002.

第三章　课程与教学内容

> **学习目标**
>
> 1. 掌握课程与教学内容的概念。
> 2. 了解课程与教学内容选择的依据和原则。
> 3. 能够联系实际,理解课程与教学内容的组织顺序与结构。

课程与教学内容是实现课程与教学目标的重要载体。课程与教学内容的质量好坏,直接关系到课程与教学目标的顺利实现和教育质量的全面提高。本章在理解课程与教学内容的基础上,着重探讨课程与教学内容的选择和组织问题。

第一节　课程与教学内容概述

案例 3-1　　　飞镖里的"鬼"[①]

儿童实践经验是理解和应用书本知识(间接经验)的源泉

钱学森在北京师范大学附属小学求学的时候,最爱和小伙伴们玩掷飞镖的游戏(儿童生活实践)。他折的飞镖飞得又稳又远(经验应用结果)。那些小伙伴都十分惊奇,以为这里面有什么"鬼"(没有将实践经验与知识联系起来理解)。

他们的自然课老师看见了,让钱学森向同学们讲其中的奥秘,钱学森说:"我的飞镖没什么秘密,只是经过多次失败之后一步一步改得好起来。我的飞镖用的纸比较光,头不能做得太重,也不能太轻,否则就飞不起来;翅膀也不能叠得太小,也不能太大,否则就飞不稳飞不远。这是我多次实验悟出来的道理"(在实践中"悟"出来的"经验")。

那位自然课老师对同学们说:"钱学森爱动脑子,从实验中摸索出了折叠飞镖的方法(实践中获得的直接经验)。把飞镖折得规正,叠得有棱有角(经

[①] 金兑.钱学森童年趣事[J].太空探索,2002(1):9.

> 验应用),就可以保持平衡,减少空气阻力,巧妙地借助风力和浮力(书本知识应用),这样飞镖就飞得又稳又远了。"(教师的点评,将实践经验应用与自然知识的学习有机地联系在一起了)

一、课程与教学内容的含义

课程与教学内容是一种特定的文化,它来自人类文明的宝库,又是人类文明的精华。如果说教学的过程是从此岸到彼岸,那么课程与教学内容就是桥,它能让我们达到彼岸,也能让我们领略其自身的魅力,汲取其丰富的营养。它既是目的,又是手段。课程与教学内容是课程与教学目标的具体体现和集结点,涉及学科知识、学习者和社会等三个方面(三种价值取向)的因素。教育的性质与价值取向决定着课程与教学内容的基本特征。

课程与教学内容是指各门学科中特定的事实、观点、原理和问题,以及处理它们的方式,它是在一定的教育价值观及相应的课程与教学目标指导下对学科知识、社会生活经验或学习者的经验中对有关知识经验的概念、原理、技能、方法、价值观等的选择和组织而构成的体系。[1]

课程与教学内容的研究主要解决如何选择某一门课程的内容,即决定应该教什么和如何选择需要教的内容。在课程编制过程中,课程与教学内容的选择,是一项最基本的工作。它涉及方方面面,也是许多课程问题的集结点。可以说,全部课程问题就是内容问题,课程的设计、课程目标、课程实施以及课程评价,都可以理解为围绕着课程与教学内容的安排及其结果展开的:课程设计是关于内容的组织安排,课程目标是选择和决定内容的依据,课程实施是内容的逐步实现,课程评价是判断内容产生的结果。

二、课程与教学内容的演变

课程与教学的内容受社会政治、经济、文化发展的影响,随着社会的演变而发生变化,而且在不同的历史发展阶段呈现出不同的特点。

(一)古代尽管没有专门的"课程与教学"的术语,但关于课程与教学内容的规定比比皆是

在尚处于奴隶社会时期的西周,我国就有了"六艺":礼、乐、射、御、书、数。春秋战

---

[1] 钟启泉,汪霞,王文静,等.课程与教学论[M].上海:华东师范大学出版社,2008:68.

国时期,私学兴起,孔子修订《六经》(《诗》《书》《礼》《乐》《易》《春秋》),并以此作为课程与教学内容教授给学生,其内容涉及政治、哲学、历史、艺术、音乐、道德和伦理。至汉唐,独尊儒术,儒家思想和经典成为主要的课程与教学内容。唐之后,《四书》(《论语》《孟子》《大学》《中庸》)和《五经》(《诗》《书》《礼》《易》《春秋》)成为学校的标准课程与教材,在这一时期,自然科学在课程与教学体系中几乎没有什么位置。而在西方古希腊时期,学校设置"七艺"课程:文法、修辞、辩证法、算术、几何、天文、音乐。"七艺"成为西方最早、影响最持久的一组课程。到中世纪,基督教教会垄断教育,所有的课程都服从宗教目的,"七艺"渗透着神学思想。

总体来讲,中外古代课程与教学的内容是相当笼统的,此时的课程与教学内容在形式上虽然是分门别类设置的,但实质上每门课程的知识内容没有明确的学科界限,它们在知识内容上与古代的知识形态是一致的,在形式上虽然是分科设计,但内容上却是笼统综合、相互交叉的。

(二) 近代课程与教学内容分化,出现以学科为中心的学科课程或分科课程

到了近代,在西学思想的影响下,我国学校开始出现了被称为《格致》《博物》《理化》的反映自然科学的知识,出现了包含代数、几何、三角的算学,另外,也出现了外国史、外语、图画、体操等课程。在近代欧洲,随着自然科学的发展,宗教神学的中心地位被打破,课程与教学内容进一步扩充,至18世纪已发展成文法、文学、历史、地理、天文、物理、化学等近二十种学科。19世纪之后,学校增设新人文学科:本族语、外国语、公民,自然科学的地位有了改善,劳动、体育、艺术等学科日益受到重视。至此,以知识为中心的学科课程形成了一个庞大的体系。

所以,在近代,课程与教学内容是各门学科的基础知识,各门课程之间的学科界限较明确,实用学科逐渐成为近代课程与教学中的组成部分。此时的课程设置在内容和形式上与近代课程知识形态的总特征相适应,即学科分化。

(三) 现代课程与教学内容表现出多元化特征

19世纪末20世纪初,西方出现了一种典型的课程形式:经验课程。在杜威看来,选择这些直接经验形态的课程内容的目的,不是让儿童"消遣",也不是获得"职业技能",而是为儿童"提供一种研究的途径",是儿童生活的需要。经验课程的课程内容是以学生的兴趣、爱好、动机、需要和现实生活为基础的直接经验,游戏、手工、金工、木工、缝纫等经验性活动成为课程内容的重要组成部分。例如:

(1) 手工制作类的课程内容,如木工、金工、缝纫、烹调、园艺等。

(2) 语言社交类的课程内容,如游戏、俱乐部、表演等。

(3) 研究与探索类的课程内容,如历史研究、自然研究、专业化活动研究等。

(4) 艺术类的课程内容,如乐队活动、乡村音乐会等。

20世纪二三十年代,社会改造主义者将对社会现实问题的认识、理解与解决策略纳入中小学课程内容之中,社会现实问题成为主导的课程内容。

之后,学科课程也在进行改良,衍生出综合课程、结构主义课程等,在教育内容现代化中焕发出新的生命力,始终成为课程与教学内容中占据主导地位的课程体系。

因此,现代的课程与教学内容超越了单一的书本知识的范围,体验式的直接经验、生活背景、社会现实问题成为课程内容的重要组成部分,课程与教学内容呈现多元化发展态势。

三、课程与教学内容的取向

(一)课程与教学内容即学科知识

这是一种比较早、影响相当深远的观点,也是比较传统的观点。即将课程与教学内容作为要学生习得的知识来对待,这些知识往往以事实、原理、体系等形式构成一定的学科科目,再通过教材这一具体的载体表现出来。所以,课程与教学内容被理所当然地认为是学科知识或教材。无论是我国历史上的"六艺",还是西方历史上的"七艺",其实质就是以一种朴素的、笼统的学科观点来确定了课程与教学的内容。中华人民共和国成立后的几十年里,基本上是把学科知识作为课程与教学内容的。就国外而言,诸如历史上形形色色的要素主义、永恒主义教育学者等,都竭力主张"课程与教学内容即学科知识"。即使在今天,大多数国家依然把学科知识作为课程与教学的主要内容。

这种观点有利于考虑到各门学科知识的系统性,使教师与学生明确教与学的内容,从而使课堂教学工作有据可依、形成井然有序的格局,因而成为人们对于课程与教学内容的一种普遍性的理解。

然而,学科知识浩如烟海,仅现有的学科门类就有成千上万门之多。造成学校课程与教学内容拥挤不堪,许多学科削减起来难度很大,不削减则很难增加新的内容。更主要的是,如果把学科知识与课程和教学内容相等同起来,课程与教学内容就成为既定的、先验的和静态的内容,外在于和凌驾于学习者之上,这将会导致课程活动中教师只会关注学科知识(教材),而忽视学习者的心智发展、情感陶冶、创造性思维、个性发展。所以,20世纪后期,这种取向招致许多学者的诟病。正如杜威指出的,即使是用最合逻辑的形式整理好的最科学的教材,如果以外加的和现成的形式提供出来,在它呈现到学生面前时,也失去了这种优点。对学生来说,学习内容是由外部力量规定他们必须接受的东西,而不是自己感兴趣的东西。由于教材并不引起兴趣,也不能引起兴趣,于是教师就想方设法采用各种教学方法引起兴趣,用糖衣把材料裹起来,让学生"在他正高兴地尝着某些完全不同的东西的时候,吞下和消化一口不可口的食物"。

(二)课程与教学内容即学习经验

泰勒在其课程原理中使用学习者经验这个术语,而当课程目标的基本来源主要是学习者的需要的时候,学习者的经验就成为课程与教学的主要内容。

学习经验取向认为,决定学习的质和量的是学习者而不是教材。学习者之所以参与学习,是因为教育环境中某些特征吸引了他,学习就是对这些特征作出反应。学习经验不同于一门课所涉及的内容,而是指学生与外部环境的作用。教师的职责是要建构适合于学生能力与兴趣的各种教育情境,为每个学生提供有意义的经验。当学习者能够突破外界强加的东西,对其所接触到的内容进行解读、内化,并在外化的过程中用自己已有的认知结构、情感特征和经验去解读和表征时,这样,即使坐在同一课堂上的两个学习者,也会有两种不同的学习经验。由此,泰勒推断出"教育的基本手段是提供学习经验,而不是向学生展示各种事物"①。

当然,课程与教学内容取向于学习者经验时,必然会增加课程与教学的编制与开发的难度。因为教师无法全面清楚地观察和了解每一个学习者的真实体验和心理特点,难以感知和把握影响其心理的特定环境及其他因素。这往往会导致课程与教学内容受学生的支配而削弱教师对课程与教学内容的控制、引导与评价。

把学习者的经验作为课程与教学内容,必须树立以下几个基本观念。

第一,学习者是学习主体。每一个学习者,都有其独立的人格尊严,都有主宰自己命运的权利。课程不只是要让学习者学到知识技能,而是要为学习者提供一种促使他们自己去学习的情境,成为一种满足学习者人生成长和个性整合的自由解放过程。

第二,学习者创造着社会生活经验。学习者不仅接受社会生活经验,而且通过日常生活、班级活动、师生交往等,生成着个人知识和同伴文化。丰富的社会生活经验熔铸了学习者的精神与智慧,在社会生活中形成了独特的、成人无法取代的价值。

第三,学习者是课程的开发者。当学习者的主体地位确立之后,他们就不再是别人为他准备好课程的被动接受者,而是与教师和其他学习者一道创造、开发自己的课程。②

(三)课程与教学内容即学习活动

进入20世纪后,随着社会发展和科学技术的进步对课程与教学产生越来越深刻的影响,一些课程论专家意识到课程内容应当对社会的需要作出反应。他们通过研究成人的活动,识别各种社会需要,把它们转化成课程与教学目标,再进一步把这些目标转化成学习者的学习内容与活动。为此,对课程与教学内容理解的重点放在学习者做

---

① [美]拉尔夫·泰勒.课程与教学的基本原理[M].施良方,译.北京:人民教育出版社,1994:49-50.
② 钟启泉,汪霞,王文静,等.课程与教学论[M].上海:华东师范大学出版社,2008:72.

些什么上,而不是放在教材体现的学科体系上。它关注的不是向学生呈现什么内容,而是让学习者积极从事某种活动。特别注重课程与教学内容和社会生活的联系,反对过于详细的分科教学,强调学习者在学习中的主动性。注重以学生的兴趣、需要、能力和经验为中介实施课程,使学习者在"切身体会"中获得发展。但这种取向所存在的问题在于:首先,活动是一个比较宽泛的概念,从不同的角度对此的理解有很大的差异,如哲学、心理学、教育学都有不同的界定,这样就导致在课程实践中难以把握。其次,把课程与教学内容等同于活动,往往强调外显的、动态的活动。把动态的活动作为课程与教学内容,似乎关注了学生的直接经验和探究活动,但却无法看到学生是如何同化课程与教学内容的,无法看到学生的经验是如何发生的。事实上,每个学生从活动中获得的意义和理解的方式是各不相同的。如果仅关注外显的活动,容易使人只注意表面上的热烈,而忽视深层次的学习结构,从而偏离学习的本质。

表 3-1 课程与教学内容三种取向的特点[①]

取 向	特 点
课程与教学内容即学科知识	● 课程体系是以科学逻辑组织的 ● 课程是社会选择和社会意志的体现 ● 课程是既定的、先验的、静态的 ● 课程是外在于学习者的,并且基本上是凌驾于学习者之上的——学习者服从课程,在课程面前是接受者的角色
课程与教学内容即学习经验	● 课程往往是从学习者角度出发和设计的 ● 课程是与学习者个人经验相联系、相结合的 ● 强调学习者作为学习主体的角色
课程与教学内容即学习活动	● 强调学习者是课程的主体,以及作为主体的能动性 ● 强调以学习者的兴趣、需要、能力、经验为中介实施课程 ● 强调活动的完整性,突出课程的综合性和整体性,反对过于详细的分科 ● 强调活动是人心理发生发展的基础,重视学习活动的水平、结构、方式,特别是学习者与课程各因素的关系

从以上对课程内容的三种取向分析看,每一种取向都有各自的合理性,同时也都存在着一定的局限性。它们都是在不同时代、针对不同社会要求和对受教育者的认识而提出并实施的。无论是"学科知识""学习经验"还是"学习活动",对学习者的身心发展都有实用价值。因此,课程与教学内容的选取需要综合考虑与处理这几方面的关系,使课程与教学内容同时兼顾学科知识、学习者经验和学习活动这几方面的因素,才能促进学习者的全面发展。

---

① 马云鹏.课程与教学论[M].北京:中央广播电视大学出版社,2005:105.

第二节　课程与教学内容选择的依据与原则

美国未来学家托夫勒认为,就知识增长的速度而言,今天出生的小孩到大学毕业时,世界上的知识总量将增加4倍。当这个小孩到50岁时,知识总量将是他出生时的32倍,而且全世界97%的知识都是在他出生以后才研究出来的。德国学者哈根·拜因豪尔统计:今天一个科学家,即使夜以继日地工作,也只能阅览有关自己这个专业的世界上全部出版物的5%。由此可见,在人类浩如烟海的知识中,学生"可学的"总比他"能学的"多,这种现象在当今知识经济时代更为突出。所以课程与教学内容的选择是非常重要的。

一、课程与教学内容选择的依据

课程与教学内容的选择是一个价值判断的过程,何种知识有价值或没价值,必须有一定的标准与依据。而且,任何单一的标准和依据,都不能为明智而又全面的课程与教学内容选择提供基础。课程与教学内容的选择可以从宏观和微观两个角度来考虑。

(一)宏观角度

所谓宏观角度,是指课程与教学内容的选择与组织必然要受到社会的政治、经济、文化发展的制约,必然要考虑学生的发展规律和其他学科领域的影响。在这些宏观因素中,社会和学生对课程与教学内容的选择会产生根本的影响。

1. 社会发展需要

学生个体的发展总是与社会的发展交织在一起。学生在学校期间所形成的知识结构和水平决定着其能否适应社会和在社会生活中扮演的角色,因此,社会发展对学生素质发展的一般要求,是课程与教学内容选择的客观依据。因此,在选择课程与教学内容时,就必须考虑现实社会与未来社会的需求,使学生在未来的社会生活中能有所作为。

首先,课程与教学内容的选择要符合现实社会的需求。在现实社会中,个性、合作、创造被普遍视为人所应具备的重要素质,而如何满足现实社会对这些素质的需求成为课程内容选择的重要依据。其次,课程与教学内容的选择还应顺应未来社会发展的趋势。如果仅仅从现存社会的需要出发选择课程与教学内容,不可避免地会出现人才培养滞后于社会发展的问题,使得学习者一跨出校门便成了时代的"落伍者"。因此,课程与教学内容的选择不能单纯考虑现存社会的需要,还要着眼于未来社会发展的需要,适度超越现实社会,只有这样,课程与教学内容才能真正对社会的发展起作用。所以,未来社会的生活方式,可以在学校里通过让学生尝试过这种生活而逐渐养成学生这方面的素质,如当前班级建设中强调的"小干部轮流"制,主要就是为了通过让学生体验和尝试某种民主的生活方式来培养民主的意识。

2. 学生的需要、兴趣与身心发展水平

课程与教学的最终目的就是要促进学生的发展。因此,课程与教学内容的选择应该关注有关学习者的各种研究,主要包括学习者的需要、兴趣、身心发展特点以及规律等方面的研究,这是课程与教学内容选择的重要考量维度。

首先,课程与教学内容的选择需要考虑受教育者现有的发展水平及其发展规律。受教育者身心发展的水平制约着课程与教学内容的广度和深度。超越学生身心发展现有水平的课程内容,会对学生造成过重的智力负担。

其次,课程与教学内容的选择还应考虑受教育者身心发展的需要。对于需要,通常有两种不同的解释。一种是指理想常模与实际状况之间的差距。就这个意义来说,"需要"就是指"应该是什么"与"是什么"之间的差距。另一种解释是有机体内部的张力,为了保持有机体处于正常、健康的状态,必须使这些张力恢复平衡。学校的课程与教学不仅应致力于缩小学生目前及未来发展的差距,而且还应促使学生产生学习的动力,因此,课程与教学内容选择必须考虑学生的需要。

最后,在选择课程与教学内容时,还应考虑学生的兴趣,因为,如果提供的是学习者感兴趣的内容,学习者就会主动参与其中并有效地应付学习的各种情境,既节约时间,又能提高学习效率和效能。杜威也持有这种观点:当学习是被迫的、不是从学习者真正的兴趣出发时,有效的学习相对来讲是无效的。① 尽管学习者的兴趣是课程内容选择的一个重要方面,但也不能以学习者的兴趣为唯一依据。

(二) 微观角度

所谓微观角度,即从课程与教学本身的组成部分来分析。目前,广泛统一的意见是课程由以下五个部分组成:对学生和社会的假定所组成的框架;宗旨与目标;内容或学科内容及其选择、范围和顺序;执行的模式,例如,方法论和学习环境;评价。这五个部分并不是孤立的存在,而是相互依赖的。这就类似于人体各系统(肌肉、呼吸、循环)之间的关系。某一系统(组成部分)的任何改变都影响其他部分的结构与功能。为使机体得以生存和发展,各部分之间必须很好地协调和配合。因此,课程内容作为课程的重要组成部分,不可避免地要受到其他四个组成部分的影响。

1. 课程与教学目标

课程与教学目标是课程专家、学科专家和教师等在周密思考和认真研究了社会、

---

① 江山野.简明国际教育百科全书·课程[M].北京:教育科学出版社,1991:44.

学科、学习者等方面的特征和需求的基础上形成的,它是对某一阶段学习者所应达到的规格提出的要求,对课程与教学内容的选择起着引导作用。因此,课程内容的选择应紧扣目标,即有什么样的目标就有什么样的内容与之匹配,不同的目标结构对应着不同的内容体系。

2. 课程与教学内容本身的性质①

课程与教学内容的选择要考虑内容本身的性质,包括内容的重要性、实用性、正确性等。

(1) 内容的重要性,但何谓"重要"呢?可由下面几项判断:第一,它是知识和文化中最基本的成分。第二,它是应用性和迁移力最大的成分。第三,它是属于探究方法和探究精神的成分。最基本的成分,也就是最核心的成分,缺乏这一成分,知识不成其为知识,文化不成其为文化,它们都丧失了本质,学习也缺乏意义。应用性和迁移力最大的成分,可以促使学习趋于省力,同时内容间的关系也容易阐明,学习效果更好。探究方法和探究精神是知识和文化进步的基石,有了它,事实、概念、原理、原则的发现和建立,才有可能。

(2) 内容的实用性,是指课程内容在实际生活中有用,也叫功用(utility),或者叫关联(relevancy)。但在考虑这一依据时,需要注意:第一,日常生活出现多的,不一定是重要的,出现少的,不见得没有用。第二,日常生活不见得是最理想的生活,内容选择如果以实用为唯一标准,可能只是维护这一不太理想的生活,对社会进步没有什么帮助。第三,实用有立即与长期之分,不能仅仅考虑立即的实用性,而不顾及长远发展的需要。

(3) 内容的正确性,可以由三个标准来判断。第一,课程内容的选择,必须避免错误的事实、概念、原则和方法,这是最基本的。第二,课程内容必须反映尖端知识的发展,陈旧的内容应排除在课程之外。第三,人类的知识、文化、价值、理想,有许多不是截然属于对或是错的,课程选择就必须采取多元标准判断内容的正确性,将不同的现象呈现出来。

二、课程与教学内容选择的基本环节②

课程与教学内容是根据特定的教育价值观以及相应的课程目标而选择出来的,一般而言,课程与教学内容选择的基本环节包括以下几个方面。

(一) 确定课程与教学价值观

课程与教学内容是对象世界与意义世界的统一,不仅是一种认知存在,也是一种

---

① 马云鹏.课程与教学论[M].北京:中央广播电视大学出版社,2005:111.
② 左菊,孙泽文.课程内容选择:取向、依据及其环节[J].教育与职业,2012(12):135-137.

意义存在。传统的课程与教学内容过多地执著于认知存在,善于把丰富多彩的世界抽象和概括成普遍的、必然的因果世界,却无法关照学习者整体的生命世界。

新课程与教学价值观认为,课程与教学内容是生活世界的表达,是生命意义的阐释,不能将其作为客观对象去认识,应与它相遇并进行对话,站在自身的经验和时间中去理解它。课程与教学内容的选择应该着眼于为了每个学习者的健康成长和全面发展,帮助他们形成最基本的思想、观点、基本人格和学习能力;应与学习者的实际生活紧密相连,不能只关注知识的传递和应付考试,而忽略学习者的生活体验、求知欲望和情趣志向;应体现多元性和丰富性,不能仅限于本国的各种文化,应该涵括全球的多元文化,尽量满足个体的独特的需求。如果仍然囿于传统的课程与教学价值观,将导致学习者的思想僵化和行为封闭,压抑主动精神和探索行动,难以形成全面与可持续发展的意识和能力。

(二)确定课程与教学目标

课程与教学目标不仅是教育宗旨和培养目标的具体化,更是选择课程与教学内容的一个重要的参照维度。课程与教学目标在一定程度上为课程与教学内容的选择提供了一个基本的方向。从目标的视角看,课程与教学内容涉及知识与技能、过程与方法,以及情感态度与价值观等方面,体现出一定的整体性。知识与技能常常渗透着情感态度与价值观,过程与方法大多包涵着学科原理和概念,而情感态度与价值观更是通过过程与方法才能表现出来。这三个方面是彼此关联、前后相续的,不能截然分开。如果仅凭借个人经验而抛弃目标进行内容选择,选择出来的内容将会是零散的、经验性的和随意的,而不是结构性的。

(三)确定课程与教学内容的基本取向

课程与教学内容的基本取向主要包括学习者的经验、学习活动和学科知识三个方面。三种取向有各自的合理之处,也都存在不可克服的缺陷。因此,对这三者关系的理解与处理,绝不能采取非此即彼的思维方式,应结合具体学科的特点,做到合理综合,取长避短,以保证比例关系的协调,发挥其综合效用,力求让每个学习者都能结合个人的兴趣和特长,找到他们自我发挥的空间。

(四)确定课程与教学内容的组织原则

课程与教学内容的组织要体现基础性、先进性和整体性原则。《基础教育课程改革纲要(试行)》中对基础性原则的表述为"具有适应终身学习的基础知识、基本技能和方法",就是要从终身学习的需要来选择知识,帮助学习者便捷地吸收人类文化资源的精华,最大限度地开发其潜能,以形成适应社会和自身发展所具备的基础知识和基本技能;先进性原则是指当代的科学技术前沿和社会文化的最新成果,能够在课程中及时地得到反映,譬如,随着信息时代的到来,社会对人们的信息搜集、处理能力要求的提高,课程与教学内容的选择就必须把信息知识纳入其中;整体性原则要求根据知识的内在联系,合理分布知识,建构知识网络,应注意内容广度与深度的整合、知识与情感的整合、理论与实践的整合。

(五)确定具体的课程与教学内容

课程与教学是生活世界的有机构成,而不是孤立于生活世界的抽象存在。课程与教学内容的确定应该满足学习者智力、社会能力、身体和道德的发展。这就需要把现代科技最新成果和现代社会的新理论、新方法(包括当代社会中的多元、平等、和平、宽容和理解等理念)融入课程与教学之中。需要立足于学习者的知识背景和能力水平,尽量从他们熟悉的事件、人物出发叙述教材内容,增强与现实生活和学习者身心发展实际的联系。一些有关知识、规律的内容需要艺术地呈现,不能直接告知,应让学习者在积极主动的探究活动中获取。需要打破原有学科的界限,重构学科知识结构,避免重复、交叉与遗漏,达成复合共生、交叉渗透的效应。对传统的知识内容应认真地加以审视、判别和选择,保留人类科学文化中一些最主要的基础知识,删除那些烦琐陈旧、脱离现实生活的内容。唯其如此,才能更好地满足接受基础教育阶段学生多方面的需求,更好地调动学习者的学习欲望,促使他们身心和谐发展。

三、课程与教学内容选择的原则

(一)要注意基础性与时代性的统一

中小学教育的基本任务是要使学生有效地掌握人类文化遗产中的精华,并充分发展学生的各方面能力,以适应未来社会发展的需要。因为当代社会信息量日益激增,要指望学生吸收社会所需要的全部信息已不再可能。我们必须使学生具备丰富自己知识的能力,以及在复杂的社会里明辨方向的应变能力。因此,所选择的课程内容应"具有适应终身学习的基础知识、基本技能和方法"。

基础性是指强调掌握必需的经典知识及灵活运用的能力;注重培养学生浓厚的学习兴趣、旺盛的求知欲、积极的探索精神、坚持真理的态度;注重培养搜集和处理信息的能力、获取新知识的能力、分析和解决问题的能力、交流与合作的能力。

时代性是指课程内容的选择体现当代社会进步和科技发展,反映各学科的发展趋势,关注学生的经验,增强课程内容与社会生活的联系。同时,根据时代发展需要及时调整、更新。从某种程度上说,只有具备时代性的课程内容才能培养出符合当前和未来社会发展的人才。

(二)应贴近社会生活

教育内容脱离社会实际,历来是教育改革家抨击的焦点,世界各国均是如此。诚然，学校课程内容以各门学科的基础知识和基本技能为主，每门学科都有其自身的逻辑结构，确实很难与社会实际问题一一对应起来。事实证明，那种以社会问题为中心的课程，不利于学生掌握系统的科学文化知识。但是，与此同时，我们也应该看到，学生是社会中的一员，尤其是中学生，毕业以后大多数要直接进入社会就业。所以，课程内容应该考虑到让学生了解社会、接触社会，掌握一些解决社会问题的基本技能。即使在选择学术性学科的内容时，也应该尽可能地联系社会的需要，以便学生所掌握的知识技能可以较好地发挥社会效用。

20世纪初，一些教育家就曾注意到课程内容要根据社会生活的需要，但他们走了极端，即只是根据常用书籍，以及书信来选择常用词汇，甚至以此来选择历史、地理课的内容，这种做法不利于学生掌握学科的基础知识和基本技能，因而很快就被遗弃了。

当我们考虑课程内容与社会实践之间相互关联时，不仅要注意与现实社会的相关，而且还要注意与未来社会的相关。综观当今世界，用"变化迅速"来概括不会过分。尽管谁也无法断定未来几十年社会会发展到什么地步，但是学校课程应该帮助学生更好地觉察未来的各种选择及其后果。所以，课程内容要有利于促进社会的发展，不仅使学生能适应社会，而且肩负起改造和建设社会的重担。这里需要指出的是，有些人把"学了就能在社会上派用场"作为衡量中小学课程内容与社会需要相结合的尺度。这实际上是一种很肤浅的功利主义的倾向。中小学教育不能完全以就业为定向，否则将会陷入死胡同。科学与技术的发展，使得职业的流动是经常发生的事情。新的职业不断涌现，使得我们还不能详细提供学生将来要从事哪些职业，而这些职业又需要：哪些知识和技能。所以，"社会需要什么，课程就要包括什么内容"，这实际上是一种"社会中心课程"的翻版，历史已经表明，它是非常短命的。其实，提供职业与劳动市场有关，不是学校课程所能左右的，而劳动市场很少能提供未来十几年需要什么职业技术的信息。

（三）要与学生和学校教育的特点相适应

课程内容是为特定教育阶段的学生而选择的。我们必须认识到，选择出来的课程内容，最终是为学生学习用的。课程内容若不能被学生同化，成为他们自身的一部分，就永远是一种外在物，对他将来的行为、态度、个性等不会有什么影响。如果选择课程内容时能够注意到学生的兴趣、需要和能力，并尽可能与之相适应，这不仅有助于学生更好地掌握科学文化知识，而且还有助于他们对学校学习形成良好的态度。换言之，不仅使他们"好学"，而且使他们"乐学"，从而达到提高教育质量之目的。实践已经证明，任何偏离学生已有水平的课程内容，不论是偏难还是偏易，都不会取得好效果。关于学科基础与学生心理之间的关系，将在下一节里论述。

此外,中小学教育是基础阶段,要为学生将来的发展打下良好的基础,所以一定要考虑到他们德、智、体诸方面的发展,为他们提供一种比较全面、完整的教育。这要求教育工作者在选择内容时,要考察这些内容在全面实现教育目的方面的种种潜能。事实上,目标与内容之间并不是一一对应的关系。一种内容可以同时实现多种目标,同理,为实现某一目标可能需要多种内容的组合。这需要我们在选择课程内容时应综合地考虑各方面的关系。

第三节　课程与教学内容的组织与呈现

课程与教学内容的组织是课程理论和教学实践中与逻辑联系最紧密的领域之一。课程与教学内容采取何种逻辑形式编排和组织,直接影响着课程与教学内容结构的性质,也制约着课程实施中学习活动方式。

课程,不仅是社会的产物——社会生活的表达和结果,同样是教育的手段——一种指导学习的工具。组织课程使得我们不仅要考虑学校内部的活动方式,而且有必要考虑更广泛的社会因素和力量。因此,课程组织的对象就分为两个层面或两个方面。

一是在知识与经验的范围内,把为学生学习设计的知识与经验的结构和顺序加以排列和使之相互联系。这是教育的最基本任务,这些基本任务对课程设计者、教师和管理人员来说,具有直接的重要性。

二是将学生的学习经验结构化和顺序化。要做好这一层面的组织,有以下五方面的要求:① 要了解有关学习者需要的特点,形成确定的看法;② 要详细说明并懂得如何建立适宜的学习情境和环境;③ 要决定适当的教学策略和方法;④ 要说明并选择知识与经验的范围,从中引出学习的任务;⑤ 要确定既能控制和评价课程,又能控制和评价学生个体学习的程序。当学生的增加给资源造成巨大压力时,所有这些方向的研究与发展,都有助于增强教育系统重新组织课程的能力。

课程组织,实质上是通过将上述的因素汇聚到一起形成一个整体的课程计划,其结果就是一个学习计划的编制完成。这个计划,根据我们的理论知识可以证明是合理的,而且在特殊的学习环境和情境下,也能够有效地实施。复杂的关系和过程是有效的课程组织的特性,它要求参与的人员具有技巧和敏感性。实践中综合的变化,要求彻底地重新检查和修改课程系统的每一个方面,要求承认实现这种变化不仅取决于灵感,也同样取决于如何组织。

一、课程与教学内容的组织原则

早在20世纪40年代,泰勒就明确提出了课程内容编排和组织的三条逻辑规则,即连续性(continuity),指直线式地陈述主要的课程内容;顺序性(sequence),是强调每一后继内容要以前面的内容为基础;整合性(integration),指各种课程内容之间横向联系,以便有助于学生获得一种统一的观点,并把自己的行为与所学的课程内容统一起来。

泰勒提出的关于课程内容组织的三条逻辑要求,对课程设计产生了重要影响。课程内容组织除遵循这些具有普遍意义的逻辑规定外,还应处理好以下逻辑组织形式的关系。

(一)纵向组织与横向组织

在教育史上,最有影响的是纵向组织的原则。所谓纵向组织,或称序列组织,就是按照某些准则(从已知到未知、从具体到抽象)以先后顺序排列课程内容。我国战国时期的《礼记·学记》中"不陵节而施""先其易者,后其节目",就是强调按系列组织课程内容。夸美纽斯也告诫教师要按由简至繁的序列安排内容。一般说来,强调学习内容从已知到未知,从具体到抽象,是历史上教育家们的一贯主张。

近年来,一些教育心理学家从心理学的角度提出了新的序列组织原则。如加涅认为,人类学习的复杂性程度是不一样的,是由简单到复杂依次推进的。他把人类学习归为八类,按复杂性程度,提出了累积学习的模式。布卢姆等人的《教育目标分类学》,也是强调学习内容从简单到复杂按顺序排列的典型。皮亚杰强调课程内容与学生思维发展阶段相匹配,而思维发展阶段是按顺序依次发展的。柯尔伯格提出了一种在道德判断领域里学习内容的组织方式,在他看来,道德认识的发展要依次经过一系列阶段,如果学生在成熟度达到最低阈限后,学习某些事情就会容易些。

20世纪70年代以后,一些教育家开始强调课程内容的横向组织的原则,即要求打破学科的界限和传统的知识体系,将各门学科的知识横向地联系起来,以便让学生有机会更好地探索社会和个人最关心的问题。这是与20世纪60年代以后自然科学与社会科学汇流,社会科学内部各学科日趋综合的趋势相顺应的。在这些教育家看来,如果要使学生所学的内容对他们成长具有重要意义,就必须摆脱传统学科的形式和结构。所以,他们主张用一些所谓的"大观念""广义的概念"和"探究方法"作为课程内容组织的要素,使课程内容与学生校外经验有效地联系起来。实际上,他们强调的是知识的广度而不是深度,关心的是知识的应用而不是知识的形式。

(二)逻辑顺序与心理顺序

课程内容组织的逻辑顺序与心理顺序问题,是"传统教育"派与"现代教育"派在课程内容组织方面的分歧所在,这一重大分歧,充分说明了课程内容的组织逻辑的重要性。所谓逻辑顺序,是指根据学科本身的体系和知识的内在联系来组织课程内容;心理顺序,是指按照学生心理发展的顺序和特点来组织课程内容。

"传统教育"派主张根据学科内在的逻辑顺序来组织课程内容。他们认为,为学生提供与科学知识结构相应的课程内容,有利于使学生获得系统化的知识,形成学生自己的知识结构;遵循科学知识的内在的、固有的逻辑序列,便于为学生分门别类地认识客观事物做好科学知识的准备。

"现代教育"派强调学生身心发展的规律,特别是学生的思维发展、学生的兴趣、需要和经验背景来组织课程内容。他们的理由是,在学生与课程的关系上,学生是中心,学科是次要的,因此,对于学生的发展来说,一切学科的逻辑都应处于从属的地位。

现在人们公认,课程内容的组织要把逻辑顺序和心理顺序结合起来。一方面,课程内容的组织应该考虑科学本身的逻辑顺序。学科知识内各个知识点之间是有着其有序的体系和内在联系的,这种内在联系也正是客观事物的内在联系的反映。在学科知识的有序体系中,各个部分的知识之间,有其先后顺序,一部分的内容是另一部分内容的基础,必须理解和掌握了一部分,才能在此基础之上理解和掌握另一部分。课程内容的组织,必须考虑这种顺序性即逻辑顺序,才能使学生的学习进行得有效,才能使学生系统地、完整地掌握学科知识。另一方面,学生的心理发展和心理活动是有顺序的。学生的心理发展有着不同于成人的特点,学生的心理活动有着从简单到复杂、从低级到高级等一系列的顺序。课程内容是要求学生去学习和掌握的,如果课程内容不符合学生的心理发展特点,课程内容的顺序不符合学生的心理活动的顺序,那么课程内容就很难为学生所理解和掌握,即使再科学的内容也是无效的。

（三）直线式与螺旋式

关于课程内容的组织,课程设计理论上一直存在着直线式与螺旋式两种逻辑形式。直线式是指把课程内容组织成一条在逻辑上前后联系的"直线",前后内容基本不重复。螺旋式是指在不同的阶段、单元或不同课程门类中,使课程内容重复出现,逐渐扩大知识面,加深知识难度。

直线式的逻辑依据是,课程知识本身内在的逻辑是直线前进的。由于直线式采取内容在前后不重复的方式,因而被认为是效率较高的一种内容组织形式。螺旋式的逻辑依据是人的认识逻辑或认识发展过程的规律,即人的认识遵循着由简单到复杂、由低级到高级逐步深化的发展规律,因而,课程内容的组织和编排,要符合人的认识逻辑,知识内容在前后反复出现,逐步加深。

直线式和螺旋式这两种在课程史上形成的课程内容的组织形式,在现代课程理论中仍然还在以不同的方式出现。比如,苏联教学论专家赞科夫主张,教师所讲的内容,只要学生懂了就可以往下讲,不要原地踏步。因为过多地重复同一内容,会使学生感到厌倦。不断呈现新的内容,学生总觉得在学习新东西,能使学生保持良好的学习兴趣。所以,他对复习和巩固持保留态度。他认为,学生现在巩固了,如果以后几年不用,还是要忘记的。而美国学者布鲁纳则明确主张采用螺旋式课程。他认为,课程内容的核心是学科的基本结构,应该从小就开始教各门学科的基本原理,以后随着学年的递升而螺旋式地反复,逐渐提高。美国学者凯勒(C. Keller)在20世纪60年代也构建了一种所谓"逐步深入的课程",即一门学科在中小学12年期间学习两三遍,但学生每次都进一步深入地学习课程的不同部分。

课程内容直线式组织方式与螺旋式组织方式各有其优缺点。直线式组织方式的优点主要在于,它能够较完整地反映一门学科的逻辑体系,能够避免课程内容的不必要的重复。其缺点主要在于,不能很好地体现学生心理发展的特点,不利于将学科发展的前沿成果尽可能早地反映在课程内容之中。课程内容的螺旋式组织方式的优点主要在于,它有利于照顾到学生心理的特点,有利于既尽可能早地将学科发展的前沿成果反映在课程内容中,又使学生对学科知识的理解逐渐加深。其缺点主要在于容易造成课程内容的臃肿和不必要的重复。在实际的课程内容组织中,应该将直线式和螺旋式两种组织方式结合起来。

这两种组织方式,各有利弊,分别适用于不同的学科、不同年级的学生。对理论性较强、学生不容易理解和掌握的内容,以及对低年级的儿童来说,螺旋式较合适;对于一些理论性相对较低的学科知识、操作性较强的内容,则直线式较为合适。其实,即使在同一课程的内容体系中,直线式和螺旋式都是必不可少的。恐怕不能一概而论地说哪种逻辑方式是具有绝对合理的内容组织形式。

20世纪五六十年代,我国教育理论上把直线式奉为"多快好省"的组织形式,而把螺旋式批判为"少慢差费"的形式,显然过于褊狭。而20世纪80年代以来,人们认识到学生认识过程的逻辑和规律,又认为中小学课程内容组织的螺旋式具有合理性,直线式受到忽视,螺旋式成为中小学课程内容组织的唯一形式。因而,中小学课程内容重复太多,一些本该直线式组织的内容,也要求学生和教师反复兜圈子,翻来覆去,消磨时间,造成了教学效率较低的局面。这是值得反省的。

二、课程的组织结构

课程的组织结构,简称课程结构,是课程各要素、各成分、各部分之间合乎规律的配合和组织。课程的组织结构包括纵向结构和横向结构两个维度。

(一) 课程的纵向结构

课程的纵向结构设计是如何展现的,即怎样从课程目标和课程理念最终转化为学生在课程中的学习活动。目前,最常见、最一般的纵向结构为:课程计划(教学计划)、课程标准(教学大纲)、教科书。尽管名称在不同的时期时有变化,但这三个层次及相应的内容大致是相同的。

1. 课程计划(教学计划)

教学计划(课程计划):教学计划是课程的总体规划,是根据教育目的和不同类型学校的教育任务,由国家教育主管部门所制定的有关教学和教育工作的指导性文件。它体现了国家对学校的统一要求,是办学的基本纲领和重要依据。

从1953年开始,我国社会主义建设进入全面学习苏联时期,教育领域也不例外。依照苏联教学计划和教学大纲的体例结构,我国于1953年制定颁布了第一个《中学教学计划(修订草案)》。从此,"教学计划"的基本结构和名称在我国一直沿用了近四十年。直到1992年颁布《九年义务教育全日制小学、初级中学课程计划》,首次将"教学计划"更名为"课程计划"。

课程计划的基本内容由培养目标、课程设置、考试考查和实施要求四部分组成,具体包括7个方面:① 培养目标,即预期的课程学习效果;② 课程设置,即某一级或某一类学校应开设哪些学科;③ 学科开设顺序和各学科的主要任务;④ 课时分配,根据学科的性质、作用、任务、内容的分量和难易程度,恰当地分配各门学科的授课时数;⑤ 学年和学周安排,包括学年阶段的划分、各个学期的教学周数、学生参加生产劳动的时间等;⑥ 考试考查的科目、要求、方法;⑦ 执行计划的若干实施要求。

制订科学、合理的课程计划需要注意以下几个问题:① 指导思想明确,我们的教育应该面向四个现代化。② 目标层次清楚,目标要全面恰当,要求有明显的阶段性和层次之分。③ 整体结构合理,即合理安排各类课程,既要有必修课程,也要有选修课程,既要有国家统一安排的课程,也要有地方课程和校本课程。

2. 课程标准(教学大纲)

教学大纲是根据教学计划(课程计划)以纲要的形式编订的有关学科教学内容方面的指导性文件。教学大纲实际上是规定教学工作的一个纲领性文件,它从总的方面来规定国家课程教学过程达到的素质要求。它规定学科的教材范围、教材体系、教学进度和教法上的基本要求。

课程标准规定了国家对国民在某方面或某个领域的基本素质要求。在我国,"课程标准"并非新一轮基础教育课程改革才开始使用的新概念,最早可以追溯到清朝末年兴办近代教育之初,在各级学堂章程中有《功课教法》章,列有课程门目表和课程分年表,这是课程标准的雏型。明确以"课程标准"作为教育指导性文件是 1912 年南京临时政府教育部公布的《普通教育暂行课程标准》。此后,"课程标准"一词一直沿用了 40 年。直到 1953 年,在全国学习苏联的背景下,才把原先使用的"课程标准"改为"教学大纲"。20 世纪 90 年代,为了适应基础教育课程改革的需求,"教学大纲"又改称为"课程标准"。

知识链接

我国基础教育课程改革于 1999 年正式启动。2000 年 1 月至 6 月通过项目申报、评审、复审等程序,成立了由数百名专家参加的 18 个课程标准研制工作组。2001 年 7 月,教育部印发了 18 个学科课程标准(实验稿)。2001 年印发的《义务教育各学科课程标准(实验稿)》,在十年的改革实践中,极大地促进了教育工作者教育思想观念的转变,大范围引导了教学改革和人才培养方式转变,得到中小学教师的广泛认同。随着改革的深入推进,也发现了一些需要进一步提高与完善的地方。如有些学科容量偏多,难度偏大;有些学科具体内容体现循序渐进的梯度不够;相关学科、学段间的衔接有待加强等。课程标准有待修改完善。2010 年,中共中央国务院印发了《国家中长期教育改革和发展规划纲要(2010—2020 年)》,明确提出与时俱进,推进课程改革的任务要求。基于上述背景,教育部委托基础教育课程教材专家工作委员会组织开展了义务教育课程标准的修订与审议工作。2011 年,教育部正式印发《义务教育学科课程标准(2011 年版)》,并于 2012 年秋季开始执行。

表 3-2 课程标准与教学大纲的区别[①]

	课程标准	教学大纲
前言	课程性质	
	课程基本理念	
	标准设计思路	
课程目标	知识与技能	教学目的
	过程与方法	
	情感态度与价值观	
内容标准	学习领域、目标及行为目标	教学内容及要求

---

① 李建平.为什么从教学大纲走向课程标准——基础教育课程改革系列报道之(五)[J].辽宁教育,2002(Z2):16-18.

续表

	课程标准	教学大纲
实施建议	教学建议	教学建议 ● 课时安排 ● 教学中应注意的问题 ● 考核与评价
	评价建议	
	教材编写建议	
	课程资源开发与利用建议	
附录	术语解释	
	案例	

课程标准主要是对学生在经过某一学段之后的学习结果的行为描述，而教学大纲则是对教学内容的具体规定。课程标准是国家(地方)制定的某一学段的共同的、统一的基本要求，而教学大纲则限定的是内容的最高难度。标准对学生学习行为的描述应该尽可能是可理解的、可达到的、可评估的，而不是模糊不清、可望而不可及的。课程标准隐含着教师不是教科书的执行者，而是教学方案的开发者，即教师是"用教科书教，而不是教教科书"。课程标准的范围应该涉及一个完整个体发展的三个领域：认知、情感与动作技能，而不仅仅是知识方面的要求。

课程标准一般包括前言、课程目标和实施建议3部分。如有"附录"则为4个部分。前言部分的基本内容是课程的性质与地位、课程的基本理念、课程标准的设计思路。课程目标部分包括总目标和阶段目标。实施建议部分的内容有教材编写意见、课程资源的开发与利用、教学建议和评价建议。课程标准对教材编写、教师教学和学业评价的影响是间接的、指导性的、弹性的，给教材、教学与评价的选择余地和灵活空间都很大。

案例 3-2

2011 年版课程标准举例(语文)[①]
第一部分 前言

一、课程性质

语文课程是一门学习语言文字运用的综合性、实践性课程。义务教育阶段的语文课程，应使学生初步学会运用祖国语言文字进行交流沟通，吸收古今中外优秀文化，提高思想文化修养，促进自身精神成长。工具性与人文性的统一，是语文课程的基本特点。

[①] 详见：义务教育语文课程标准(2011年版)[EB/OL].(2012-02-06)[2014-12-09]. http://www.pep.com.cn/xiaoyu/jiaoshi/tbjx/kbjd/kb2011/.

二、课程基本理念
（一）全面提高学生的语文素养
（二）正确把握语文教育的特点
（三）积极倡导自主、合作、探究的学习方式
（四）努力建设开放而有活力的语文课程
三、课程设计思路

第二部分　课程目标
一、总目标
二、阶段目标
整个基础教育阶段共分四个学段(1—2年级)、(3—4年级)、(5—6年级)、(7—9年级)，每个阶段分别从"识字与写字""阅读""写作"(1—2年级为"写话"，3—6年级为"习作")"口语交际""综合性学习"五个方面阐述目标。

第三部分　实施建议
一、教材编写建议
二、课程资源的开发与利用
三、教学建议
四、评价建议
附录1：关于优秀诗文背诵推荐篇目的建议
附录2：关于课外读物的建议
附录3：语法修辞知识要点
附录4：识字、写字教学基本字表
附录5：义务教育语文课程常用字表

3. 教科书

教科书简称课本，是根据课程标准系统阐述学科内容的教学用书，是课程标准的具体化。凡是课程计划中规定的课程，一般都有相应的教科书。

教科书是教学内容选择和组织的物化形态，教科书规定的内容，限定了教学的范围，成为师生双方进行教学的最重要资源。教科书不等于教材，教科书只是教材的表现形式之一。教材包括文字教材和音像材料。而文字教材又包括教科书、教学参考书、学生自学指导书等，音像教材包括录像带、磁带、电影片、幻灯片、光盘、磁盘等。

教科书的采用或认可制度有国定制、审定制和自由制三种。国定制是由国家教育

行政部门按照课程标准(教学大纲)统一组织编写教科书,各地方教育行政机构和民间不得自行编辑出版教科书。在我国,中小学教科书长期采用国定制。直到20世纪80年代之后,教育部决定在义务教育阶段进行教材多样化的实验,1986年9月成立全国中小学教材审定委员会,实行"一纲多本"的审定制,从而打破了教科书国定制的传统。审定制,即一般由民间编辑出版教科书,经中央或地方教育行政部门根据所颁课程标准审查合格,供各地学校自由选用。日本一直实行教科书的审定制。自由制是由民间自行编辑出版教科书供学校自由选用,无须经教育行政部门审查或认可,但仍受课程标准或国家考试制度的制约。美国教科书的管理制度就是自由制。

 知识卡片3-1

2012年9月23日国务院颁布了《国务院关于第六批取消和调整行政审批项目的决定》(国发〔2012〕52号),"中小学国家课程教材编写核准"是国务院决定取消的行政审批项目之一。今后编写中小学国家课程教材不再需要向教育行政部门申请编写立项。

我国对现行中小学教科书的管理分为两个环节,一是编写核准,二是审定。此次国务院取消的是教材编写核准环节,审定环节并未取消。《中华人民共和国义务教育法》规定,国家实行教科书审定制度。凡进入中小学校的国家课程教材,仍必须经过国家审定。教育部将进一步完善教材审定办法,对教材编写人员的资质以及送审教材应具备的条件提出明确要求,以切实保证教材质量。

教科书的编写是一项艰巨而复杂的工作,要注意科学性、思想性和实用性的关系,社会发展与个人发展的关系,学科逻辑与心理逻辑的关系等。

(二)课程的横向结构

课程的横向组织结构探讨的是不同课程的比例关系,即在一定的课程结构内各门各类课程是怎样安排的。横向结构具体表现为某一种特定的课程结构中,各种门类和种类的课程所占比例及其相互关系。因此,课程的横向结构主要受课程类型的制约。课程类型是指课程的组织方式或指设计课程的种类。在课程理论与实践中,典型的课程类型包括:学科课程与活动课程、分科课程与综合课程、必修课程与选修课程、显性课程与隐性课程。探究每一对课程类型之间的内在联系,是确立理想的课程结构的基本前提。

1. 学科课程与活动课程

学科课程与活动课程是以课程内容所固有的属性为逻辑范畴进行的分类,以此为依据形成课程结构中两种比较大的课程范畴。

（1）学科课程

所谓学科课程,是以本门学科的知识体系为中心,或者说以学科的形式组织课程与教学内容的一种课程,是一种古老的、应用广泛的课程类型。古希腊罗马时代的为自由民提供的一般文化课——"七艺"（文法、修辞、辩证法、算术、几何、天文和音乐）；近代夸美纽斯所倡导的"泛智主义"实学学科（本国语、近代外国语、经验科学等）；赫尔巴特以"六种兴趣"为基础而提出的数学、逻辑学、物理等；斯宾塞基于"完美生活"而提出的五个领域都是学科课程的体现。而后,随着科学的发展,学科课程日益精细化,逐渐形成了百科全书式的课程。

知识卡片 3-2

夸美纽斯在《大教学论》中,他为不同阶段的教育设置了一系列的课程。

学前阶段:涉及玄学、天文学、地理学、年代学、历史学、算术、几何、文法、修辞学、赞美诗及经济学等学科。

初等教育:涉及本民族的读、写、算能力及计算、测量、音乐、赞美诗、道德、经济学、政治学、世界史和宇宙学等学科。

中等教育:包括本族语文、拉丁文、希腊文和希伯来文四种文字的学习；文法、修辞、辩证法、算术、几何、天文和音乐,即"七艺"的学习；另外还增设了物理学、地理学、年代学、历史学、伦理学和神学等学科。

赫尔巴特以客观的人类文化遗产——科学为基础,以发展人的"多方面的兴趣"为轴心,设置了相应的学科。

根据经验的兴趣:设立自然科学、物理、化学、地理等学科。

根据思辨的兴趣:设立数学、逻辑、文法等学科。

根据审美的兴趣:设立文学、音乐、图画等学科。

根据同情的兴趣:设立外国语和本国语等学科。

根据社会的兴趣:设立历史、政治和法律等学科。

根据宗教的兴趣:设立神学科。

学科课程是目前使用范围最为广泛的课程,有着显著的逻辑性、系统性和简约性的特征。它是按照学科体系组织起来的课程,可以系统地传授积累下来的文化遗产;它有利于学习者在有限的时间内系统、全面地掌握文化知识;它以传统知识为基础,既容易组织教学,也便于进行教学评价。但学科课程的缺点也是显而易见的。首先,学科课程强调文化的历史积淀,强调各门课程的学术传统,造成和加深了学科间的分隔。其次,它导致学科与生活的分离,学科课程是以知识为逻辑体系而组织起来的,在注重知识逻辑性的同时,不利于联系学生生活实际和社会实践,忽略了学生的需要、兴趣和生活,容易导致死记硬背,具有把成人的观点强塞入教材施加给儿童的倾向。最后,它导致对情感态度与价值观的忽视,教学上容易偏于知识的传授与接受等。

(2) 活动课程

活动课程是与学科课程相对的课程类型,又称为"经验课程""生活课程"或"儿童中心课程",是以儿童的主体性活动经验为中心组织的课程。它强调儿童在课程中的地位,强调经验的价值,强调生活的重要性,强调学生通过系列活动去学习、去体验生活,从而获得直接经验和锻炼能力。

活动课程这一基本思想由来已久,最早可以追溯到古希腊著名哲学家柏拉图的"儿童游戏场"。他注重儿童学习活动中的主动参与意识,强调通过给儿童讲故事、做游戏,开展音乐、歌唱等活动对儿童进行道德教育。在活动课程早期的形成过程中,18世纪末到19世纪的法国启蒙主义教育家卢梭的"自然教育"思想,瑞士教育家裴斯泰洛齐的教育适应自然原则,以及德国学前教育家福禄贝尔的儿童自动发展思想对活动课程理论的建立产生了重大的影响。美国的实用主义教育家杜威为之奠定了系统的理论基础,杜威从实用主义哲学出发,针对学科课程的弊端,提出"教育即生活""学校即社会""做中学"的主张,反对教学以学科为中心,强调课程要以学生的活动和经验为中心,使儿童从生活活动和经验出发,从做中学,以体验生活,获得经验。进入20世纪70年代后,受"人本主义心理学"的影响,经验课程更加强调其体验性,称为体验课程。

与欧美一些国家相比,我国活动课程起步较晚。通过"五四"运动前后的思想解放运动,尤其是1918年以后我国对杜威实用主义思想的介绍和推广,活动课程逐渐兴起。中华人民共和国成立之后,中小学的课外各项活动成了学校教学计划中的有机组成部分和学校教育活动的重要内容,进一步推动了活动课程的发展。20世纪80年代末期以后,部分中小学开始进行活动课程的实验。1992年颁布的《全日制小学、初级中学课程计划》明确规定开设两类课程:学科课程和活动课程。从而将活动课程正式纳入我国中小学的课程体系中来。

活动课程通过多样化的活动促进学生的发展,与学科课程相比具有主体性、开放性、活动性、过程性等特点,有利于激发学生的兴趣,满足学生的各方面需要。但活动课程若设计或实施不当,容易导致形式化或片面化。另外,活动课程对学校的条件、教师的素质等各方面都有较高的要求。

(3) 学科课程与活动课程的关系

关于学科课程与活动课程的争论从未间断过。学科课程与活动课程同为学校课程的组成部分,它们之间并非是水火不容的关系,而是一种相互补充、相互促进的关系。学科课程重视各学科领域内知识的逻辑性和系统性,在内容上以理论知识为主,注重知的一面,即使对操作性知识也注重操作的基本原理、程序的讲授。而活动课程的内容一般是围绕一定的问题或活动主题来组织的,侧重综合性知识、应用性知识,注重行的一面。学科课程与活动课程的结合,使理论性与应用性、分化与综合等多种知识形式融合为一个整体,相互补充,有机渗透,从而有助于学生形成完整的知识结构。

> **案例 3-3**
>
> **将课堂知识与实践活动相结合**[①]
>
> 　　有时,我也适当地发挥一下创造性,使用教材时添加一些学生最为关注的事情作为引例。例如:七年级(上册)第三章的第二节《代数式》,课本在介绍了代数式的概念之后,是这样引入的:"根据问题的要求,用具体数值代替代数式中的字母,就可以求出代数式的值。如,在第 1 节中用 200 代替 $4+3(x-1)$ 中的 x,就得到搭 200 个正方形所需要的火柴棒数量。"我感到这个引例没有很强的冲击力,于是我采用了如下方法:
>
> 　　首先问学生:"你想知道你将来能长多高吗?"
>
> 　　"想!"学生异口同声地说。
>
> 　　"那么请看身高预测公式——(屏幕上出现)
>
> 　　男孩成人时的身高:$(x+y)\div 2\times 1.08$
>
> 　　女孩成人时的身高:$(0.923x+y)\div 2$
>
> 　　其中 x 表示父亲的身高,y 表示母亲的身高。学生都怀着极大的兴趣,以极快的速度计算着,很快,每个学生的预测身高都出来了,他们兴奋地互相通报着,带着惊奇的表情,有个男生脱口而出:"哇!,我能长到一米八四!"此时,我不失时机地讲出"每位同学求出的这个数值,就叫作这个代数式的值,刚才大家用自己的父母身高代替 x、y 计算的过程就是求代数式的值。"学生

[①] 将课堂知识与实践活动相结合[EB/OL]. (2010-06-02)[2014-12-09]. http://www.xmgyxx.com/jiaoshi/ShowArticle.asp? ArticleID=1038.

恍然，而且印象深刻。

我还将第三章《用字母表示数》回顾与思考中的第 3 题变成游戏："请你将你的年龄乘 2 加 7，再把结果乘 3 减 21，将结果告诉我，我就能在 3 秒钟内说出你的年龄！"学生踊跃举手，力求难倒我，有的学生使用的是父母的年龄，当然我都一口回答对了，在学生万分惊异的时候，我将代数式 $(2a+7)\times 3-21$ 化简后，学生看到得 $6a$ 就行了。""这么简单！""把代数式化简，好处多多呀！"教学目的达到了。

数学是人们生活、劳动和学习的必不可少的工具，教育学生用数学知识解决实践问题，把数学学习与现代的社会生活更密切地结合起来，是培养学生探究学习精神的重要目的和手段。

在课堂上，我总是尽量为学生提供一个现实的探索性的数学活动，让学生用所学的本节课知识去解决它，并提供充分交流的机会。如"代数式"一节中的例 3：(1) 张宇身高 1.2 米，在某时刻测得他影子的长度是 2 米。此时张宇的影长是他身高的多少倍？(2) 如果用 h 表示物体的高度，那么如何用代数式表示此时此地物体的影长？(3) 该地某建筑物高 3.3 米，此时它的影子是多少米？完成这道例题之后，我问学生："怎样测量咱们教学楼的高度呢？"并留作课后作业，学生的兴趣大增，写出的小论文中，有理论依据，有实测数据，有运算过程，还有的学生指出："哪怕再高的建筑物，我也能轻易地测出它的高度！""我还想测出电视塔有多高"。

2. 分科课程与综合课程

分科课程和综合课程是课程内容编制的两种不同方式。它们同属于学科课程，都是根据学科结构体系划分科目。但它们产生于不同的历史时期，也有着各自存在的理论与实践依据。

(1) 分科课程

分科课程就是由各自具有独立体系、彼此缺乏联系的学科或科目所组成的课程，也称作科目本位课程。传统的学科课程就是分科课程，如我国古代的"六艺"和欧洲中世纪的"七艺"。

(2) 综合课程

综合课程指的是打破分科课程的界限，采用各种有机整合的形式，把有关联的学科及教学系统中的各要素及各成分整合成为有机整体的新型课程。

关于综合课程的设想早在 18 世纪就已出现，卢梭提出以获得儿童关于世界和现实生活的经验为目标,以儿童自然成长的需要为中心组织课程。福禄贝尔也主张课程结构方面应通过学生的自我活动和独立作业的形式将学校的课程体系整合在一起。19世纪末是综合课程理论和实践真正兴起的时期。德国的哈尔尼斯(W. Harnisch)最早提出了综合课程的设想,他主张小学应开设线条画、唱歌、数学、国语、世界科和基督教六门学科。其中,世界科是一门综合课程,它包括理科和社会科的内容,如地理学、矿物化学、物质学、动物学、人类学、民族学、国家学、历史学等。德国的赫尔巴特从统觉论出发,论述了多种学科内容的相互关联和统一,提出"教材联络与教材中心说",即"把各学科统整起来的计划",其基本观点是:在课程中安排各学科时,要使一门学科的教学经常地联系其他学科的教学,这样,教地理时就非常容易显示出它与历史之间的联系;同样,教历史时联系文学而使历史教学更加丰富充实。这种思想对后来各国课程的发展产生了深远的影响。综合课程的研究与实践达到高潮,成为当代课程发展的一个重要课题。

综合课程在我国也有较早的历史,1904年《奏定学堂章程》中规定的"格致"即属于综合课程,包括动物、植物、矿物等科。1922年新学制改革后公布的《中小学课程标准纲要》,规定"初级中学以社会、语文、算学、自然、艺术、体育六科组织教学,其中社会科包括公民、历史、地理,语文科包括国语、外语,艺术科包括图画、手工、音乐,体育科包括生理卫生、体育"。因此,这一时期中小学实施的是一种学科本位的综合课程。20世纪80年代之后,在科技进步和社会发展的推动下,我国教育界越来越重视综合课程的理论研究和实践探索。1992年国家教委颁布实施《九年制义务教育全日制小学、初级中学课程计划(试行)》,将小学开设的"社会科"纳入课程计划。2001年,教育部颁布了《基础教育课程改革纲要(试行)》,明确提出设置综合课程,小学阶段以综合课程为主,初中阶段设置分科与综合相结合的课程。

(3) 分科课程与综合课程的关系

首先,分科课程与综合课程有着各自独立的价值。人类的认识是一个从整体到分化再到整体的过程,并且不断按照这样的构成螺旋上升,分科课程和综合课程分别是这种过程中不同阶段的反映,二者在不同的时期承担着不同的任务。分科课程的产生和发展是历史的进步,是科学深入发展的结果,它保证年轻一代在有限的时间内掌握系统的科学知识,满足社会发展的需求。而综合课程侧重于各学科内容的统合,宗旨在于帮助学习者形成整体看问题的思维方式,促进学生综合素质的发展。

其次,分科课程与综合课程是相互联系、相互补充、相互协调的。综合课程的综合是以分科课程为基础的综合,而分科课程的学科性在学科综合的构成中得以加强。彻底取消分科与将分科唯一化都是不科学的,而取消综合与不加限制地综合也是不适当的。分科课程与综合课程的整合才是符合人的认知发展的需要和规律的,也反映了科学文化发展的趋势。

3. 必修课程与选修课程

按照课程管理制度划分,课程也可分为必修课程和选修课程。而且必修课程与选修课程相结合是当今各国课程结构的一个主要特征。

(1) 必修课程

必修课程是指由国家或学校规定,学生必须学习的课程。必修课程突出体现了国家对学生所学课程的共同的基本要求,为学生在德、智、体、美、劳等方面的发展打下一般的基础。在古代,世界各国普遍采用全必修的课程制度,所有的学生都必须学习国家规定的完全同样的所有课程,没有选择的余地。这种课程制度与当时的经济发展水平是相适应的,并且在培养大批具有一定文化素质的劳动力和专业人才上作出过重大贡献。但是,随着时代的发展,这种过分追求整齐划一的课程制度逐渐暴露出自身存在的很多弊端,已不再适应社会发展的需求。

(2) 选修课程

选修课程是指为了适应学生的兴趣、爱好及劳动就业的需要而开设的,可供学生在一定程度上自由选择修习的课程。选修课程首先产生于18世纪德国的高等学校,是科技发展的成果进入课程、并与学制时间限制产生矛盾的产物。大约在19世纪后半叶,美国开始尝试在中学开设选修课程。1893年,当时的十人委员会在对美国中学课程调查的基础上,向全国教育协会提出报告,其中包括关于中学开设选修课程的建议,其主导思想是在实行单轨制的前提下,允许学生有选择的自由,保证升学和就业的双重需要。此后,选修课程在美国中学得到了稳定的发展,并且逐渐走向世界。

我国正式开设选修课程的历史可以追溯到1919年。1918年召开了全国中学校长会议,通过了"关于中学课程应有伸缩余地的决议案",并向各省区下达咨文,要求各地中学斟酌地方情形,增减科目及时间。此后,不少学校开始试行选科制,也有不少地方实行分科制。1922年新学制正式确立了选科制,《新学制课程标准纲要(高中普通科部分)》将课程分为公共必修、分科专修、纯粹选修三个部分,其中纯粹选修占到20%,并规定由学校根据实际情况开设。中华人民共和国成立后,取消了选修课程的设置。1986年通过《义务教育全日制小学初级中学教学计划(初稿)》首次规定在初中开设选修课,但由于社会和教育的惯性,以及招生考试制度方面的原因,选修课在实践中遭遇了许多困难,未得到很好的实现。在新一轮课程改革中,我国加大了选修课程的比例及实施力度。

目前,在各国的学校中提倡开设选修课程,实行必修与选修课程相结合的课程制度已经成为当今课程改革的一个基本趋势。这是社会发展与人的身心发展规律的要求的使然,也是解决知识无限增长与课时有限、课程滞后的矛盾的有效途径。

（3）必修课与选修课的关系

目前,世界各国都基本采用必修与选修结合制,我国也不例外。在数量上,必修课与选修课是此消彼长的。由于不同地区、不同学校的环境条件和培养目标的差异,二者的比例关系也就有所不同。但基本上是由小学到初中、高中,选修课的比例会逐渐增加,有的小学实行全必修制,而有条件的高中也可以实行全选修制。在课程门类、内容和水平上,两者互补。由于必修课的门类有限,并相对稳定,而选修课的门类则比较丰富,并可以将一些新的领域和新的成果纳入进来,这对必修课是一个有力的补充。总之,必修课是选修课的基础,选修课是必修课的发展和补充,二者是相辅相成的。

4. 显性课程与隐性课程

以课程的表现形态为标准,学校课程又可分为显性课程与隐性课程。

（1）显性课程

显性课程,又称正规课程、公开课程,是指为实现一定的教育目标而正式列入学校教学计划的各门学科以及有目的、有组织的课外活动。它按照预先编制的课表实施,是教材编辑、学校施教、学生学习的主要依据。

（2）隐性课程

隐性课程也称隐蔽课程、无形课程、自发课程、潜隐课程等,与显性课程相对应,是指学生在物质的、文化的和社会关系结构的教育环境中,自觉和不自觉地受到影响的总和,是一种非计划的学习活动,是学生在学校情境中无意识地获得的经验。国际著名教育家胡森将隐性课程解释为:那些在课程指导和学校政策方面不十分明确的部分,但却又是学校教育过程中不可缺少而行之有效的组成部分。也就是说,那些课内外间接的、隐蔽的、通过受教育者无意识发生作用的教育影响因素都可视为隐性课程。

① 隐性课程研究的渊源

英国课程论专家巴罗曾指出,隐性课程"从柏拉图时期开始就有记载"。其实,孔子的教育思想中也有丰富的隐性课程思想。这不难理解,人类与教育共生共在,教育与课程共生共在,有了课程也就同时诞生了隐性课程。

杜威在1916年出版的《民主主义与教育》和1938年出版的《经验与教育》两部专著中,曾经指出学校建筑、上课时间表、年级组别的划分、考试与升级的规定以及校规等构成了学校的组织形态,而以此组织的目的与需要而设计的学校活动就是课程。

他接着又指出,学生从"正式学习"的经验或知识中所学到的,只是学习的一部分。除此之外,还有与正式学习同时存在的学习,即"附带学习"。杜威写道:"有一种意见认为,一个人所学习的仅是他当时正在学习的特定的东西,这也许是所有教育学中最大的错误了。"杜威因而提出"附带学习"。

所谓附带学习就是指伴随具体内容的学习而形成的对所学习的内容及学习过程本身的情感、态度,如忍耐的态度、喜欢或不喜欢的情感等。杜威认为附带学习可能是更为重要的,因为它对未来的价值是更为根本的。杜威进一步指出,"最重要的态度是能养成继续学习的欲望。如果这方面的动力减弱,而不加强,那么,就会发生比仅仅缺乏预备更加严重得多的事情"。

杜威注意到了与正式课程并行的隐性因素。尽管当时他没有提出"隐性课程"的概念,但却以"附带学习"表述这种观点,对此从概念的表层含义上作了论述,因为没有对其性质及其与正式课程的关系作进一步阐述,因而只是一种睿智的启蒙。

克伯屈进一步发展了杜威的思想。克伯屈认为整体性学习应该包括三个部分:"主学习"(即直接学习)、"副学习"(即相关学习)、"附学习"(即间接学习)。主学习是对一种事物的直接学习,直接获得知识与技能。副学习是由主学习而联想到的有关知识与技能。附学习则指伴随着正式学习所获得的比较概括的理想、态度及道德习惯,它是逐步获得的,一经获得,就将长久保持下去,影响人的一生。学习要根据学生的学习特点进行全面的组织。克伯屈除了注意"附学习"的积极作用外,还分析了其消极作用。他指出:如果学校的学习环境是强制性的,教师也以权威方式来促进学习效果时,不仅会导致学生正式课程学习效果的下降,而且还会使学生对正式课程形成敌对态度,并失去内在的学习兴趣和积极性,从而与教师及学校产生疏离。克伯屈的"附学习"实际上已经涉及隐性课程问题。

所以说,杜威的"附带学习"与克伯屈的"附学习"已经提出了后来隐性课程研究所涉及的许多重要问题,这为隐性课程的深入研究打下了最初的基础。

② 隐性课程的提出

美国著名教育学家、课程论专家杰克逊(P. W. Jackson)于1968年出版了《班级生活》一书,并首次提出"隐性课程"这一概念。该书是杰克逊深入美国芝加哥市一所小学,历时两年实地研究的结果。杰克逊认为,隐性课程是每一位教师和学生在校内取得成功的关键,它根源于班级生活的结构特性。正规课程与学术性要求联系在一起,而隐性课程则与非学术性要求相关联,两者构成学校课程的整体。他分析了构成班级生活的三个要素,即群体、表扬和权力。

第一,群体。班级首先是一个由几十名学生组成的群体,其中充满了各种规则(rules)、规定(regulations)与常规(routines)(简称 3R's)。学生要成为井然有序的群体的一员,就必须学会理解、适应,学会自我克制。

第二,表扬。班级又是一个评价性的情境,学生既要学会被别人评价、接受别人的评价,又要学会评价别人。学生的互相评价只是偶尔的,表扬和责难主要来自教师。因此,学生会尽力迎合教师的要求。

第三,权力。班级是一种权力、地位高低分明的情境。班级情境中权力的差异,是班级生活中最显著的社会结构特征,它教导学生在一个有等级存在的社会中生活,将自己和其他同辈分化开来。这种有分化的、有规则地生活是隐性课程的一个极为显著的成果。

在杰克逊看来,群体、表扬和权力这些因素形成了隐性课程的基本结构,并对学生的社会化发生着不可避免的影响。杰克逊指出,尽管班级就像一个鸟笼,学生要在班级中获得生存的权力,就得花大量的时间和精力来寻找应付的策略,但是,班级中的隐性课程有助于学生适应现代社会的要求与秩序,使学生养成社会所要求的态度、倾向、忍耐和纪律,从而胜任未来的成人角色。

③ 隐性课程的表现形式

隐性课程在学校中可以说是无时不有、无处不在,但就其整体形态来看,可分为物化与观念两种形态。物化形态包括学校建筑、环境美化、文化设施等;观念形态包括学校风气、集体舆论与心理氛围等。而更为具体的划分则一般认为,隐性课程按照由浅入深、由简到繁、由物质到心理可以分为三个不同的层次:第一,物质—空间类。作为物质—空间类的隐性课程是指学校的建筑、校园的规划、学校的地理位置、教室的环境及布置、教学设备等。这一类处于最外层,可以被受教育者直观感受,也容易移植和改变。第二,组织—制度类。主要是学校的组织制度、管理评价等广泛意义上的制度,在不知不觉中对学生产生教育影响。这一类处于中层,较为隐蔽,因而也不太容易被改变。第三,文化—心理类。文化—心理类,主要是学校的正规课程、师生关系、行为心理、大众文化等方面内容。这一类处在隐性课程的最深层,是隐性课程的"硬核",它的隐蔽性最深,惰性最大,最不容易改变。

(3) 显性课程与隐性课程的关系

显性课程与隐性课程,两者无论在性质、特点还是功能上都有着自身的规定性,两者的区别是明显的。但两者都是学校课程结构中不可缺少的构成部分,它们相互联系并在一定程度上能相互转化。显性课程的实施总是伴随着隐性课程,而隐性课程也在不断地转化为显性课程。两者都是学校课程结构中必然存在的课程形态。

本章小结

1. 课程与教学内容是指各门学科中特定的事实、观点、原理和问题,以及处理它们的方式,它是在一定的教育价值观及相应的课程与教学目标指导下对学科知识、社会生活经验或学习者的经验中对有关知识经验的概念、原理、技能、方法、价值观等的选择和组织而构成的体系。课程与教学的内容随着社会的演变而发生变化,并呈现出不同的历史特点。

2. 课程与教学内容的取向涉及学科知识,学习经验和学习活动三种价值取向。

3. 课程与教学内容的选择是一个价值判断的过程,何种知识有价值或没价值,必须有一定的标准与依据。因此,课程与教学内容选择的依据可以从宏观(社会发展需要,学生的需要、兴趣与身心发展水平)和微观(课程与教学目标、课程与教学内容本身的性质)两个角度来考虑。

4. 确定课程与教学内容选择的基本环节主要包括:确定课程与教学价值观;确定课程与教学目标;确定课程与教学内容的基本取向;确定课程与教学内容的组织原则;确定具体的课程与教学内容。同时,课程与教学内容的选择又必须遵循一定的原则:要注意基础性与时代性的统一;应贴近社会生活;要与学生和学校教育的特点相适应。

5. 课程与教学内容的组织是课程理论和教学实践中与逻辑联系最紧密的领域之一。课程与教学内容的组织原则主要有:纵向组织与横向组织;逻辑顺序与心理顺序;直线式与螺旋式。课程的组织结构包括纵向结构(课程计划、课程标准、教科书)和横向结构(学科课程与活动课程、分科课程与综合课程、必修课程与选修课程、显性课程与隐性课程)。

思考与练习

1. 分析课程与教学内容的三种取向。
2. 课程与教学内容选择的原则有哪些?
3. 分析不同类型课程的特点。

参考文献

1. 钟启泉,汪霞,王文静,等.课程与教学论[M].上海:华东师范大学出版社,2008.
2. 张华.课程与教学论[M].上海:上海教育出版社,2000.
3. [美]拉尔夫·泰勒.课程与教学的基本原理[M].施良方,译.北京:人民教育出版社,1994.
4. 马云鹏.课程与教学论[M].北京:中央广播电视大学出版社,2005.

第四章　课程与教学的开发和设计

学习目标

1. 理解课程开发、课程设计、教学设计三个概念的含义。
2. 了解课程层级的两种分类方式及不同课程层级的意思。
3. 能区别分析四种课程设计模式：目标模式、草根模式、过程模式、扩充式模式的不同环节。
4. 能区别分析三类教学模式：团体调查模式、模拟训练模式和先行组织者模式的理论基础和操作步骤。
5. 能根据相应的学习原理进行单元教学设计的实践。

课程与教学所要解决的核心问题是"应当教给学生一些什么样的东西"，这就涉及课程与教学理论中几个核心的概念——课程开发、课程设计、教学设计。然而，对这些概念的理解并不是一件简单的事情，而且理解上的偏差往往会直接带来行动上的迷茫、混乱，甚至谬误。因此，本章在对相关概念进行梳理、辨析的基础上，对课程与教学开发与设计的层次、模式以及操作进行较为系统的、详细的分析与阐释。

第一节　课程开发的过程

案例 4-1

谢家湾小学是重庆的一所名校，新学期，这所学校实行了一项名为"小梅花"的课程改革，把原来十几门课程，整合成了五门。在新课程表上，专门的语文、数学、英语课，都不见了。这次改革，也引来了各方的关注……

刘校长说，小学生是以形象思维和直观思维为主，更适合触类旁通的"综合课程"。新学期，谢家湾小学推出"小梅花"课程改革，打破了传统的十几门课，重新组合成"阅读与生活""数学与实践"等5门新课……

2009年，学校决定试点"课程整合"，音乐老师杨必亮主动请缨，改教起"数学"。他巧妙地把音乐当中的节奏和数学中的找规律，整合在了一起。

> 　　对学校和老师来说，课程改革的挑战，这才刚刚开始。因为没有先例可以参考，教学计划必须反复研讨、重新编写。讨论中，数学特级教师赵晓岚提出，把原来五年级"综合实践"课中的"警察破案"和六年级数学中的"逻辑推理"整合到一块。这堂课也成了孩子们最喜爱的课之一。
> ＊资料来源：(中央电视台《新闻联播》2014年4月7日首条)
> http://www.nies.net.cn/ky/syq/cqjlp/cq_mtjj/201404/t20140411_314488.html

　　为什么课程改革提倡"课程整合"？一所小学进行这样的改革究竟需要哪些方面的准备，经历哪些过程呢？解答这些问题之前，我们需要先讨论课程开发的有关概念、课程存在的层级、课程开发的过程等话题。

一、课程开发及相关概念

　　课程开发一词译自 curriculum development，指的是一个动态的过程，既包括目标、内容、活动、评价等要素，也包括谁负责课程决定、影响课程决定因素相互间的交互作用、谈判、协商等议题。需要指出的是，与课程开发相类似的表述还有课程发展、课程编制、课程研制等，本书将以上三个概念与课程开发等同，将之视为对英语文献中 curriculum development 这一概念的不同译法而已。

　　"课程计划"与"课程开发"经常被交互使用，因此被视为同一内涵。王文科认为课程开发重点强调动态的过程，和课程计划、编制之间不乏重叠与相互连接之处。[①] 威尔斯和邦迪（Wiles & Bondi）在《课程开发实务导引》第八版中解释说：最佳的课程开发应该是一个综合性的过程：① 目标的分析和选择；② 设计方案；③ 实施一连串相关活动；④ 对前面三个过程的评鉴。[②] 这一观点也同样强调了课程开发的过程性。

　　从以上的论述可以看出，课程开发和课程计划的主要区别在于：课程开发属于动态的过程，课程计划属于静态的体现。比如案例 4-1 中的重庆谢家湾小学进行的改革，概括来说，其课程计划是对学校的课程进行学科整合，将原有的十多门课整合为阅读与生活、数学与实践、科学与技术、艺术与审美、运动与健康五类课程，这更多的是描述了课程的静态方面，即包含的内容，以及最终的结果。如果从课程开发的角度，我们就需要探究和思考：课程计划的发起者是谁，为什么要进行这次改革，改革经历了哪些

[①] 王文科.课程与教学论[M].第2版.台北：五南图书出版公司，1999.
[②] Wiles，J.，& Bondi，J. *Curriculum Development: A Guide to Practice*[M].(8th Ed.). Boston：Pearson，2011.

过程,比如每一类整合课程是如何产生的,有哪些人参与,以及整合课程如何在课堂实施等。这些都是课程的动态表现,是处于课程的变化过程之中的,这些内容我们将在课程开发过程中详细阐述。

课程是以不同的层级存在的,讨论课程开发过程之前,需要先了解这些层级是什么,以及它们表现出的异同之处。

二、课程存在的层级

(一) 古德莱德的五个课程层级

1979年美国课程学者古德莱德(Goodlad)提出课程层级的观点,他和研究团队在对美国中小学的数百个班级进行调查研究后发现,某个层级所确立的课程,并不一定能被另一个层级采用或实施。他认为可以分为五种不同的课程层级:理想课程(ideal curriculum)、正式课程(formal curriculum)、感知课程(perceived curriculum)、运作课程(operational curriculum)和经验课程(experiential curriculum)。①

1. 理想课程

理想课程主要是一些课程观念的计划,一般由一些研究机构或者课程专家来设计。在我国当前的教育改革背景中,理想课程是由国家行政部门制定的,比如教育部2001年发布《基础教育课程改革纲要》(以下简称《纲要》)是本次课程改革的指导性文件,分别从九个方面对课程的发展方向进行了规划:目标、课程结构、课程标准、教学过程、教材开发与管理、课程评价、课程管理、教师的培养和培训、改革组织与实施。在课程标准方面,《纲要》对所有学科的内容框架进行了如下统一要求。

国家课程标准是教材编写、教学、评估和考试命题的依据,是国家管理和评价课程的基础。应体现国家对不同阶段的学生在知识与技能、过程与方法、情感态度与价值观等方面的基本要求,规定各门课程的性质、目标、内容框架,提出教学和评价建议。②

这些要求规定不论是哪个学科,都需要在知识与技能、过程与方法、情感态度与价值观方面体现出具体的要求。这三个方面被简称为"三维目标",是基础教育近20个学科的课程标准中都力图做出具体阐释的基本课程框架,由此可见理想课程的重要影响。

在"教学过程"方面,《纲要》期望教师体现出以下方面的改变:教师在教学过程中应与学生积极互动、共同发展,要处理好传授知识与培养能力的关系,注重培养学生的独立性和自主性,引导学生质疑、调查、探究,在实践中学习,促进学生在教师指导下主

---

① Goodlad,J. I. & Associates. Curriculum Inquiry:the Study of Curriculum Practice[M]. New York:McGraw-Hill,1979:344—350.

② 钟启全,张华,等.为了中华民族的复兴-为了每位学生的发展——《基础教育课程改革纲要(试行)》解读[M].上海:华东师范大学出版社,2001.

动地、富有个性地学习。教师应尊重学生的人格,关注个体差异,满足不同学生的学习需要,创设能引导学生主动参与的教育环境,激发学生的学习积极性,培养学生掌握和运用知识的态度和能力,使每个学生都能得到充分的发展。①

我们也不难发现诸如自主学习、探究学习已然成为中小学校和教师参与课改的努力方向,因为这体现了《纲要》倡导的课程改革精神。

2. 正式课程

正式课程是经由官方或学校、甚至教师选择或采纳的,以书面文件的形式发布的课程,比如课程指引、国家或地区课程纲要、选定的课本等。

课程标准是正式课程的重要表现形式,是中小学教师理解所教科目、进行课堂教学的重要参考文件。但很多时候,这一文件被忽略或者并未产生应有的作用。

  知识卡片 4-1

以下列举义务教育语文、数学和高中物理课程标准对课程目标的规定。

《义务教育语文课程标准》2011 年版(7—9 年级)"阅读"目标摘录如下(5—12):

5. 在阅读中了解叙述、描写、说明、议论、抒情等表达方式。

6. 能够区分写实作品与虚构作品,了解诗歌、散文、小说、戏剧等文学作品。

7. 欣赏文学作品,有自己的情感体验,初步领悟作品的内涵,从中获得对自然、社会、人生的有益启示。对作品中感人的情境和形象,能说出自己的体验;品味作品中富于表现力的语言。

8. 阅读简单的议论文,区分观点与材料(道理、事实、数据、图表等),发现观点与材料之间的联系,并通过自己的思考,作出判断。阅读新闻和说明性文章,能把握文章的基本观点,获取主要信息。阅读科技作品,还应注意领会作品中所体现的科学精神和科学思想方法。阅读由多种材料组合、较为复杂的非连续性文本,能领会文本的意思,得出有意义的结论。

9. 诵读古代诗词,阅读浅易文言文,能借助注释和工具书理解基本内容。注重积累、感悟和运用,提高自己的欣赏品位。

---

① 钟启泉,张华,等.为了中华民族的复兴-为了每位学生的发展——《基础教育课程改革纲要(试行)》解读[M]. 上海:华东师范大学出版社,2001.

> 10. 随文学习基本的词汇、语法知识,用来帮助理解课文中的语言难点;了解常用的修辞方法,体会它们在课文中的表达效果。了解课文涉及的重要作家作品知识和文化常识。
>
> 11. 能利用图书馆、网络搜集自己需要的信息和资料,帮助阅读。
>
> 12. 学会制订自己的阅读计划,广泛阅读各种类型的读物,课外阅读总量不少于260万字,每学年阅读两三部名著。背诵优秀诗文80篇段①

3. 感知课程

不同的研究者对 perceived curriculum 的翻译方法各异,比如感知课程、领悟课程、知觉课程、理解课程等,②本书采用感知课程的译法。感知课程是人们心目中的课程(curriculum of the mind),不同的人对课程的感知是不同的,比如一线教师对正式课程的感知就与家长不同,即使是在同一所学校任教于同一年级、同一科目的两位老师,对所教学科的课程标准、所使用的教材的看法,都存在着不少差别。

> **案例 4-2**
>
> **教研员眼中的课程**
>
> 以下摘录的是两位教研员在接受研究者访谈时,对所使用的同一版本的教材的看法陈述:
>
> A:教材有利于学生自主学习能力和学习方法的培养,发散性思维品质以及良好的个性品质和健全人格的养成。它在先进理念的体现方面,走在了其他版本的前面。也由于教材给教师留的自主空间较大,一些隐性的要求,教师不能很好地体会,给一部分教师把握和使用教材带来了一定的困难。
>
> B:教材本身是非常优秀的,其理念先进、特色明显,在"三维目标"的有机融合、"自主、合作、探究"式学习以及综合性学习等新课改理念方面体现到位,希望更加注重教材选文及所提要求能面向更多层次的学生,更加适合全国各地使用。

从这两段内容来看,两位教研员对教材的优点和不足各有不同的看法,表现出不同的关注重点,其实也反映出他们内心对理想教材的不同标准。

---

① 教育部.义务教育语文课程标准[M].北京:北京师范大学出版社,2011.
② 刘彩祥.语文课程理念的传播和理解——感知课程视角的分析[J].教育学报,2011(5):76-84.

4. 运作课程

运作课程是教师在学校和课堂上一天天、一节课接一节课进行的课程。研究者通过对课堂教学的观察,发现教师口中所陈述的对课程的看法,和他们实际在课堂中操作出来的课程之间,经常出现不一致的现象。一个简单的例子就是,教师在备课或说课时,对教材内容的分析,对教学过程的设计,可能和实际的教学过程不符。

> **案例 4-3**
>
> 一位实习教师在给学生讲《游子吟》这首诗的时候,备课时预备了以下的教学环节:"先讲一个小故事,孟母三迁的故事,然后让学生观看视频,然后开始学习正文学习时,先领学生诵读,然后我再说,诵读完了以后,诵读几遍,学生差不多能熟了,我说一句诗,学生接下一句,然后是我再说一句,学生再接下一句,最后的时候再一起朗诵一遍。"其设计的过程可以简单表示为:
>
> 先讲孟母三迁的故事——播放视频——教师领读一遍——再领读几遍直至能背诵为止——教师读一句,学生接下句——集体朗读。
>
> 而在实际的上课过程中,教学流程表现为:
>
> 介绍孟母三迁的故事——带领学生朗读《游子吟》——老师从第一句至最后一句,依次提问学生诗句的意思,补充学生的回答——提问诗句描述了怎样一位母亲——启发学生爱母亲、孝敬母亲——集体朗读古诗——教师读一句,学生接一句——学生读一句,教师接一句——分小组诵读,请学生背诵古诗。
>
> 该教师在课堂上的运作课程,从环节上来看比预设的内容更加丰富。由此可知,具体的课堂情境、学生的条件以及对问题或教学内容的反应,都可能会对教师的运作课程产生影响。

5. 经验课程

经验课程是学生自身所经历和实现的课程,是学生从运作课程进一步思考获得的。要想了解这类课程,需要通过对学生进行问卷调查、访谈,或者观察学生之间的互动,从而进行推理,才能知道真实情况。下面的访谈实录,是一位九年级学生向研究员谈及物理学习的一些感受。

案例 4-4

问：你觉得你的物理生活经验对你的物理学习有帮助吗？

答：有，比如换灯泡，给弟弟妹妹讲一些物理的知识。

问：你觉得物理老师讲课怎么样？

答：很能带动氛围，他讲的时候很能联系到生活经验，经常交流，对大家是平等的，不会只问这个同学而不给那个同学机会。

问：他是怎样带动气氛的？

答：比如有的很简单的东西，他讲的就能使我们大家都高兴起来，感觉他的物理课很有意思，比较幽默。

问：他还有什么特点？

答：他说话铿锵有力，我们大家都很喜欢他。

问：老师讲课有没有经常联系生活实际？

答：有时候有，有时候没有，因为对于浮力，我们这边河流比较少，一般不会有划船活动，对于生活中的经验，稍微有些少。

问：你觉得老师讲课联系生活经验好还是不联系生活经验好？

答：还是联系比较好，因为我们学这些东西就是为了将来用于生活工作的。

（二）不同行政层级的课程

《纲要》在"课程管理"部分提出三级课程管理的概念，规定：为保障和促进课程对不同地区、学校、学生的要求，实行国家、地方和学校三级课程管理。这一规定主要基于行政级别的高低来进行区分。文件对三级课程的具体职责进行了划分，具体阐释如下。

1. 国家课程

国家课程主要由教育部来制定，主要任务包括：制定基础教育课程管理政策，确定国家课程的门类和课时，制定国家课程标准，试行新的课程评价制度等。

知识卡片 4-2

2011年，国家启动了新世纪基础教育课程改革，颁布了《基础教育课程改革纲要（试行）》，印发了18个学科课程标准。经过十年的实践探索，课程改革取得显著成效，构建了有中国特色、反映时代精神、体现素质教育理念的基础教育课程体系,各学科课程标准得到中小学老师的广泛认同。同时,在课程标准执行过程中,也发现一些标准的内容、要求有待调整和完善。为贯彻落实《国家中长期教育改革和发展规划纲要(2010—2020年)》,适应新时期全面实施素质教育的要求,深化基础教育课程改革,提高教育质量,教育部又组织专家对义务教育各学科课程标准进行了修订完善。根据教育部基础教育课程教材专家咨询委员会的咨询意见和教育部基础教育课程教材专家工作委员会的审议结果,2011年修订并印发了各科学科课程标准。

2. 地方课程

地方课程由各省教育行政部门负责,其主要职责包括:制订本省(自治区、直辖市)实施国家课程的计划,规划地方课程,报教育部备案并组织实施。另外,省级教育行政部门有权力制订辖区内的课程计划和课程标准。例如,广东省教育厅2008年发布《关于严格执行义务教育课程计划,规范义务教育学校校历和作息时间的通知》,对学年教学时间、周课时和作息时间都进行了统一要求。

各省教育行政部门的另一项任务是要组织地方课程的设计,以及地方教材的编写和审定。山东省教育厅2008年发布了《义务教育地方课程教育、环境教育、传统文化和人生规划课程实施指导意见(试行)》(以下简称《指导意见》)的通知。要求全省在2008年秋季开学时,义务教育阶段各年级要按照《山东省义务教育地方课程必修课程课时安排表》和《指导意见》的要求调整课程安排,开足开好四门课程。其他各省也根据地方特色编写了地方教材,比如浙江省初中使用的《人、自然、社会》、云南省初中使用的《云南历史文化探究》等。

3. 学校课程

《基础教育课程改革纲要(试行)》给学校留出了部分空间,要求学校开发或选用适当的校本课程,学校课程的实施和开发,要根据当地社会、经济发展的具体情况,结合本校传统和优势,学生的兴趣和需要,并接受上级教育行政部门的指导和监督。

本章开头介绍的案例4-1,实际上就是重庆谢家湾小学进行的一次校本课程开发的典型案例。校长在接受中央电视台记者采访时谈道,他们感觉很多教材或科目的内容有重复或交叉的情况,为了更合理地分配教学时间,才对部分科目进行了课程整合。当然,校本课程的发展方式是多样的,因为前提是要根据学校、学生和教师的实际,所以在课程内容和计划安排上更加多元化。

介绍至此,三级课程如何在一所学校里面体现出来呢?教育部发布的课程设置及课时安排表,是一个重要的参考文件,详情见表4-1。

表 4-1　义务教育课程设置及比例①

课程门类	年级									年课时总计(比例)
	一	二	三	四	五	六	七	八	九	
	品德与生活	品德与生活	品德与社会	品德与社会	品德与社会	品德与社会	思想品德	思想品德	思想品德	7%~9%
							历史与社会(或选择历史、地理)			3%~4%
			科学	科学	科学	科学	科学(或选择生物、物理、化学)			7%~9%
	语文	语文	语文	语文	语文	语文	语文	语文	语文	20%~22%
	数学	数学	数学	数学	数学	数学	数学	数学	数学	13%~15%
			外语	外语	外语	外语	外语	外语	外语	6%~8%
	体育	体育	体育	体育	体育	体育	体育与健康	体育与健康	体育与健康	10%~11%
	艺术(或选择音乐、美术)									9%~11%
	综合实践活动									6%~8%
	地方与学校课程									10%~12%
周总课时数(节)	26	26	30	30	30	30	34	34	34	274
学年总课时(节)	910	910	1050	1050	1050	1050	1190	1190	1122	9522

三、课程开发的过程

拉尔夫·泰勒,美国著名教育学家,现代课程理论的重要奠基者,被称为"现代课程理论之父"和"当代教育评价之父"。他在1949年出版的《课程与教学的基本原理》(又称"泰勒原理")被誉为"现代课程理论的圣经"。

"泰勒原理"对课程开发过程进行了简洁、清晰的表述,使之成为各种课程理论的基础和公认的经典课程理论。自1949年泰勒提出这一观点至今,课程开发的四个过程依然是课程研究者讨论的焦点。泰勒的课程基本原理,主要讨论了四个问题:① 学校应该达到哪些教育目标;② 怎样选择有助于实现教育目标的学习经验;③ 怎样为有效的教学组织学习经验;④ 怎样评估学习经验的有效性。如图4-1所示。

(一)确定教育目标

泰勒对确定教育目标非常重视,他不仅提出要从学生、社会和学科三个来源来考

---

① 教育部关于印发《义务教育课程设置实验方案》的通知[EB/OL].[2014-08-28]http://blog.sina.com.cn/s/blog_658a934e0101aukg.html.

虑和决定一般的教育目标,还主张要用哲学和心理学的筛子对目标进行详细斟酌并具体化,他更详细阐述确定目标的具体方法。

图 4-1　泰勒的课程开发过程图示

他认为教育目标的来源之一是对学习者本身的研究。想知道学生的现状,就要深入了解学生的需要和兴趣,应借助多种研究方法才能达到这一目的,比如观察、访谈、问卷调查等。

教育目标的第二个来源是当代社会生活。不同的时代所处的环境不同,不同地域、民族的特色和条件也各不相同,确定合适的教育目标必须符合社会发展的需要,也需要考虑如何与学校周边的环境相一致。

教育目标的确定还来源于学科专家的建议。其实这是教师采用最多的方式,也是依赖最多的来源,绝大多数教师都是凭借专家们编写的教材和提供的参考资料确定自己的教育目标。

泰勒认为经过以上的步骤还不足以确定教育目标,而且通过三个来源得到的目标可能是数量较多,也许有重复或不一致的方面,为了选择数量较少、极其重要又协调一致的目标,他提出利用哲学和学习心理学,进一步筛选出最精确的目标。教育哲学可以概述出人们认为的生活中最不可缺少的价值观,另外需要教育者思考并回答"是否应该给不同阶层的人不同的教育"的问题。学习心理学能帮助教师分辨出人类的哪些变化是可以通过学习过程产生的,哪些是不可以的,还可以帮助教师分辨哪些目标可行,哪些目标需要很长时间实现,而哪些目标在期望的年龄段不可能实现(如图 4-2 所示)。

当经过这样的过程确定了教育目标之后,泰勒也强调了阐述目标的重要性,他认为要同时从行为和内容两个方面,对教育目标是什么做出清晰、详细的表述。

(二) 选择学习经验

泰勒将学习的本质解释为通过学习者自身的经历而产生的行为改变。他将学习经验定义为:学习者与使他起反应的环境中的外部条件发生的相互作用。因此,选择学习经验,意味着决定哪些经验有可能达到既定的教育目标,即如何选择学习经验?

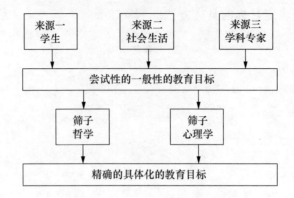

图 4-2 泰勒的教育目标制定过程

泰勒提出选择学习经验需要遵守以下五个一般性原则。

(1)为了实现既定目标,学生必须有这种经验:它提供机会让学生去实践该目标所隐含的行为。

(2)这些经验必须使学生在从事目标所隐含的相关行为时获得满足感。

(3)教育经验想要引起的反应是在学生力所能及的范围之内。

(4)有许多特定的经验都能用来实现同样的教育目标。

(5)同样的学习经验常常会产生多种结果。

(三)组织学习经验

组织学习经验是将学习经验组织成单元、课程和教学计划的过程。编制一组有效组织起来的学习经验时,需要符合三大标准:连续性、顺序性和整合性。连续性是主要课程要素的直线式重复,是有效纵向组织的一个主要因素。顺序性指所重复的课程要素,不能停留在一个水平上,每一个后续的经验都应该建立在先前经验的基础上,且必须更广泛、更深入地探究所涉及的事物。整合性是课程经验的横向联系。

组织学习经验可以分为三个层次。从最高层次来看,可以区分为:具体科目、广域课程、核心课程等;中间层次分为按序列组织的学习过程,以学期或学年为单位组织的学习过程;最低层次又分为课、课题和单元三种。

组织学习经验可分为五个不同的步骤:第一,确定课程的一般框架;第二,确定每个课程领域的组织原则;第三,确定低层次组织的方式;第四,制定灵活的"资源单元";第五,师生共同设计活动。

(四)评价学习经验

评价要考查课程与教学计划实际上实现教育目标的程度。泰勒认为评估的程序要经历以下四个步骤。

① 对教育目标进行界定。不然评估者无法了解应该对学生的哪些行为进行评估。

② 设定恰当的评价环境，以便使学生有机会将体现教育目标的学习行为表现出来。

③ 选择合适的评价方式，根据需要编制评估工具。单一的分数总结是泰勒不提倡的，他更关注能够体现学生学习过程的评价，这可能是观察、交谈、收集学生作品或者进行调查问卷等。

④ 使用评价的结果。评价不是目的，而是课程开发过程中的一个环节。泰勒更注重评价之后的改进和重新规划，他认为这样一个持续的循环对课程来说是非常必要和重要的。

第二节 课程设计的模式

上一节讨论了课程开发、课程计划两个概念。本节要讨论的课程设计，是另外一个含义相近的词语。课程设计，是一定的课程开发群体或个人，根据各自的价值取向，按照一定的课程理念，通过特定的方式，组织、安排课程的各种要素或成分的过程。可见课程设计同样具有"过程性"，与课程开发不同的是，它更凸显设计主体的特点，以及所设计出的课程具有的特殊性和个性。课程计划、课程开发和课程设计三个概念所表现出的不同特征如表4-2所示。

表4-2 课程计划、课程开发和课程设计的不同特征

	静态	动态	过程性	个性化
课程计划	√			
课程开发		√	√	
课程设计		√	√	√

一、课程设计的主要元素

在讨论课程设计之前，需要首先了解五个重要的元素：范围、顺序、衔接、连续和平衡。① 这五个元素分别指向课程设计过程中需要考虑的五个方面，如表4-3所示。

---

① 王文科，王智弘.课程发展与教学设计论[M].第八版.台北：五南图书出版股份有限公司，2010：162.

表 4-3 课程设计的五个元素及含义

范围	内容的广度和深度
顺序	内容的先后次序
衔接	同一水平两个或以上科目的关系
连续	不同水平上同一科目的联系
平衡	不同课程成分的比重是否均衡

（一）范围

范围指课程内容的广度和深度。课程开发的不同层级，在决定课程范围时有大小上的差异。比如教育部作为国家最高教育行政层级，要从宏观上全面规定每一个科目的课程标准，规定课程的总时数等，因此决定的广度最大。但到了教师层级，课程的广度和深度就需要根据学生的情况，决定具体到每堂课内容的多少和程度的深浅，不同层级对课程范围的决定情况，如表 4-4 所示。

表 4-4 不同层级对课程范围的决定

	教育部	地方教育行政部门	学　校
学科种类	规定全国中小学开设的学科	补充地方课程种类	开发校本课程
学科内容	制定课程标准，公布教材目录	根据地方实际，提出各学科教学建议，公布省级教材目录	根据学校、教师和学生实际，对教材和教学内容进行调适
课时	课程设置方案	省级部门的课时规定	学校课程表

（二）顺序

顺序指的是学生所学内容的先后次序。比如，大家熟知的顺序原则包括：先易后难、从部分到整体、从一般到抽象、年代先后顺序、空间顺序等。顺序的安排显然和具体的科目具备的性质和本身的知识结构有关。依照怎样的顺序编排课程的内容，是由课程设计者对课程的理解来决定的。举一个简单的例子，现在众多的教师和家长，一提到读一年级的小学生，就会想到学拼音，甚至认为不学拼音怎么能学语文？但并没有想到汉语拼音的出现只是近一百年的事，很多的语文课程研究者和教师，也并不赞同先学拼音再学汉字这样的语文学习顺序。表 4-5 显示，目前小学语文一年级上册教材的三个版本，表现出对拼音学习顺序的不同处理方式，其中北师大版并没有在入学之后马上安排学习拼音，而是将其内容用 8—12 共五个单元编排，其单元标题为"字与拼音"，表明编写者不是让学生单独学习拼音，而是和汉字结合在一起学习。人教社和江苏版教材则将拼音学习放在入学之后马上学习。至于哪种方式更适合孩子的语文学习规律，我们期待更多的教学实验研究能够提供更为充分的理据。

表 4-5　三个版本一年级上册目录"拼音"学习顺序对比

人教社一年级上册目录①	北师大版一年级上册目录②	江苏版一年级上册目录③
入学教育 汉语拼音 识字（一） 1. 一去二三里 2. 口耳目 3. 在家里 4. 操场上 课文 1. 画 2. 四季 3. 小小竹排画中游 4. 哪座房子最漂亮 5. 爷爷和小树 6. 静夜思 7. 小小的船 8. 阳光 9. 影子	上学了 1. 字与画 2. 学写字 3. 数字 4. 家 5. 太阳和月亮 6. 大海 7. 外面的世界 8. 字与拼音（一） 9. 字与拼音（二） 10. 字与拼音（三） 11. 字与拼音（四） 12. 字与拼音（五） 13. 手和脑 14. 劳动 15. 冬天 16. 成长	培养良好的学习习惯（1） 汉语拼音 1. a o e 2. i u ü 3. b p m f 4. d t n l 5. g k h 6. j q x 7. z c s 8. zh ch sh r 9. y w 10. ai ei ui 11. ao ou iu 12. ie üe er 13. an en in 14. ang eng ing ong 识字

(三) 衔接

衔接是指处于同一水平（如同一年级或学段）上的两个或两个以上的课程成分存在的同时关系或相关情况。比如为小学低年级的学生编写数学课本或练习题，需要考虑如何用最简单易懂的文字呈现学习内容，因为要和他们的语文识字能力和理解能力相匹配，文字太多或表述太复杂都会超出他们的接受水平。再回到本章开始的案例4-1，谢家湾小学之所以要对课程进行整合，主要是因为他们发现已有教材在内容上有重复或交叉之处，比如音乐节奏和数学的找规律两个科目的学习内容，可以合并起来，放在同一个教学任务中完成。

为了更方便理解衔接的含义，以下我们选取人教社七年级上册的《历史与社会》和《地理》的目录，来看其中内容的联系和交叉情况（详见表4-6所示）。仅从章节标题来看，两者重合的内容就包括：地区、地球仪、大洲和大洋等。其余部分虽然标题不太相同，但内容联系也相当紧密，比如《历史与社会》的第三单元是各具特色的区域生活，包括平原、山区、草原等不同的人类聚居区域分类，而《地理》的第五章居民与聚落，则是从另一角度介绍人类聚居的情况。显然，担任这两个学科的教师如果提前了解一下对方的内容，会更有助于自己的教学。

---

① http://www.pep.com.cn/xiaoyu/jiaoshi/tbjx/kbjiaocai/tb1s/
② http://gbjc.bnup.com/resourcetype.php?classid=1785&id=1784&flag=1&resourcetypeid=1
③ http://www.xxyw.com/ar/FhJcsy_Read.aspx?ID=1193

表 4-6 同一年级两个科目内容衔接情况举例

七年级上《历史与社会》	七年级上《地理》
第一单元　人在社会中生活 　　第一课　我的家在哪里 　　第二课　乡村与城市 　　综合探究一　从地图上获取信息 第二单元　人类共同生活的世界 　　第一课　大洲和大洋 　　第二课　自然环境 　　第三课　世界大家庭 　　综合探究二　从地球仪上看世界 第三单元　各具特色的区域生活 　　第一课　家住平原 　　第二课　与山为邻 　　第三课　傍水而居 　　第四课　草原人家 　　第五课　干旱的宝地 　　综合探究三　如何认识区域——以南非为例 第四单元　文明中心——城市 　　第一课　美国政治的心脏:华盛顿 　　第二课　文化艺术之都:巴黎 　　第三课　IT新城:班加罗尔 　　第四课　汽车城:蔚山 　　第五课　城市规划的典范:巴西利亚 　　综合探究四　如何认识城市——以莫斯科为例	第一章　地球和地图 　　第一节　地球和地球仪 　　第二节　地球的运动 　　第三节　地图的阅读 　　第四节　地形图的判读 第二章　陆地和海洋 　　第一节　大洲和大洋 　　第二节　海陆的变迁 第三章　天气与气候 　　第一节　多变的天气 　　第二节　气温的变化与分布 　　第三节　降水的变化与分布 　　第四节　世界的气候 第四章　居民与聚落 　　第一节　人口与人种 　　第二节　世界的语言和宗教 　　第三节　人类的聚居地——聚落 第五章　发展与合作

(四) 连续

连续指后续学习经验和先前学习经验之间的关系。如果说衔接主要针对课程内容的"水平式"联系的话,那么连续则侧重课程内容的"垂直式"关系。现实教学中,有很多例子可以说明连续性的表现。例如,不同版本的教材,假设同一所学校,不同的年级选用了不同版本的语文或数学教材,显然教师和学生会很容易发现两种教材在处理学科知识上的差别。再比如一个用 A 版本的学生因各种原因,需要转学到用 B 版本的学校读书,他也可能要首先面对和处理学习内容的连续性。另外我们经常提到的幼儿园到小学、小学到初中、初中到高中的过渡等,都是指学段之间学生学习经验的连续性问题。

以下是一位教师从五个方面总结初中和小学衔接中师生经常遇到的冲突。

(1) 知识教学的渗透衔接不够。中学老师经常说:"这个知识不是在小学早就已经学过了吗?"小学老师则说:"这个问题不是到了中学才学的吗?"

(2) 课堂气氛差异大。表现为:小学课堂玩到累,中学课堂坐到累;小学勤答问、中学笔记忙；小学话滔滔，中学静悄悄。

（3）教学方法差异大。初一学生疑惑："老师，你怎么不表扬我呢？"初中老师惊奇："你这么大了还要表扬啊？"

（4）学习方法要求差异大。初中课堂里经常听到学生说："哎呀，老师慢点，老师，下一句是什么？老师，＊＊字怎么写啊？"

（5）学习习惯的培养和要求差异大。老师期望按照计划学习应该取得不错的效果了，而学生的反应是："我的计划写了上交后就再没看过了，那只是一份作业呀。"①

（五）平衡

平衡是指在课程方案中，照顾了各个成分之间的重要性，不因强调其中的某些部分而消弱了其他的部分。例如，当前的课程改革，倡导知识与能力、过程与方法、情感态度与价值观三个维度的目标，教师如何在各自的课程中做好三个维度的平衡，是需要考虑的。奥利瓦（Oliva）曾列举了很多组有关课程平衡的变量：儿童中心课程和科目中心课程、社会需求和学生需求、个别化教育和大众教育、特殊学生（超常或低能）的需求和普通学生的需求、个别化教学和团体教学等。②

笔者曾经专门调查过教师对"三维目标"的理解，以下是一线的小学语文教师的表述③（见表4-7）。由此可见，教师在把握《纲要》提出的这三方面目标时，很难把握到理想的平衡状态。

表 4-7 教师对"三维目标"地位和关系的阐述

知识与能力是基础，是核心，是最重要的一个维度
三维目标不是均等存在的。人的发展是三维目标的整合，缺乏任一维度，都会使发展受损，但这并不意味着三维对人的发展的贡献是等值的
它们又不是均等存在的，不同学科有所侧重。首先要关注学生的情感态度与价值观
我觉得"知识与技能"既是目标，也是载体；"过程与方法"是至关重要的学习环节；"情感态度与价值观"是核心的部分
知识与能力是学习的基础
能力发展是核心，知识是结果是基础，情感态度与价值观养成是灵魂，过程与方法是关键

二、课程设计的模式

课程设计的模式有很多种，泰勒的课程原理常被学者们看作是"目标模式"的典型

---

① 黄亦斌.关于初小衔接的思考[EB/OL].[2014-11-22].http://www.thjy.org/huangyibin/Article/633586478929687500.aspx,2008-10-03

② Oliva, P. E. Developing the curriculum[M]. (7th ed.). Boston: Allyn and Bacon, 2009.

③ 刘彩祥.教科书编写者、培训者和教师对中国小学语文课程改革理念的理解及其传递（个案研究）[D].香港：香港大学，2012.

代表。上节已经对泰勒的理论进行了详细介绍,且我们认为他对课程开发过程四个环节的阐述,是在他之后所出现的各种模式的基础,因此这里不另文赘述。这里只介绍泰勒之后的三种主要课程设计模式:塔巴(Taba)的草根式课程开发模式、斯腾豪斯(Stenhouse)的过程模式和奥利瓦的扩充式课程设计模式。以上提到的四种模式简要对照表如表4-8所示。

表 4-8 四种课程设计模式对照表

模式名称	目标模式	草根模式	过程模式	扩充式模式
代表人物	泰勒	塔巴	斯腾豪斯	奥利瓦
主要观点	课程要促进学生经验的改变	学习应促进学生批判性的思维	教育是为了使人获得理性自主能力	课程与教学彼此依存,相互联系
对课程设计的阐述	设定目标 选择经验 组织经验 评估经验 四个环节循环的过程	提出试验性单元 试用试验性单元 修订与强化 完成架构 发展新单元 由教师自下而上发展,五个步骤	教师最重要的是能引起学生的讨论,教师应该是自己行为的研究者	课程和教学并重,都经过确定目标、组织、实施和评估等环节,互为发展和补充,包括十二个步骤

(一)塔巴的草根模式

1. 塔巴的主要观点

塔巴强调批判性思维策略,并将之分为四种:发展概念、例证解释、应用推展、价值渗透。她认为要想帮助学生学习一个新概念,需要先让他们了解其含义,即与已有的接受水平相联系;之后通过一些事实或现象,进一步学习其内容;接下来,鼓励学生运用学到的新概念"举一反三";最后要通过各种途径和机会,将这个概念变为学生可以灵活使用的知识,即成为他们自己的态度、价值观或习惯的一部分。

知识卡片 4-3

塔巴(1902—1967),爱沙尼亚人,师从克伯屈、杜威,曾与布卢姆、泰勒同事,1932 年完成的博士论文《动态的教育:进步主义教育思想方法论》自出版后在教育和课程领域具有深远影响。

资料来源 http://en.wikipedia.org/wiki/Hilda_Taba.

这些策略运用的前提是,教师应由讲授者转变为鼓励学生积极思考的"思想传递者",教师应尽力并善于引导学生的讨论,激发学生分享自己的奇思妙想,尽可能地让学生探索和思考自己的想法和其他同学的想法有怎样的联系。

2. 塔巴提倡的课程模式

塔巴认为课程应由教师自下而上设计,最好从一个试验性的单元开始,因此被称作草根式的课程开发模式。她认为应该采取以下五个步骤进行。

(1) 提出不同年级层次或科目领域的试验性单元(pilot units),共8个步骤:诊断需要、建立特定的目标、选择内容、组织内容、选择学习经验、组织学习经验、决定所要评价的内容及其手段、检核平衡与顺序。

(2) 试用试验性单元。这一步骤主要是将所设计的试验性单元在课堂中实践出来,分析试用的过程,总结问题及可行性,检验单元的效度。

(3) 修订与强化单元结构、内容和活动。此步骤进一步从结构、内容和活动安排各方面完善单元设计,力图将之适用于更多的班级、科目等。

(4) 完成发展架构。依照已形成的单元设计过程,逐渐编订更多的内容,将单元发展成范围更大的课程材料,构建较为完整的课程结构。

(5) 安置与散播新单元。通过学校行政人员的支援,安排教师培训,以便新设计的单元得以有效实施。

(二) 斯滕豪斯的过程模式

 知识卡片 4-4

劳伦斯·斯滕豪斯(Lawrence Stenhouse,1926—1982),英国著名的课程理论家,生前是英国东安格里亚大学(University of East Anglia)的教育学教授。他在该校创建了"教育应用研究中心"(the Centre for Applied Research in Education)并担任主任。他的代表著作是《课程研究与编制导论》。他认为师范学院的教育理论的教学往往过于严格、精确,然而却不关注如何改善教学实践;而改进教学实践需要使各学科形成一个"网络"(mesh),"通过详细地研究课程和教学可以形成这种网络"。因此需要在师范学院中设置课程研究的课。他的这本课程论教材展示了当时与课程编制有关的多方面理论研究成果,并吸收了英国许多课程编制的实践经验,在此基础上提出了自己的课程思想和课程编制的新方式——过程模式。

资料来源:http://blog.sina.com.cn/s/blog_72d3ff32010151v3.html

1. 斯滕豪斯的主要观点

斯滕豪斯认为,教育是为了使人获得理性自主能力,使人从作为权威的固定知识的束缚中解放出来,把已有知识作为思考的材料,发展理解、"负责的判断"和批判反思的能力。

他主张以学生为主体,允许学生做自己的选择;经过课程设计,使学生接触具体的实务;课堂中,由学生处理具争议性的问题,教师不运用权威;以讨论作为探究的方式,尊重参与者意见的分歧;教师是引导者而不是教导者,教师、学生都在课程中学习;视"争论"议题的理解,为教育的目的之一。

2. 斯滕豪斯提倡的课程模式

斯滕豪斯所提倡的过程模式,更像是一种编制课程的思想或理念。他不主张以一套设计好的"计划"或"处方"编制课程,然后实施、评价,而是强调对这个过程进行研究。在这个尝试中并没有确定不变的,必须实施的东西。以下我们以他主持的一个课程计划具体说明过程模式的主张。

1967年,英国学校委员会(Schools Council)和纳菲尔德基金会(Nuffield Foundation)发起制定新的"人文学科课程设计",授权斯滕豪斯领导一个委员会从事这项工作。他把教师权威与教学中呈现知识之间的关系作为中心问题来研究,这也是他以后一系列研究的焦点。

首先,斯滕豪斯根据自己的知识观重新界定了人文学科——人文学科是对社会中学生、家长和教师普遍关心的人类问题的研究。这些问题包括我们社会里有争议的人类行为和社会状况,如流产、离婚、社会中男女的角色、学校里的能力分组、战争与和平、核武器等。由于社会承认每个个体对这些问题有保留自己观点、作出自己判断的权力,这就使人文学科课程的知识在师生心目中有了不确定性,为共同的探索和讨论这些问题、增进对其的理解提供了可能性。这一举措与该课程的总目的是一致的。

其次,斯滕豪斯把人文学科课程计划的一般目的确定为:加深理解人类行为和社会情境及其引起的有争议的价值问题。他不用目标的方式详细界定"理解"所表现的行为结果,而是用程序原则的形式使教学过程本身与目的保持一致,从而指导教学。他认为,若要抛弃行为目标,就要寻找把目的转化为实践的其他某些手段。他试图通过具体说明教材的用法,以及与达到目的一致的教学策略,来分析课程与教学目的的内涵。换言之,他把注意力集中在课堂教学过程与目的之间逻辑一致的程度上。

教育的一般目的隐含着实现这种目的所必需的某种课堂教学条件,斯滕豪斯认为这不需要在安乐椅上进行什么复杂的哲学思考,教师在尝试把程序原则转化为实践时,会得出比较清楚的课程的一般目的。

斯滕豪斯由此认为,人文学科课程与教学应遵循以下五条程序原则。

(1) 应该在课堂上与学生一起讨论研究有争议的问题。

(2) 教师在教有争议的内容时,要提出中立的准则。例如,教师不把提出自己的观点作为教师责任的一部分。

(3) 在有争议的领域进行探究的方式,主要方法应是讨论,而不是讲授。

(4) 讨论时应保护参与者不同的观点,而不是试图达成一致意见。

(5) 教师作为讨论的主持人,应对学习的质量和标准承担责任。

这些原则并没有告诉教师具体应该怎么做。换言之,它们也不是什么规则。对于如何把它们转化成课堂教学行动,可以有各种不同的做法。这为教师在实践中的思索和反思提供了广泛的余地。①

(三) 奥利瓦的扩充式模式

 知识卡片 4-5

奥利瓦〔Peter,F. Oliva(1922—2012)〕,哥伦比亚大学教育学博士,曾任教于多所大学,在教学、督导、课程开发等领域出版多部著作。其《发展课程》(*Developing the Curriculum*)一书至 2008 年已出版至第八版,其扩充式课程开发模式对课程研究领域产生广泛影响。

资料来源 http://www.amazon.cn/%E5%9B%BE%E4%B9%A6/dp/0132627515

1. 奥利瓦的主要观点

奥利瓦认为课程应该遵循简单、综合、系统的标准来设计。基于这样的观念,他认为课程与教学两者都不可忽视,他对于两者关系的分析论述,在课程研究领域产生广泛影响,这一观点也是他提出扩充式课程模式的前提和基础。他将课程与教学区分为:二元模式、联结模式、同心模式和循环模式四种,分别可以描述为:相互独立关系、交叉关系、包含关系以及虽彼此独立但二者相互调适和改良。他持循环模式的观

---

① 斯滕豪斯课程设计的模式[EB/OL]http://blog.sina.com.cn/s/blog_72d3ff32010151v3.html

点,认为课程与教学的关系可以表述为以下内容。

(1) 课程与教学虽然有关,但不相同。

(2) 课程与教学存在相互依存的联结关系。

(3) 课程与教学虽是可以分开进行研究和分析的实体,但无法处于孤立的情况中各自运作。

2. 奥利瓦的扩充式课程模式

奥利瓦的课程模式最大的特点是将课程和教学一并考虑,融入课程设计的整体循环过程之中。其中一至四项和六至九项均属于计划阶段;十至十二项属于运作阶段;第五项课程的组织与实施则计划、运作阶段兼属。本课程模式强调课程的动态发展:在第十一项教学评价之后返回到第六项详述教学目的;第十二项课程评估之后返回到第三项详述课程目的,提示课程开发者要使各个发展过程相互关联对照,并不断修正(如图 4-3 所示)。

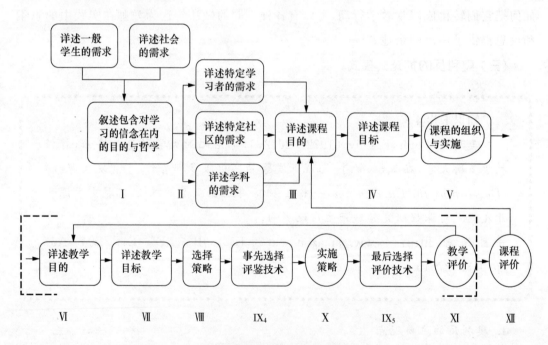

图 4-3　奥利瓦扩充式课程开发模式①

---

① 王文科,王智弘.课程发展与教学设计论[M].第八版.台北:五南图书出版股份有限公司,2010:200.

第三节　教学设计的过程

> **案例 4-5**
>
> 　　一位骨干教师曾分享自己准备《和时间赛跑》一课的体会：
> 　　这篇林清玄的散文作品,清新、淡雅又略带忧伤情绪。朴实中有着感人的力量。课上好了,可以激起学生珍惜时间、珍惜现在的决心;课处理不好,容易带着学生在虚无的时间里绕。第一稿出来,自我审视:怎么和平时上课的设计没多大区别呢;知识点的训练用的是平时的方法;学习方法的指导也是平时就在落实的;价值观培养更是和大家一样……没有新意,枪毙。第二稿,花了整整一天休息时间。为了有更美的过渡语,我绞尽脑汁;为了有更新颖的设计,我在问题设计上标新立异;为了有更大的教学容量,我补充大量资料……不错。至少在网络上没有我的这类版本。
> 　　第二天试教,课没有上完,还有大量内容。教学专家点评:过渡语很美,但课堂不是老师的舞台;教学容量很大,但一节课的教学目标是有限的,学生的接受能力也是有限的……"简单教语文,学生是根本。"专家多次重复……
> 　　第三次备课,我首先拿起课本,一遍又一遍地朗读课文,读着读着,我仿佛进入了课堂,我在和我的学生对话,我听到了他们稚嫩的声音,也看到了他们沉思的表情,我需要告诉学生的课外资料自然浮现在我的脑海中,教学环节的过渡语发自我的心声……我拿起笔,写下了我的第三稿,和第一稿大同小异。
> 　　从"锦上添花"到"删繁就简",是我这次迷途的收获。
> 资料来源:http://www.gzzgjy.gov.cn/Item.aspx? id=2928

　　从案例 4-5,可以体会到每一堂课在呈现之前,都不是一件容易的事。教学设计不同于课程设计,因为它相对容量小、花费的时间短,因此也就有更多改动的机会,不确定性增加。虽然这样的反复斟酌可以使教学方案更成熟,不过这样未必是好事情,因为这要投入很多的时间和精力。尽管"教无定法",但掌握教学设计的一般概念和过程,有助于教师有效地把握课堂的结构。

一、教学设计的基本假设

设计者（教师）和受教者（学生）所组成的情境千差万别，每位教师都有对教学和学习的不同理解，因此我们有必要回顾加涅等人对教学设计假设的阐述。[①]

假设一：教学设计必须以帮助学习过程而不是教学过程为目的。教学设计应以有目的的学习为目的，最终应指向学生的有意义的学习结果。

假设二：学习是一个受许多变量影响的复杂的过程。学生的毅力、学习时间、能力倾向、学习能力、教学质量等都会影响学生学习所达到的程度和水平。

假设三：教学设计模型可以在多种水平上运用。不论教师是为一天或一节课的教学进行设计还是为三天或者一周的培训学习而设计，教学设计的基本原理都是适用的。

假设四：设计是一个反复的过程。因此可以说，设计者无法设计出完美的教学，只能达到更加完善的效果。

假设五：教学设计本身是一个过程，是由一些可以识别的子过程组成的。比如，首先预设目标，然后选择教学方法、评价方式等。

假设六：不同类型的学习结果需要不同类型的教学。比如，传统的讲授课堂，不能要求学生完成一份实践报告。只有教学类型和结果相互匹配，才是有效的教学。

二、学习的基本原理

有学者认为"真正的教育是教会儿童如何学习"[②]，要讨论教学设计，必须介绍一些基本的学习原理。

（一）强化

强化原理是桑代克、斯金纳等心理学家的研究观点，他们认为一个新的行为，如果在出现后伴随奖励，会使这一新的学习行为得到强化和巩固。随着研究的深入，学者们发现强化有内部和外部之分，所谓内部强化指不需要有外部的或周围人的奖励，学生在完成一个作品或克服一个难题之后，会发自内心地表达出自己的成就感和喜悦的情绪，这种来自学习者的"自我激励"，同样会使新的学习行为得以强化。

（二）接近

接近原理指学习者的刺激情境与预期的反应同时呈现，如果学习者可以将两者相匹配，就说明达到了学习的目标。比如给学生提供若干被打乱顺序的中国省区图片，

[①] 加涅,等.教学设计原理[M].第五版.王小明,等译.上海：华东师范大学出版社,2007:4-5.
[②] Bruce Joyce,等.教学模式[M].荆建华,等译.北京：中国轻工业出版社,2002:3.

学生能从中指出哪一个是安徽省,接着得到老师的肯定,这个学习过程设计的目标应该是学生能识别地图上安徽省的大致形状。

(三) 重复

重复原理指刺激和反应对此重复或练习,以达到学习的进步及可靠的保持。最常见的例子就是学习英语单词,只有多次重复练习才能保证发音和拼写越来越准确。但是这一原理也受到不少质疑,因为它并不是实现学习的一项前提条件,在辅助练习时使用可能更加合适。

(四) 若干社会文化原理

现代教育心理学研究,对学习的社会文化情境更加重视,他们的一些观点对教学设计产生很多影响。以下介绍三个主要观点:第一是情境对认知的作用,那些发生在有意义的可应用的真实情境中的学习,在需要时更可能被回忆起来。英国哲学家怀特海(A. N. Whitehead,1861—1947)在其《教育的目的》一书中提出"惰性知识"的概念,他认为所有教育的主要问题,在于学生无法将课堂上学习到的知识活用在日常生活中,这类知识因此变为呆滞的、无生命的,即"惰性"知识。这一观点提醒我们,很多时候我们在生活中遇到难题,不是因为我们缺乏知识,而是不能将所学到的知识灵活运用。第二是学习过程中协商的重要性,和同伴一起学习有助于确定所学内容的意义。这一观点将学习看做是一个意义建构的社会过程,比如合作学习的方式,学生为了完成一个特定的学习任务,需要进行意见交流、观点碰撞、确定分工并制订计划步骤,才能完成学习的目标。这样的学习过程,学生不仅需要具备自我学习的能力,更需要锻炼如何听取他人意见。第三是学习是作为活动的结果产生的。在活动中学习也是众多专家、学者提倡的观点,他们认为只有在真实的活动中,学习才得以最佳进行。当然,如果进行这类的教学设计,选择怎样的学习结果、设计活动时间、流程等,都是至关重要的方面。

三、教学设计的过程

一般来说,教学设计会包括如下的步骤。

(一) 确定教学目标

教学目标是对课程目标的细化和具体化,是进行教学活动的出发点。确定教学目标需要考虑多方面的因素,比如,班级学生的整体程度、学生之间的水平差异等。课程目标是制定教学目标的重要参考文件,但不能等同或重复表述,课程目标的来源主要是各学科的课程标准。纲要求各科的课程标准从知识与技能、过程与方法、情感态度与价值观三个维度对课程目标进行规定。

（二）确定教学步骤

传统的教学步骤（也称教学过程），一般包括复习旧知识、介绍新课目标、呈现新知识、促进新知识的理解等。教师如何决定教学的步骤，要根据个人的教育和教学理念而定，并没有一定之规。

（三）制定各分支步骤的具体教学活动

每一个教学步骤之下，都需要考虑更详细的活动。比如教学步骤的第一项一般设计为设置问题情境，究竟情境怎样设置，是用故事开场，还是游戏导入，或者是直接提出一个问题，引发学生的好奇心等，教师往往可能会设计多种方案，斟酌之后决定取舍。

（四）选定评价方式

教学过程中的评价环节非常重要，采用怎样的程序来评价学生学到了什么，是在确定教学目标时就应该考虑的，因为教学目标实际上所规定的正是选择测验项目的范围。纸笔测验式评价一般分为客观性和主观性测试两种，选择、判断、配对等都是客观性题型，写作、简答等属于主观性试题。除此之外，口头问答、行为检核表、观察、学习档案袋、逸事记录等也都是在课堂上可以运用的评价工具。

（五）对自我教学进行评价和反思

下课并不意味着教学的结束，对教师来说，反思教学目标、教学中各环节的进行情况，以及评价方式是否适当，有助于进一步完善教学。将这些自我反思进行整理和分析，是促进教师专业成长的有效途径。

第四节　教学设计的模式

案例 4-6

杜郎口中学因"改"而名扬天下，成为当下中国教育最火爆的风景。其实，杜郎口的经验也没有多么神秘，就是一句话，"让学生动起来、让课堂活起来、让效果好起来"，而核心是一个"动"字，围绕"动"千方百计地彰显学生学习的"主权"。杜郎口课改的精髓体现在最大限度地把课堂还给学生，主张能让学生学会的课才是好课，一切以学生的"学"来评价教师的"教"，课堂必须体现出"生命的狂欢"。杜郎口"10＋35"模式，即教师用 10 分钟分配学习任务和予以点拨引导，学生用 35 分钟"自学＋合作＋探究"。

> 杜郎口模式,呈现出三个特点,即立体式、大容量、快节奏。杜郎口课堂在结构上有三大模块,即预习、展示、反馈。
>
> 杜郎口的课堂展示模块突出六个环节,即预习交流、明确目标、分组合作、展示提升、穿插巩固、达标测评。
>
> 资料来源:十大课堂教学模式——打造高效课堂[EB/OL]http://teacher.yqedu.com.cn/tresearch/a/2041306389cid00048

类似杜郎口中学进行的改革,近年来在多所学校进行。十大课堂教学模式成为人们津津乐道的话题。诸如山东昌乐二中"271"模式、江苏灌南新知学校"自学交流"学习模式、河北围场天卉中学大单元教学、辽宁沈阳立人学校整体教学系统、江西武宁宁达中学自主式开放型课堂、河南郑州第102中学"网络环境下的自主课堂"等。教学模式如何分类,与学校、教师和每个课堂的关系是怎样的,教师怎样使用和驾驭这些模式,是本节要讨论的重点内容。

一、教学设计的模式

"教学过程的核心就是创造一种环境。在这个环境里,学生能够互相影响,学会如何学习。一种教学模式就是一种环境。这种环境有多种用途,从如何安排学科、课程、课题到设计教学资料,如教材、练习册、多媒体程序、计算机辅助学习程序等。"①

美国学者乔伊斯(Joyce)等人花费四十多年,深入学校和课堂,通过对教与学的调查、观察等,在全世界范围内持续进行有效教学方法的研究。最终他们将所发现的有效的模式分为四类:社会型、行为系统型、信息加工型和个人型,以下介绍其中三种类型(表4-9)。

表4-9 三种教学模式所属类型及理论基础

类型	社会型	行为系统型	信息加工型
代表模式	团体调查模式	模拟训练模式	先行组织者模式
理论基础	杜威的民主主义	心理学的行为理论	认知心理学理论

(一)社会型教学模式:团体调查

社会型教学模式强调合作在学习中的重要作用。其课堂致力于在教室中营造合作的气氛和关系,通过个体间的互动、交流和共同努力,实现学习目标。它所包括的具

---

① Bruce Joyce,等.教学模式[M].荆建华,等译.北京:中国轻工业出版社,2002:15.

体模式有:学习中的合作者、团体调查、角色扮演等。

团体调查模式的哲学基础源于杜威的《民主主义与教育》一书,杜威认为,学校应成为一个微型的民主团体,学生亲身参与,通过切身体验,逐渐懂得用科学的方法改善社会。即使是低年级的学生,他们同样采用这种探究的方式激励学生获取知识。比如,一个二年级的社会课,教师设计了"不同的人们是怎么生活的"这样一个情境,学生选择他们知道的群体,把相关的资料写到自己编写的剧本中。团体调查模式的运作程序如下:

(1) 学生面临困境(有计划的或无计划的);

(2) 对困难做出试探性反应;

(3) 明确研究任务并建立研究组织(确定问题、分派角色和任务等);

(4) 独立研究和团体研究;

(5) 分析问题的进展和过程;

(6) 开始新一轮活动。

在实际操作中,教师的身份更多体现为学习的顾问和友好的批评家,学生和同伴以合作的方式围绕一个难题展开学习和探索,气氛是融洽、民主和协商式的。这一模式在操作时应注意的是,教师所设计的困难情境要真实,不能是人为的或强加给学生的,不然学生难以投入。另外,这一模式对学校的硬件设施和资源有较高的要求,应该能够满足学生进行探究时检索信息的需要。其使用条件和原则如表 4-10 所示。

表 4-10 "团体调查模式"的使用条件和原则

教师角色	顾问、友好的批评家
学生角色	探究者、合作者
学习内容	真实的问题情境
课堂组织	民主、协商的气氛
学校	具备图书馆和网络平台,方便查阅资料

(二) 行为系统型模式:模拟训练

行为理论属于心理学的研究范畴,主张行为取决于环境变量的作用,心理学家的研究课题是发现何种环境变量影响着行为,以及如何影响着行为。但教育研究者只需要将这些研究发现运用到教学实践中就可以了。行为理论的观点包括:行为是一种可以观察并能确定的现象,不良行为可以通过学习改变,行为主义将目标具体、个别化等。

模拟训练学习是网络时代常见的方式,其主要步骤包括以下几个方面(如图 4-4 所示)。

(1) 导向:呈现模拟训练的主题和融入模拟训练活动的概念;解释模拟训练和游

戏;给出模拟训练概要。这一阶段要提出探究的题目,呈现主要概念,虽然需要的时间不应太长,但是重要的预备。

(2) 参与者培训:设置情境;分配角色;进行简短实践。这一阶段教师介绍训练的规则,包括哪些角色、程序、如何计分,要做出哪类决定,以及训练的目标和情境等。教师给学生安排角色并指导实践,保证学生可以自行完成任务。

(3) 模拟训练操作:执行活动;反馈和评估;澄清错误概念;继续模拟训练。教师在这一阶段发挥裁判或教练的作用,可以暂停游戏或训练,对学生进行评价和指导。

(4) 参与者总结:总结事件和感受;总结困难和看法;分析过程;把模拟训练活动和真实世界相对比;把模拟训练活动和课程内容相联系;评价并重新设计模拟训练。以上各项总结可以任选一项或几项进行。

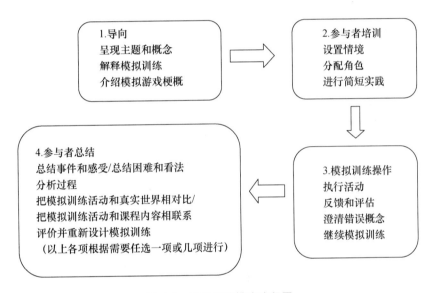

图 4-4 模拟训练模式流程图

这种模式的组织结构表现为教师选择学习材料和指导模拟训练。然而,班级里的互动环境对学生不应该构成任何威胁并带有合作的特征。教师有管理模拟训练的职责(比如照料好组织和做好后勤服务)、解释游戏、保持规则、教练(提供建议,进行鼓励)以及进行总结问询和讨论。

(三) 信息加工型模式:先行组织者

美国著名的认知教育心理学家奥苏贝尔(D. P. Ausubel,1918—2008)曾在至乔伊斯的信中写道:为什么不在课程开始时给学生提供理解新观点的桥梁呢?让学生深入了解结构的秘密,懂得它是如何通过进一步的探究而不断出现的。这样可以让他们的思维随着课程的进展而活跃起来。

先行组织者(advance organizer)是奥苏贝尔在1960年提出的一个概念,他发现在学生面对新的学习任务时,如果在他原来的认知心理结构中缺少适当的上位概念,或者原有的概念不够清晰,教师有必要借助一些引导性材料,帮助学生将新旧知识联系起来,这类引导性材料可称之为先行组织者。先行组织者可能是一个概念,也可能是一条定律,或者是一段说明性的文字,但必须是学生能够接受的,通俗易懂的或者具有直观的形象,要能够包含将要学习的知识。

奥苏贝尔认为,在教学实践中,大部分课本的组织形式是把每个内容放在单独的一个章或节中,而且所有的这些章节的抽象性和概括性在同一水平上。因此大多数情况下,学生都是在还没有获得适当的概括水平和足够多的相关知识以前,就被要求去学习一个新的、不熟悉的学科的详细内容。因此,他主张采用先行组织者模式,帮助学生掌握新的学习内容。

先行组织者模式分为以下三个操作步骤(见图4-5)。

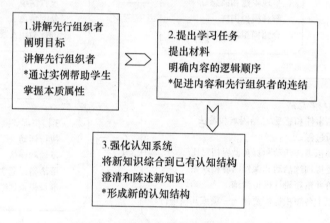

图4-5 "先行组织者模式"操作步骤

(1)讲解先行组织者:阐明课程目标;讲解先行组织者。这一阶段,教师要确认哪些是最本质的属性、给出实例、给出背景使学习者意识到相关知识和经验。

(2)提出学习任务或学习材料:提出材料;明确学习内容的逻辑顺序;把学习内容和先行组织者联结起来。

(3)强化认知系统:运用整体综合原则;确立学习新内容的批判性态度;澄清观点;主动应用观点;形成新的认知结构。

先行组织者模式最大的优势在于,可以帮助教师系统地向学生讲授某一领域的基本观点。通过教学中一步步将主要概念和原理加以解释和整合,学生能够在整个教学结束时对所学内容有一个整体的把握。

先行组织者中使用的观点本身和其他信息都是学生要学习的。此外,它的另一个效果是提高了学生探究的积极性,养成了学生缜密思考的习惯。具体表现为探究的兴趣和缜密思考的习惯。

该模式具有高度的结构化,要求师生间保持积极的配合。另外需要教师提前准备丰富的、组织很好的材料。

二、教学计划的制订

(一) 教学计划的层次

教学计划是教学设计的具体化,决定学生需要学什么和怎样学。在进行教学计划之前,需要为学生确定重点、目的和目标。目的和目标两者的差异在于,目的一般比较抽象,是某种行为活动的普遍的统一的宗旨。目标则比较具体,是某种行为活动的特殊的个别化的阶段性的追求。比如"培养学生的责任感"是一个重要的目的,为了实现这样的目的,可以设定多个具体的目标,如其中一个目标可以表述为"在4—6年级开设活动课"。

教学计划准备得是否充分,设定得是否明确、系统,直接影响到后续的教学效果。在进行教学计划之前,需要考虑如下方面。

学生:对学生整体及个人的了解程度、学习的兴趣、具备的学习程度和已有水平、是否有需要特殊照顾的学生等。

学习时间:课时多少?与其他科目或活动的关联,以及是否会受到它们的影响?

学习内容:要学的主要概念是什么?需要哪些教学方法?怎样安排教学的次序?有哪些可以安排的活动?

可用的资源:除了课本还有哪些可用的材料?

教师个人:对所要教的课的熟悉程度,是第一次教吗?自己擅长怎样的教学方式?可以讲明白要教的内容吗?

我们将教学计划分为长期计划、单元计划、课时计划等不同的层次,且不同层次的计划要准备的内容有所不同。

(1) 长期计划一般至少指学期计划,制订长期计划也相应在学期开始之前进行,教师需要为该学期的3~4个月列出每个月的计划表,标出学期开始和结束的日期、节假日、考试或考查时间、其他活动的时间等。接下来安排教学时间内的主要任务,比如包括多少个单元或主题,每个单元或主题的重点有哪些,预期完成的目标有哪些。

(2) 单元计划是将长期计划进行第一次分解,将每个单元的任务和目标具体化的过程。制订单元计划一般的步骤包括:确定单元的主题;设定单元教学目标;挑选资源和材料;制定教学程序;形成评价工具(如表4-11所示)。

表 4-11 单元计划矩阵

内容	目标	教学活动	学习活动	学生的成果
单元主题	1			
	2			
	3			
	4			

（3）课时计划又称"教案"，是教师最熟悉的一类教学计划，从层级来说，课时是构成单元的基本单位。课时计划不是简单的教学活动流程，而是应该包括单元计划的主要元素，要陈述学生在课堂上要做的事。

（二）教案举例

河、流域、湖泊
八年级《地理》上册第二章第三节[①]

1. 教材分析

本部分教材是围绕着河湖的基础知识、我国不同类型河湖的特点，以及各自然地理要素对河流水文特征的影响而展开的。

（1）本节内容的知识体系是：河湖的基础知识，教材采取了以地图叠加文字说明和主图叠加附图的形式，淡化了内外流域的界线，突出了内流河和外流河这一基本概念、内外流域面积的差异及我国的河流主要分布在东南部的外流区等内容。

（2）本节核心内容的功能和价值：

能够运用地图与统计资料说明中国河湖概况。

提高学生读图、识图、用图和材料分析的能力。

能够运用地图和资料，初步学会从宏观的角度去学习地理，从而培养学生提取、加工信息和分析问题的能力。

通过教学，培养学生树立辩证唯物主义、人地协调观念及可持续发展的观念。

2. 学情分析

八年级有45位学生，他们已经有了一定的地理基础知识，掌握了一定的地理学习方法且对地理学习有了一定的兴趣。但是，也有少数同学对地理课兴趣不大，学习地理基本知识和基本技能的主动性较差。所以本节课要充分利用多媒体手段和网络资料培养学生对地理的兴趣；以及加深对我国国情的了解。既能提高学生对地理知识的学习情趣，又能进行爱国主义和基本素养的教育。

---

① 人教版课标初中地理八年级上册第二章第三节——河、流域、湖泊[EB/OL].[2014-09-20]. http://www.lspjy.com/thread-216631-1-1.html

3. 教学目标

（1）知识目标

认识我国河湖众多的特点及河湖在人类活动中的作用。

明确外流区（河、湖）、内流区（河、湖）的概念，以及内、外流河的水文特征。能够说出长江、黄河的概况。

（2）能力目标

培养学生运用地图分析河流水文特征及成因的能力。

能够运用地图和统计资料说明中国河、湖的基本概况，培养学生归纳地理问题的能力。

（3）情感目标

通过教学，培养学生树立辩证唯物主义、人地协调观念及可持续发展的观念。

4. 教学重点和难点

教学重点：内、外流河的共同水文特征。

教学难点：内、外流河的水文特征及其成因。

5. 教学过程

表 4-12

教学环节	教师活动	预设学生行为	设计意图
一、引入新课	（大屏幕出示一些我国河流和湖泊的图片） 师：你们知道画面展现的是我国的哪些河流和湖泊吗？除了这些河湖外，你还知道我国有哪些河流和湖泊？	生：交流讨论并举例说出我国的一些河流和湖泊。	通过图片激发学生的学习兴趣
二、讲授新课	一、众多的河湖 师：同学们讲得很好，今天就让我们一起学习一下我国的河流和湖泊。请同学们看大屏幕上的《中国的河流和湖泊的分布》图，除以上大家说的河湖外，我国还有哪些河湖？ 师：从你们的回答中可以看出，我国的河湖众多，河流就像大地的动脉源远流长，湖泊就像一颗颗明珠镶嵌在祖国的大地上。还有许多人工开凿的河流，例如京杭大运河、灵渠等。	生：淮河、海河、珠江、京杭大运河、塔里木河……鄱阳湖、太湖…… 生：同学们继续看大屏幕，这几幅图片说明河流和湖泊与我们的生活有什么关系？ 生：灌溉、航运、旅游……同时也给我们带来一些灾害	采用谈话式教学方法，既充分调动学生思考的积极性，又能使每个学生都能积极参与到课堂教学中来

续表

教学环节	教师活动	预设学生行为	设计意图
三、课堂小结	师：对。这些大江、大河给我们带来很大的收益，同时也给我们带来灾害。那么，这些河流大部分注入哪个大洋呢？它们的流向有什么特点？为什么？ 师：如果把整个流域面积分三份的话，内外流区的面积大约各占几份？为什么我国的河流大多分布在东南部的外流区内？它们的分界线大致与哪一条等降雨量线一致？ 师：请同学们欣赏我国河流和湖泊的风光。 总结本节课讲授的主要内容，并为下一节讲授长江做好铺垫	生：大部分河流注入太平洋，只有额尔齐斯河注入北冰洋，澜沧江、怒江等注入印度洋，塔里木河没有注入大洋；大部分河流自西向东流，这主要是因为我国的地势西高东低。 生：外流区约占2/3，内流区约占1/3，因外流区降水充沛，内流区降水稀少。它们的分界线大致与400mm等降水量线一致，也是季风区与非季风区的分界线。 生：跟着老师一起回顾本节课的重点知识，再次巩固课堂所学	通过课堂总结提醒学生明确重点难点，提高课堂教学效率

板书设计

第二章　中国的自然环境

第三节　河流与湖泊

一．外流区和内流区

　1. 外流区和内流区的界线

　2. 外流区和内流区的水文特征

　3. 外流湖和内流湖

　　(1)青藏高原湖区：青海湖

　　(2)东部平原湖区：鄱阳湖

教师在上述探究活动中，全方位、多层次、多角度、适时地评价学生。特别重视对学生探究能力和情感态度与价值观的评价，充分肯定和表扬学生所表现出的闪光点，最后，通过课堂活动设计为载体，以自评、组评和师评对学生进行综合性评价

6. 教学反思

在这一课中，学生活动具体，操作性也很强，教师在讲述《众多的河湖》主要内容时，用课件展示，给出主要的知识提纲，同时结合书上的地图加以讲解。展示课件时，要留有适当的时间让学生探究活动，学会自己去解决问题，老师可借助板书加以

启示教学,边放多媒体资源,边在黑板上写出教学重点内容,两者有机融合起来。突出重点,加强记忆。在教学中,要坚持以学生活动为主,教师讲述为辅;学生活动在前,教师点拨评价在后,树立学生的自主学习意识。

(1) 成功之处

本节课遵循课前延伸—课内探究—课后提升的教学流程,主要采用创设情境—讨论分析—解决问题的教学模式,利用地图和现实生活中的材料,引导学生分析解决问题,通过小组活动,使学生的合作探究能力得到锻炼。从课堂检测的情况来看,大部分学生对于知识的掌握还比较好,对地图的阅读能力还不错。

(2) 不足之处

学生对于布置的收集资料的学习任务,有的学生积极性较差,探究活动只有讨论,没有结果,今后要加强对学生探究能力的指导和训练,使课堂探究活动能有序进行。

本章小结

本章包括四节内容,主要讨论了课程开发、课程设计的过程和模式、教学设计的模式及步骤等话题,每部分力图理论与实践结合,促进对内容的理解和把握。

课程开发和课程设计都体现出动态发展的特性,课程设计表现出设计者更强的主体性和个性特点。课程开发具有层级性,古德莱德将之区分为:理想课程、正式课程、感知课程、运作课程和经验课程。当前我国的课程改革推行三级课程管理:国家课程、地方课程和学校课程。课程设计包含五个重要的元素:范围、顺序、衔接、连续和平衡。课程设计有四种典型模式:目标模式、草根模式、过程模式和扩充式模式。

教学设计是基于一定的学习原理进行的,比如强化、接近、重复以及一些社会文化原理。教学设计的过程包含如下步骤:确定教学目标、确定教学步骤、制定各分支步骤的具体教学活动、选定评价方式、对自我教学进行评价和反思。依据不同的哲学或心理学理论,教学设计的模式可以区分为:社会型教学模式如团体调查、行为系统型模式如模拟训练、信息加工型模式如先行组织者。制订教学计划需要考虑:学生、学习时间、学习内容、可用资源等。根据所需时间和涉及内容的多少,教学计划可以分为长期计划、单元计划和课时计划。

思考与练习

1. 课程开发需要经历哪些环节?各环节之间存在怎样的联系?
2. 教师会参与哪些层级的课程开发?他们将如何参与?

3. 设想你是某一个学科的教师,教学模式对你的教学有怎样的作用?

4. 请举例说明三种不同层次的教学计划的关系。

5. 案例分析活动

根据 Goodlad 的课程层次理论,阅读并分析以下案例。

我的课程改革经历

6月份到了学校,接了一个班级,教数学;领导重视,当了班主任。听说还是课程改革的班级,用的是新理念,面对的是新学生,所以领导说要用新人。可是新课程改革是什么改革啊?我怎么从来没有见过啊?……

接学校通知:所有新课改教师参加教师培训。

听了三天课,激动,感动。天下最好的教学方式莫过如此呀,以后我就得这么教,恨自己生不逢时呀,要是当年我也接受这样的教育,我现在肯定不是这样的,肯定是一个天才!好不容易到了开学……

上课了,不急,我得按照新的精神来,时刻得记得"以人为本"的理念,要"以学生为主体",老师只不过是个导演而已,只是一个幕后的工作者而已,不要自己抢风头,是吧?

数学知识不要教了,创设一个知识重现的情境就是了;以前的"满堂灌"不行了,所以我也不要"灌"他们了,自己去总结吧,自己学,自己看书,老师只是诱导。对!也不能放得太多,老师要诱导吗?那怎么诱导呢?不是要课题学习吗?我就将知识点放到课题学习中去学习,去理解。可是我的学生不知道什么是课题,怎么样去搞课题?不懂没有关系,老师教他们,教他们怎么样作论文了,教他们怎么学习了,可是还是没有效果呀!学生有意见了;家长有意见了;学校领导有意见了:

"我们老师根本不会教书,他和我们以前的老师不同,他好懒的,什么事情都要我们自己做,还不如不要他呢?"

"你们学校的老师是做什么的,只知道领工资,家庭作业都不要布置了,我小孩的成绩怎么会好呢?拿什么去考高中呢?高中没有读,怎么去读大学呢?不读大学怎么生存呢?你这是毁了我孩子的一生,你知道不知道?"

"小伙子,刚刚出来没有什么经验,要向老同志学习,班主任不要当了,专心抓好业务就可以了。"……

接学校通知:课程改革调研。大家积极配合!

精心备课,上课了,一气呵成,思路清晰却只弄了一个"基本功扎实"。

"课程改革的理念没有得到体现,思维没有改变过来,暑假培训的课程改革精神没有得到实施,现在的年轻人!唉!……"

"小伙子,学校让你参加培训,你得认真学习,要将新的思想贯彻在你的教学当中,说实话,暑假培训时你是不是没有好好学呀?现在的年轻人,唉!……"

我终于找到了一种好的方法,简直是诱导的最佳方式!

"实数包括有理数和无理数,对不对?"

"0是自然数,是不是?"

"……对不对?"

"……是不是?"……

这是一种最好的诱导方式,是不是?

资料来源:http://sq.k12.com.cn/discuz/thread-148786-1-1.html

参考文献

1. [美] R. W. Tyler. 课程与教学的基本原理[M]. 罗康,张阅,译. 北京:中国轻工业出版社,2014.

2. 丛立新. 课程论问题[M]. 北京:教育科学出版社,2006.

3. B. Joyce,M. Weil,E. Calhoun. 教学模式[M]. 第八版. 兰英,译. 北京:中国人民大学出版社,2014.

4. D. C. Orlich,R. J. Harder,R. C. Callahan. 教学策略[M]. 第八版. 牛志奎,译. 北京:中国人民大学出版社,2011

5. R. M. Gagne,W. W. Wager,等. 教学设计原理[M]. 第五版. 王小明,等译. 上海:华东师范大学出版社,2007.

6. 王文科,王智弘. 课程发展与教学设计论[M]. 第八版. 台北:五南图书出版股份有限公司,2010.

7. 教育部. 义务教育语文课程标准[M]. 北京:北京师范大学出版社,2011.

第五章　课程与教学实施

> **学习目标**
>
> 1. 理解课程实施、教学实施、教学原则、教学方法的含义。
> 2. 理解课程实施的取向及基本模式。
> 3. 能正确理解和灵活运用各种教学原则和教学方法。
> 4. 理解制定教学原则的依据。
> 5. 掌握选择教学方法的依据。

回顾课程发展史,人们不难发现:许多重大的、影响深远的课程改革计划不能很好地贯彻实施,或者实施结果与原先的设定相去甚远。反思其中原因,人们发现,这些课程改革的倡导者往往过多地沉醉于描述改革的理想与蓝图,而对课程计划的实施过程极少关注。因而课程与教学实施问题是伴随课程改革的不断深入而提出来的,并逐步成为一个相对独立的研究领域。

第一节　课程与教学实施概述

案例 5-1

黄老师"三胡策略"引发争议

"从今天起,坐座位你们想怎么坐怎么坐,只要自己觉得舒服;做实验想怎么做就怎么做,我甚至不反对你们上课插嘴……"这是湖南省株洲市樟树坪小学自然课教师黄先俊 1999 年在她实施"三胡策略"的第一堂课上对学生所说的话。黄老师从著名教育家陶行知先生的观点中获得灵感,有针对性地提出:解放学生的大脑,应允许学生"胡思乱想",激发多想,训练思考的广阔性;解放学生的嘴,应允许学生"胡说八道",倡导多问,训练思维的深刻性;解放学生的手,鼓励多动,允许学生"胡作非为",训练思维的求异性。黄老师称"三胡策略"旨在培养学生的科学精神和天马行空的创新精神。

自实施"三胡策略"以来,共有 30 多位小朋友获国家级、省级、市级科技发明创造大奖,黄老师自己也获得了2000年全国青少年科技创新大赛"园丁奖",近10次获省市优秀科技辅导员称号,并被评为市级劳模。她原来所在的单位——株洲市市府路小学领导也对黄老师积极支持,株洲市芦淞区教育局也将"三胡策略"作为成功经验在全区进行推广。学生们反映:自"三胡策略"出台,他们上课不拘束了,敢于大胆发言、提问,大胆地做实验。一些家长也反映他们的孩子爱提问了,思维变活跃了,更爱学习了。

除了叫好声,"三胡策略"也引来了批评和质疑。有人认为:"三胡策略"提法不妥。"三胡"字面上有哗众取宠之嫌,不如采用另一种表述方法:"大胆地想、大胆地说、大胆地做"。长沙市某小学教师说:"'三胡策略'是一种危险的尝试。无规矩不成方圆,孩子们天性好动,若一度放纵,纪律无法维系,会误人子弟。小时候受点约束,大了自然有学创新的机会。"长沙有个姓杨的学生家长质疑:"'三胡策略'能保证我的孩子顺利升上初中、高中乃至大学吗?"

资料来源:http://www.sina.com.cn。2003年09月28日 光明日报。

课程改革中对理想课程的描述,落实到实际的课程,这中间要经历若干个动态的转化过程,这个过程就是课程与教学实施的过程,因而课程与教学实施是课程改革研究的重要领域。

一、课程实施概述

(一)课程实施的含义及主要观点

关于什么是课程实施,主要有两种影响较大的观点。

一种观点认为,课程实施问题就是研究一个课程方案的执行情况。对课程实施的研究重点就是考察课程方案中所设计内容的落实程度。这种观点将课程方案看做是固定的、不可变更的,实施就是一个执行的过程。作为课程执行者的学校和教师,应当很好地理解和运用课程,忠实地执行课程方案中规定的项目。而实施的效果如何,决定于课程执行者对课程方案的理解水平和落实程度。

另一种观点则认为,课程实施是作为一个动态的过程而存在的。"课程实施是把一项课程改革付诸实践的过程。实施的焦点是实践中发生改革的程度和影响改革程度的那些因素。"因此,课程实施问题不只是研究课程方案的落实程度,还要研究学校和教师在执行一个具体课程的过程中是否按照实际的情况对课程进行了调适,以及影响课程改革程度的因素。

以上是两种比较典型的对课程实施的认识。可以说,对课程实施的不同认识,决定了课程实施的策略选择、课程实施取向以及实施过程中问题解决方式的不同。持第一种观点的人更倾向于以国家或地方为中心来推行改革,认为改革的过程即是忠实地执行计划的过程;而持第二种观点的人则强调在一个连续的、动态的实施过程中,将学校、教师、学生作为改革的主体,赋予其更多的自主权来实施变革,没有课堂教学层面的改革,就不可能有真正的新课程实施。新课程改革的核心是课堂教学改革。

 知识卡片 5-1

关于课程实施的定义非常繁多,认识不一,但至少在三个方面已形成共识。

第一,课程实施是将编制好的课程计划付诸实践的过程,是实现预期的课程理想,达到预期课程目的,实现预期教育结果的手段。课程计划与课程实施是理想与现实、预期的结果与实现结果的过程之间的关系。

第二,课程实施是通过教学活动将编制好的课程付诸实践。

第三,课程实施的焦点是实践中发生改革的程度和影响课程实施的那些因素。

资料来源:李定仁,徐继存.课程论研究二十年[M].北京:人民教育出版社,2004:90-91.

在我国,国家所规定的课程都是经过一段时间的研究、实践和论证而形成的,从总体上看,具有科学性和可行性。但由于我国的地区之间的差别较大,在实施的过程中,不可避免地会带来一些问题。所以,在理解课程实施问题时,应当将课程计划看做是可以调整和改变的,判断课程实施的成败也不应以对原有计划的执行程度为标准,而应关注执行过程中教师在特定的情境下对课程计划的调适和改造。因此,我们认为:课程实施是指把课程计划付诸实际教学行动的实践过程,它是达到预期的课程目标的基本途径。课程能否有助于教育目的的实现,能否为学习者接受,从而促进其身心发展,都必须通过实施才能得到答案。

(二)影响课程实施的主要因素

课程实施是一个复杂的过程,受众多因素的影响,如有课程计划本身的特性、相关人员对课程实施的态度以及课程实施的情境因素等。要顺利推进课程实施,有效达成课程改革的目标与理想,就必须对可能影响课程实施的因素全面地加以分析,并采取相应的策略努力促使这些因素成为课程实施的动力。

1. 课程计划本身的特性

课程开始于计划,良好的课程计划是有效的课程实施的必要条件,因而课程计划本身的特征是影响课程实施的一个变量。这些特征包括:第一,适恰性,即新的课程计划是否能满足使用者的需要。这种需要可以理解为变革的迫切性,如果使用者觉得某一变革是很需要的,他便愿意投入较多的时间和精力去实施它。第二,明确性,即能让实施者明确地知道应该做什么、为什么要这样做和怎么做。有些新课程为什么得不到有效实施,主要原因之一就是课程改革目标欠清晰或过于复杂,使教师没有足够的能力和信心推行变革。第三,复杂性,指课程改革的范围与深度,包括教学内容、参与改革的人数、观念变革、教学方法和组织变化等多方面、多层次、不同程度的变化。第四,可操作性,即课程计划在被实施时操作的方便程度。

2. 相关人员对课程实施的影响

同一个改革方案可能在一个地区、一所学校成功,而在另一个地区或另一所学校不成功,这与课程实施的相关人员的教育理念,对课程改革的需求程度,对改革的目的、方法以及其他方面问题的理解程度等有着密切的关系。

(1) 校长

一个好校长对建设一所好学校起到举足轻重的作用。学校是课程改革的最终实施地,新课程理念能否走进学校、走入课堂,在很大程度上取决于校长对课程改革的理解、认同以及对实施改革的积极领导。实施基础教育课程改革,提高学校教育质量,校长是关键。课程改革是一项艰巨而复杂的工程,单单靠教师的自发努力是远远不够的。没有校长统筹和引领作用的发挥,即使教师再热血沸腾,锐意改革也终究如散兵游勇,形不成共同参与、互相合作的文化氛围。在新课程实施的过程中,校长要为教师创造学习机会,为教师开阔视野,令教师有机会直面教育改革、课程改革、教学改革,要善于组织和引导教师大胆实践,在合作与交流的过程中创造性地实施新课程。校长既是学校教育的管理者,又是教育的实践者,是学校管理的责任主体,在课程改革实施中起到至关重要的作用。

(2) 教师

任何课程改革,最后一定要落实到课堂教学,由一线教师去实施。一般认为,教学活动是课程实施的中心环节,而教师是课程实施的关键人物。因此,在课程改革的过程中要充分依赖教师,发挥教师的作用,给予教师在课程改革中发表意见、参与改革的权利,更要通过培训使教师形成新课程的理念,掌握实施新课程的方法。实践表明,教师在课堂教学中是否具备积极主动对课程进行修正和调适的意识和能力,是衡量课程实施效果的一个重要因素。

(3) 学生

一般来说,教育者较少考虑学生在课程实施中的作用。事实上,正如成功的改革要求教师必须接受新的改革方案一样,改革也要求学生的参与。因为学生是教学过程中的当事人,他们有权表达自己的期望;而且教学过程是师生协作的过程,在这个过程中,学生不是课程的被动接受者,他们在选择班级活动和学习内容上具有积极的作用。因此,在课程实施中要从整体上关注学生所处的文化环境和他既有的文化认同,否则人的现实存在、人的愉悦与痛苦、人的文化背景被忽视,将使得精心筹划好的教育行为得不到学生的理解和合作,导致课程实施不能取得理想的效果。

(4) 家长

家长也是一个影响课程实施的重要因素,家长对学校的关注程度,在很大程度上也影响了当前课程改革。在新的课程计划的实施中,家长对新课程的理解程度、支持程度、教育理念和水平的高低都在一定程度上影响了课程实施。

3. 课程实施的情境因素

课程实施情境包括各种外部因素,如国家和地方政府政策的倾斜、资金的支持、地方社会经济发展水平、社会团体和学生家长的支持和理解等,也包括教育系统的内部因素,如在教室、学校、学区、社区等各层次上都涉及一定的情境要素,如关键人物的作用、文化因素、组织特征等。

以上这些因素在不同水平上不同程度地影响着课程实施。在具体的课程实施过程中,不同因素对一个确定的课程所产生的影响也可能是不同的。一个新的课程改革方案,诸如地方政府、校长以及家长的认同与否,对课程实施都会产生很大影响。此外,影响课程实施的各种因素往往又不是单独发挥作用的,各因素之间又存在复杂的相互作用,共同影响着课程实施。

二、教学实施概述

(一) 教学实施的基本形式

目前,在世界范围内,教学实施的基本形式主要是班级授课制,也称"班级上课制"或"课堂教学",是将学生按年龄和知识水平分成有固定人数的不同的班级,由老师按照固定的时间表和课程表对全体学生进行分科教学的一种教学组织形式。

 知识卡片 5-2

班级授课制的产生

早在公元 1 世纪上半叶,古罗马就曾实行过分班教学,教育学家昆体良不

> 但称赞并论证了这种教学形式的优越性,还尝试实行了分班教学这一模式。然而在西欧中世纪的大变动中,分班教学的做法被废弃了。在这段漫长的时间里,西欧各国主要实行个别教学。到了中世纪后期,一些教会学校中出现了班级授课制教学的萌芽与较好的教学工作组织经验。这为夸美纽斯在《大教学论》中提出班级授课制奠定了基础,他提出一个教师对一个班级的学生同时上课,以代替传统的个别施教。夸美纽斯认为这样不仅教师教得省力,而且学生可以相互激励、帮助,从而可以愉快而有效地学习。由于班级授课制比个别教学优越,所以很快得到了推广,并在以后的实践中逐步完善起来。
> 资料来源:商春锦.班级授课制的历史、现状与对策[J].福建教育学院学报,2003(7).

教学实施是一个完整有序的系统,它由一个个相互联系、前后衔接的环节构成。从教学实施流程看,完整的教学工作由备课、上课、课外作业的布置与批改、课外辅导、学业成绩的检查与评定等基本环节组成。其中上课是整个教学工作的中心环节。一般而言,要使课堂教学进行得系统有序、优质高效,就要求教师把学科知识、教育理论知识与教学艺术、自己的经验与感悟融为一体,只有这样才能充分调动学生学习的主动性、积极性和能动性,使师生产生情感共鸣,使课堂教学富有生机和活力。

1. 教学实施的导课艺术

古人作文有"凤头、猪肚、豹尾"之说,凤头者意指文章开头要美。如同古人作文一样,教学实施的开头也要富有吸引力,应在很短的时间内使学生迅速地集中注意力,激发求知欲和思维活动,激发学生学习新知识的兴趣,全身心地投入学习,做到心动、脑思、口说、手写,进入听课的良好准备状态,进而为教学的顺利进行创造有利条件。著名特级教师于漪说:"上课的第一锤要敲在学生的心灵上,激发他们的思维火花,好像磁石一样把学生深深吸引住。"

教师精心设计导课环节,可以起到先声夺人的效果,为整堂课的进行打好基础。而好的导课环节也具有一定的特性。导课要有针对性,满足学生的听课需要;要有启发性,发展学生的思维能力;要有新颖性,吸引学生的注意指向;要有趣味性,激发学生的学习兴趣;要有简洁性,节约学生的听课时间。[1]

在实际教学中,课堂导入主要可以分为以下几种。

---

[1] 李如密.教学艺术论[M].济南:山东教育出版社,1995:179-183.

(1) 直接导入法

教师开讲就点明该课主题,直截了当地提示难点、重点、关键点,引起学生的注意;或者开门见山提出问题,引起学生的思考。从破题释义入手或从某一层次或视角直接导入课文。例如,有位教师在讲《将相和》这篇课文时,教师以巧妙的释题直截了当地引出课题。"将"指谁?"相"指谁?"和"是什么意思?"将"和"相"始终都是"和"的吗?他们为什么会不"和"?后来为什么又会"和"呢?这样的导语能够有的放矢,让学生能够带着问题读书,思维迅速定向,很快进入对课文中心的探求,教学效果很好。

(2) 设疑导入法

教师通过故事、笑话、典故等精心设疑问难,巧妙布阵,引起悬念,使学生求知欲由潜伏状态转入活跃状态,开启学生思维的钥匙,从而使学生从始而疑,继而思之,到终而知之。例如,于漪老师在教鲁迅先生的小说《孔乙己》时,首先告诉学生,鲁迅先生曾经说过,在自己创作的小说中最喜欢《孔乙己》。然后,就提出问题"为什么他最喜欢《孔乙己》呢?孔乙己是怎样的艺术形象?鲁迅先生是以怎样的鬼斧神工之笔来塑造这个形象的?"这样的导语像一块磁石牢牢吸引住学生的注意力,问题提得也很尖锐,激起学生思维的涟漪,激励学生的探求精神,促使学生探幽取胜,主动寻找答案。

(3) 趣味导入法

教师用诙谐、风趣、幽默的言语和手段导入新课,活跃课堂气氛,增强教学的趣味性,迅速抓住学生的心,吸引学生学习新课的兴趣,并引导学生抓住学习的重点,真正做到寓教于乐。

案例 5-2

一位语文教师在讲授《项链》一课时,设计了这样的导课:平时大家常常听一些歇后语,如"癞和尚戴花——疯美""厕所里开电扇——出臭风头"等。我今天说几条"歇后语"大家听听,"路瓦栽夫人借项链——穷出风头""路瓦栽夫人丢项链——乐极生悲""路瓦栽夫人赔项链——自讨苦吃"。当然这三句不能算歇后语,因为歇后语是全社会约定俗成的。这篇课文大家已经预习过了,对莫泊桑笔下的路瓦栽夫人有什么看法呢?现在我出个上联——"一夜风头项链即锁链",请大家现在再仔细地阅读一遍课文,然后根据个人感受,对出一个下联,把自己的看法表示出来,对仗要工整。

（4）创境导入法

教师根据所讲内容的特点,用生动的语言进行直接描述或通过多媒体辅助教学手段,创设一定的、能够引发学生响应情感体验的情境,让学生置身于特定的情境之中,体验所学内容的内涵的一种导课方式。例如,李吉林老师在教《小百花》一课时,便将背景画面(周总理的遗像、有关照片)与背景音乐等巧妙地融合在一起,创设了悼念周总理的特定环境。把学生带入情境中,让学生感到"情境即在我眼前""我即在情境中",仿佛进入了其人可见、其声可闻、其景可观、其物可赏的境地。学生在教师的导课中,学习动机在这种"情"与"境"的相互作用中得以强化,从而也深刻体验到教材内涵之美。

（5）故事导入法

教师运用绘声绘色的语言来讲述寓意深刻又幽默轻松的故事以导入新课的方式。这种导入法的要点是故事要短小,本身要能说明问题,而且教师要注意把这种形象的讲述及时引向抽象的思维,发展学生的逻辑思维能力,提高理解水平。

> **案例 5-3**
>
> 　　一位数学老师讲等比级数求和问题时,首先讲了一段幽默的故事——锡塔和锡拉。他讲:传说印度的锡拉王,要重赏发明 64 格国际象棋的大臣锡塔。他问锡塔想得到什么奖赏。锡塔说:我想要点麦子。棋盘六十四格,你就在这棋盘的第一格赏我一粒,第二格赏我两粒,第三格赏我四粒,第四格赏我十六粒……依次增加下去,你就把 64 格内麦子的总和赏给我吧。国王听后连连说:你的要求太低了。讲到这里,教师转而问学生:"你们说,这个要求低还是不低?"课堂上气氛顿时活跃起来,同学们思索着、议论着。这时,老师在黑板上写出了 18,446,744,073,079,551,615 一串数字。老师解释说,这些麦粒若用仓库装起来,这个仓库应是高 5 米,宽 8 米,长则相当于地球到太阳的两倍,全世界的小麦给他也远远不够。听到这里同学们都兴趣盎然,说国王不懂数学吃了大亏,课堂气氛十分活跃。这时,教师趁势导入新课,说:国王为什么吃亏? 这样大的数字怎样才能算出? 这是一个"等比级数求和"的问题,学了今天这节课同学们就清楚了。

（6）温故导入法

教师利用新旧知识之间的联系,通过温习旧课达到启发新知的一种导课方式。运用这种方法使新旧知识过渡自然连贯,顺理成章,起到"老课不生厌,新课不生畏"的作用。温故导课中的"温故"只是一种手段,导入新课才是真正的目的。在具体导课时切不可颠倒主次、喧宾夺主。温故导课一旦成了纯粹的复习课,就是一种失败。

> **案例5-4**
>
> 　　有位老师在上《茶花赋》时,没有直接进入新课的学习,而是以温故的方法进行了新课的导入。他这样说:"同学们,现当代散文作家杨朔是我们的老朋友了。可以说,每个学期我们见一次面。第一册他奉献给我们北京的香山红叶;第二册他请我们尝了广东甜香的荔枝蜜,也许现在我们还能回忆起它的甜味呢?今天他又将捧给我们春城昆明的一丛鲜艳的茶花,大家喜欢不?"学生异口同声地说:"喜欢!"这时学生的情绪已开始兴奋。老师接着说:"《香山红叶》作者借红叶喻老向导,越到深秋越红得可爱,《荔枝蜜》作者借蜜蜂赞美辛勤的劳动人民,今天的'茶花'又是象征什么呢?"此时学生已产生了强烈的求知欲,个个跃跃欲试。

总之,正确恰当地运用导课方式导入新课,能集中学生的注意力,明确思维方向,激发学习兴趣,引起内在求知欲望,使学生在一堂新课学习中一开始就有一个良好的学习环境和心理准备,为完成本节课的教学任务创造先声夺人的优越条件。

2. 教学实施的组织艺术

组织教学是搞好课堂教学,提高教学质量的重要环节。按照心理学规律,针对学生的心理特点,科学地组织好教学,可使学生集中注意力,稳定情绪,产生兴趣和求知欲,有利于教学的正常进行。

(1) 利用注意规律组织教学

教师要善于运用学生有意注意和无意注意相互转化的规律组织教学。心理学研究表明,不同年龄的学生,有意注意的时间也不同。7~10岁时,有意注意时间为20分钟,10~15岁为25分钟,15岁以上为30分钟。在教学实施中,如果过分强调或过多地要求学生依靠有意注意来进行学习,学生就容易疲劳。如果单纯依靠无意注意,就不能更好地发展学生与困难作斗争的精神。所以,教师一方面要求学生努力集中自己的注意,在学生有意注意时间内讲授重点和难点,进行严肃内容的讲解;另一方面也应该在教学活动中穿插一些有趣的情节,使学生对学习本身发生兴趣,学习轻松的内容。在组织教学过程中,经常在严肃的内容和轻松的内容之间巧妙地变换,使课堂教学充满节奏感,让学生听课不会感到太累,这样才能提高教学的效果。

(2) 妙用课堂提问组织教学

教学实践表明,提问是课堂上师生互动最常见的方式,是调动学生主动性和积极性最普遍的方法,也是检验教学效果的重要手段。课堂提问要引起学生的学习动机,启发学生的思考,起到深化和巩固知识的目的,并能调控教学过程和检查教学效果。因而提出的问题要难度适中,符合学生的实际认知水平和想象能力。正如《学记》中所说"善问者如攻坚木,先其易者,后其节目,及其久也,相说以解"讲的就是这个道理。遵循量力性原则,既要考虑大多数学生的实际水平,使他们回答问题后有一定的成就感,即在学生"跳一跳,能够够得着"的高度上,减少学生的挫折感;又要使大多数学生都参与进来,有了参与感,学生学到的东西更容易记住,更容易理解。

(3) 善用口头评价组织教学

课堂评价语不同于一般的表扬、鼓励和批评,而是具有较浓的评定、评议、评析和评点的色彩,因而教师可采用赞同、肯定、表扬、告诫、提醒等多种方式对学生的表现做出评价。课堂评价语要准确、有启发性,指出学生的长处或不足,给予肯定或纠正、提醒;要及时、有激励性,教师要关注学生在课堂上的表现,根据情况及时做出评价,使学生在学习过程中知道该做什么和如何去做。新课程也明确指出:"应以鼓励、表扬等积极的评价为主,采用激励性的评语,尽量从正面加以引导。"因此,教师充满激励的评价语能够让学生感受到教师的关爱,增强自信心,获得不断前进的动力,努力达到某种教学目标。

(4) 恰用教学方法组织教学

教学方法是教师与学生为实现教学目的所采用的途径和程序。如果从教师的指导作用这个角度而言,教学方法可谓是对学生认识活动的组织方式和控制方式。作为一名合格的教师,不仅要掌握专业知识,也要掌握教学艺术,正确恰当使用科学的教学方法。"教学有法,但无定法,贵在得法",教学方法多种多样,教师在实际的教学实施过程中,要从教学目的、教学内容、教学环境、教学设备、教学对象等实际出发,根据具体的情况灵活选择不同的方法,切忌生搬硬套,以免造成"东施效颦""邯郸学步"之类适得其反的后果。

(5) 巧用教学语言组织教学

教学实施离不开教学语言,教学语言是教师课堂教学的重要工具。为了让学生能够充分享受知识的乐趣,一个好的教师应该巧用语言组织课堂教学,把一堂课上得生动活泼,让课堂的气氛活跃起来,一旦课堂的气氛活跃起来,学生与教师之间的互动就变得非常自然,学生听课不会感觉疲倦,教师一堂课下来也因为有成就感而不会觉得太累。教师应该用最简单朴实的语言、最鲜活生动的例子和最简洁直观的推理把理论和基础知识讲清楚。

知识卡片 5-3

关于教学语言,我国古代教育史上就有过精辟的论述。《学记》中说:"善歌者,使人继其声。善教者,使人继其志。其言也,约而达,微而臧,罕譬而喻,可谓继志矣。"孟子也曾说:"言近而指远者,善言也;守约而施博者,善道也。"

组织教学是课堂教学艺术的重要组成部分,它贯穿于一堂课的始终,是课堂教学得以顺利进行的基本保证。教师要想使课堂教学获得良好的效果,就必须不断提高自己组织课堂教学的艺术水平。在课堂教学中,充分利用注意规律,把握课堂的动静相生的教学节奏,让学生"乐学";运用提问技巧,遵循量力原则,让学生"想学";善用激励评价语,让学生"爱学";巧用教学语言,让学生"能学";恰用教学方法,让学生"会学"。

3. 教学实施的结课艺术

古人写文章讲究设计一个发人深省的结尾,形象地称作"豹尾"。一堂课的成功,不仅要有良好的开端,有声有色的讲课过程,而且还要看教师是否完成了全部预设的教学目标,教学结束时是否合情合理,恰到好处。一堂好课的结尾常有"言已尽而意无穷"的感觉,它能给人以美的遐想,有益的启示。因此,教师还要做好课程的结束工作,不可"虎头蛇尾",有始无终。

(1) 首尾呼应,归纳结课

结课时应当紧扣教学内容,使其成为整个课堂教学艺术的有机组成部分,做到与导课遥相呼应。特别是有些课的结尾实际上就是对导课的总结性回答,或使导课思想内容得到进一步延续和升华。因而,为了使学生对所学内容有完整而深刻的理解,结课时,教师应注意做好总结工作。用简短的时间,简捷明了地使讲课主题得以升华,也使教学内容系统连贯,相对完整,促进学生的理解和记忆。

案例 5-5

例如,有位教师在结束课文《只有一个地球》时,就采用总结点题,归纳结课:我们只有一个地球,人类与大自然是相互依存的关系,地球是我们的家园,人类只有保护好自己赖以生存和繁衍的大自然,保护好生态环境,才能有幸福美好的发展前景;反之,如果不珍惜地球上的山山水水、森林、草原,而去污染水源、毁坏树木等,这一切都会受到大自然的惩罚,因此,我们每个人都要自觉地爱护大自然的一草一木,为保护、改善、美化人类的生存环境做出自己应有的努力。

(2) 水到渠成,自然结课

教师所讲一堂课的最后一个问题的最后一句话落地,下课铃声响起,正所谓"瓜熟蒂落,水到渠成"。这种结课方式要求教师精心设计教学内容和教学结构,准确把握教学的进程和时间,只有这样才能有效地达到预期的结果。

> **案例 5-6**
>
> 　　有位教师讲完《出师表》的课后总结道:"就采用自然式结课:因刘禅昏弱,诸葛亮在出师北伐前深怀内顾之忧,临行前上此表文,给后主以告诫和劝勉,希望后主认识到必须亲贤远佞,才能修明政治,完成兴复汉室的大业。同时也表达了作者报答先主知遇之恩的真挚感情和对后主的一片忠心及北定中原的决心。"说完,下课铃响了,这堂课自然结束了。

(3) 设疑启疑,悬念结课

悬念是电影、戏剧、评书、小说等艺术创作中常常采用的艺术手法。通过这种艺术手法,把读者、观众的思绪"悬"起来,从而产生猜测、期待、渴望等一系列心理状态,并使之持续与延伸,以达到必欲释疑团而寻根究底之效果。优秀的教师在教学结课时常常使用设立悬念的方法,即教师通过巧设疑障,对教学内容留有余地,使学生达到"欲罢不能,启疑寻根"的效果,以激发学生去思维去探索,以进一步获取知识。

> **案例 5-7**
>
> 　　有位教师在讲完《电磁铁》(一)之后,下课前几分钟,进行了如下小结:现在同学们拿出各自制作的电磁铁,比较一下,看谁的电磁铁的威力大、吸起的铁钉多?为什么?这样学生就会纷纷进行比较讨论,正当学生思维达到兴奋时,教师说:"同学们,这个问题就是我们下节课要研究的问题。"尽管下课铃响了,但学生被激起的求知欲望却很强烈,兴趣也就会更加浓厚。这样,学生课下一定很想知道其中的奥秘,也会想方设法增强自己电磁铁的威力,为下节课进一步学习新知识设置了较好的铺垫。

(4) 机言警语,震颤结课

教师在结课时以机言警语触动学生的心灵深处,使其情思之弦震颤不已,心潮之澜难以平静,收到发人深省的教学效果。教师运用此结课方式时,教学内容和语言一定要体现出足够的力度,才能收到预想的效果。

> **案例 5-8**
>
> 有位教师在《孔乙己》的总结课上,教师问学生:"孔乙己有脚吗?"学生回答:"有啊!"教师又问:"他在离开我们的时候,是用脚走开的吗?"学生肃然回答:"用手。"教师就势总结道:"课讲完了,孔乙己也离我们而去了,他走了。是用脚走开的吗?不!是用手。孔乙己这个备受凌辱、尝尽人间酸甜苦辣的读书人,这个善良忠厚、迂腐困窘的读书人,由于被打致残,频遭冷遇,只好用一双手走了,悲凄地、艰难地走了,走出了读者的视线,也走出了生活的舞台。"这样的结课多么震颤人心,又是多么令人警省。那股潜入人心的苦涩情味,是对人物的同情?还是对社会的控诉?让人久久难以排解。一节课结束了,孔乙己的形象也便走进了学生的心坎,成为学生刻骨铭心的永恒记忆。

（5）内外纽带,延伸结课

俗话说"编筐编篓,全在收口"。教师要讲究结课的艺术,或引导学生归纳或复述,加深学生对知识的理解;或激发学生的兴趣,变"要我学"为"我要学";或给学生留下"言已尽而意无穷"的思考和想象;或前瞻后顾,妙手点拨,使这节课的结束,成为下节课的开端。一个恰到好处的结课能起到画龙点睛、承上启下、提炼升华、引人深思的作用,它可以给学生留下难忘的记忆,激起学生对下一次教学的强烈愿望。

> **案例 5-9**
>
> 有时课堂教学活动结束后,留给学生的不应是学习活动的结束,而应是把结课语作为联系课内外的纽带,引导学生向课外延伸、扩展,开辟"第二课堂"。例如,有位老师在讲完《金钱的魔力》后,出示了《百万英镑》的故事梗概以及作者马克·吐温的肖像,并幽默地说:"看来金钱的魔力真大,像这样见钱眼开的'鬼'在《百万英镑》中还真不少,希望同学课后能去读一读这篇小说。也可以去关注马克·吐温的其他作品。这样的结课方式,提倡和激励学生注意从课外寻找与课堂中所学内容有关的知识点,以这些内容为依据,展开思维的空间,向新的知识拓展,可以促使学生把知识理解得更透彻,掌握得更牢固,技能更熟练。

第二节 课程实施的取向与模式

> **案例 5-10**
>
> **一线教师对课程的调适**
>
> 问：在平时的教学中，你是否会对教材、教参做出修改？
>
> 教师甲：这个是肯定的，因为随着课程改革的深入，我们对教参有了进一步的认识，我始终强调，教师不能是教材的忠实执行者，那么也就是说我们不是教教科书，而是用教科书教。教科书上所体现的那些理念或者课程标准，我们能实现它就可以了。
>
> 问：你怎么看我们手中的教材或教参的？它对于你的教学而言起着什么作用？
>
> 教师乙：我觉得是一个依据，应该依据它，但并不是一成不变的，也不是全盘照搬的。……我认为应该以它们为蓝本，然后教师应该有选择地摘录一些内容，穿插到平时的教学中去，而不应全盘地接受和照搬。
>
> 资料来源：宋时春.静悄悄的革命——教师对课程的重建[D].上海：华东师范大学硕士学位论文，2004.

一、课程实施的取向

课程实施的取向是指对课程实施过程本质的不同认识以及支配这些认识的相应的课程价值观。课程实施的取向集中表现在对课程计划与课程实施过程之间关系的不同认识上。在课程实施过程中，由于持不同的教育价值观，相应地会对课程实施有不同的认识，并会以不同的态度和方式参与课程实施。根据美国课程学者辛德、波林和扎姆沃特（J. Snyder，F. Bolin & K. Zumwalt）的归纳，课程实施存在三种基本取向，即"忠实取向""相互调适取向"和"课程创生取向"。[①]

（一）忠实取向（faithful orientation）

课程的忠实取向即视课程实施为忠实地执行课程方案的过程。衡量课程实施成功与否的基本标准是课程实施过程中实现预定的课程方案的程度。课程实施愈

---

① See Snyder, J., Bolin, F. & Zumwalt, K. Curriculum Implementation[M]. op. cit. 1992: 402-435.

接近预定的课程方案,则愈为忠实,课程实施程度也愈高;若与预定的课程方案差距愈大,则愈不忠实,课程实施程度愈低。这种观点强调课程设计的优先性与重要性,强调事前规划的课程方案具有示范作用,教师应当不折不扣地执行。倘若课堂中的教师不能忠实地实施课程,课程规划人们则认为投入可观的资源、时间与精力以及规划最佳的学校课程便是前功尽弃。忠实取向的课程实施适用于某些特定的课程情境,特别适用于课程内容极为复杂、困难且不容易掌握精熟的新课程方案,或是学生的理解有赖于配合课程内容的特定安排,因此,课程实施的顺序有必要在事前加以规定。然而,课程的规范说明与行政命令规定可以规范课程科目知识的最小范围与最低标准,但不能硬性限制师生的最大选择范围与最高成就标准,更不应该限制师生对学习方法的选择。

知识卡片 5-4
课程实施忠实取向的局限

课程实施的忠实取向不能给教师留下太多的弹性与自由发挥的空间,不鼓励或允许个别教师在自己的课堂情境中因应变革而修改课程内容。其基本假设是,倘若教师的课程实施选择权不多,则课程实施的方法就愈明确,课程实施就愈"忠实"。忠实取向强调课程专家在课程变革中的重要地位,把课程变革看成实施预定课程计划的机械、线性的过程,对课程实施者的主动性认识不足,容易陷入机械主义和教条主义的泥潭。

（二）相互调适取向（mutual adaptation orientation）

相互调适取向即把课程实施视为课程设计人员与课程实施者双方同意进行修正调整,采用最有效的方法以确保课程实施之成效的过程。相互调适取向强调课程实施不是单向的传递、接受,而是双向的互动与改变。课程方案有必要视学校教育的实际情境而加以弹性调整。事实上,所有的课程方案在实施过程中都必须经过修正调整才能适用于特定而变化的课堂情境。唯有如此,教师才能使学生的学习获得最大的效能。相互调适取向认为,一项课程方案付诸实施之后,可能会发生两方面变化:一方面,既定的课程方案发生变化,以适应各种具体实践情境的特殊需要;另一方面,既有的课程实践会发生变化,以适应课程方案的特定要求。课程实施中的相互调适现象是必要的,也是必然的。相互调适取向倾向于把课程变革视为一种复杂的、非线性的和不可预知的过程,而不是预期目标与规划方案的线性演绎过程。因此,应关注课程实施过程中的社会情境因素的分析,借以揭示课程变革的深层机制。相互调适取向考虑了具体实践情境,如社区条件、学校情境、师生特点等对课程实施的影响,反映了师生的主动性、课程实施的复杂性、不确定性和过程性。与忠实取向相比,相互调适取向更符合课程实施的实际情况。

(三)课程创生取向(curriculum enactment orientation)

课程创生取向即把课程实施视为师生在具体的课堂情境中共同合作、创造新的教育经验的过程。真正的课程并不是在实施之前就固定下来的,它是情境化、人格化的。课程实施本质上是在具体的课堂情境中"创生"新的教育经验的过程。既有的课程方案不过是一种供这种经验创生过程选择的工具而已。课程创生取向强调"课程是实践"。课程不是被传递的教材或课表,不是理所当然的命令与教条,而是需要加以质疑、批判、验证和改写的假设。课程创生取向强调"教师即课程"。教师是决定新课程成败的关键角色。由于创生取向强调教师和学生在课程开发中的创造性,重视教师和学生在课程制定过程中的作用,因此这一取向对教师和学生的要求很高,推行的范围相对有限。

 知识卡片 5-5

新课改与课程创生取向

根据课程创生取向的观点,《基础教育课程改革纲要(试行)》的颁布和各学科课程标准的制定,仅是课程改革的第一步。新课程与旧课程的根本区别在于,新课程认定课程知识不是由专家、学者发展出来传递给教师,再由教师传递给学生的。专家设计的课程仅仅是一种暂时性的假设,教师要在课堂教学中加以实验,与学生交互作用,与同事讨论对话,经由这种建构过程的结果才是知识。教师和学生是在观察、实验、分析、对话和争论中建构知识的。因此,教师必须改变角色,做一个学习者、反思者。

上述三种取向从不同侧面揭示了课程实施的本质,各有其存在的价值。从忠实取向到相互调适取向,再到课程创生取向,意味着课程变革从追求"技术理性"到追求"实践理性",再到追求"解放理性",体现了课程变革的发展方向。

二、课程实施的三种基本模式

(一)"研究、开发与传播"模式

始于 20 世纪 50 年代的"学科结构运动"所采用的也是"研究、开发与传播"模式,这种模式把课程变革视为一种技术化、理性化的过程,包括如下四个分离的、有顺序的步骤,即"研究—开发—传播—采用"的线性过程。

第一,研究。通过研究确立课程与教学的基本原理,这些原理是课程变革的基本价值取向和指导原则。

第二,开发。将研究发现的基本原理运用于课程资料的开发过程中,由此获得新课程。

第三,传播。将研究开发出的新课程系统传播给具体教育情境中的教师,供其使用。

第四,采用。具体教育情境中的教师使用新课程并将新课程整合于学校课程之中。

(二)兰德课程变革动因模式

兰德社团于1973—1977年对美国联邦政府资助的教育变革展开研究,这项研究统称为"兰德变革动因研究"。"兰德课程变革动因模式"即产生于该研究。兰德课程变革动因模式研究发现,课程变革过程包括三个阶段。

第一,启动阶段。在本阶段,课程变革的发起者致力于使人们支持课程变革计划,这需要对课程变革计划的目标作出解释,以使教育实践者理解与接受。

第二,实施阶段。兰德模式认为,成功的课程实施取决于课程变革的特征、教学和行政管理人员的能力、社区环境以及学校组织结构等因素。因此,课程实施的关键是对既定课程变革计划作出适当调整,以适应具体教育实践情境的需要。

第三,合作阶段。在本阶段,所实施的课程计划已成为现行课程制度的一部分,这需要课程专家、教育行政管理人员、教师、社区代表等密切合作、相互适应,以使变革计划不断进行下去。

(三)课程变革的情境模式

美国学者帕里斯(C. Paris)对课程实施研究持课程创生取向,由此提出课程变革的情境观。帕里斯的研究基于以下三个假设。

第一,课程知识包括情境知识,这些情境知识是教师在"不断前进的"教与学的实践过程中创造的。

第二,课程变革是个体在思维和行动力方面成长与变革的过程,而非课程设计与实施的组织程序。

第三,教师不论是创造和调整他们自己的课程,还是对别人创造和强加的课程作出反应,他们的课程实践总是基于他们对特殊情境的知觉而发生变化。这些假设使帕里斯运用解释学的研究方法来理解课程变革的本质。

第三节 教学过程的原则与方法

一、教学原则

（一）教学原则的概念

教学原则是根据教育教学目的、反映教学规律而制定的，是教师有效开展教学工作所必须遵循的基本要求或行为准则，是指导教学活动的一般原理。它既指导教师的教，也指导学生的学，应贯彻于教学过程的各个方面和教学过程的始终。教学原则是反映人们对教学活动本质特点和内在规律的认识，是指导教学工作有效进行的指导性原理和行为准则。教学原则对教学中的各项活动起着指导和制约的作用。教学原则在教学活动中的正确和灵活运用，对提高教学质量和教学效率发挥着一种重要的保障性作用。教学原则不是任何人随意提出的，而是有一定的客观依据。

1. 教学原则受教育目的的制约

任何一个教学原则或教学原则体系的提出，必须服从于一定的教育目的。我国社会主义教育的目的，是使受教育者在德、智、体、美方面都得到发展，成为社会主义现代化事业的建设者和接班人。这一目的从总体上规定了社会主义学校教学活动的发展方向和预定的发展结果，指导和支配着教学活动的各个方面。教学原则作为指导教学活动的基本要求，必然要遵循和反映这一目的。例如，教学的整体性原则、理论联系实际和因材施教等原则都从不同侧面体现了教育目的的基本要求，遵循了对学生进行全面发展教育这一教育工作的根本方向。

2. 教学原则是教学规律的反映

教学原则虽然是人们主观制定的，但也反映了教学过程的客观规律。教学作为一种特殊认识过程，存在一些共同的、不以人的主观意志为转移的客观规律。古今中外许多教育家之所以能从教学实践中总结出正确的教学原则来，就是因为这些教学原则是合乎教学规律的，不管这些教育家们是否意识到这些规律。教学规律是教与学的内部矛盾运动的客观规律，人们只能去发现它、掌握它、遵循它，但不能制造它。教学原则则是人们在认识教学规律的基础上制定的一些教学的基本准则，它反映教学过程的客观规律。只有人们对教学规律的不断发现和掌握，才会使人所制定的教学原则不断发展和完善。

3. 教学原则是人们教学实践经验的总结

教学原则是人们从教学实践中总结出来的。人们在长期从事教学实践的过程中，不断探索出一些成功的经验或失败的教训,对这些经验或教训反复认识,不断深化,经过概括抽象,对教学规律有所认识,从而制定了教学原则。由于人们对教学过程规律的认识不同,在教学实践中所面临的课题不同,所制定的教学原则也就会有所不同。

知识卡片 5-6

古往今来,教学原则的提出总是与一定的教学实践密不可分。我国古代教育家孔子在长期的教学实践活动中,概括出"学思结合""学而时习""因材施教"等教学原则。我国古代著作《礼记·学记》中也总结了"教学相长""启发诱导""藏息相辅""预""时""孙""摩""长善救失"等教学的宝贵经验。在西方,17世纪捷克教育家夸美纽斯结合相关经验在《大教学论》中,首次提出"教学原则"的概念,总结出"直观性""系统性""量力性""巩固性""自觉性"五大教学原则,建立了教育史上第一个完整的教学原则体系。

(二)中小学常用的教学原则

目前,我国中小学教育中常用的教学原则主要有:直观性原则、启发性原则、巩固性原则、循序渐进原则、因材施教原则、理论联系实际原则、伦理性原则和创造性原则等。

1. 直观性原则

直观性原则是捷克著名教育家夸美纽斯为教学所定的一条"金科玉律"。他主张:"在尽可能的范围内,一切事物都应该尽量地放在感官眼前。"① 直观性原则是指根据教学活动的需要,通过实物、模像、语言的形象描述等直观手段,让学生直接感知学习对象,形成清晰的表象,促进学生从感性到理性认识的发展。这一原则是根据学生掌握知识的认识规律和学生的年龄特征提出的。一般来说,直观手段主要有以下三种。

(1)实物直观。实物直观是通过实物进行的,直接将对象呈现在学生面前,在学习生活中比较生疏的内容时,实物直观能够最为真实有效,最能充分地为学生提供理解、掌握所必需的感性经验。

(2)模像直观。模像直观是运用各种手段对实物的模拟,包括图片、图表、模型、幻灯、录音、录像、电影、电视等。实物直观虽然具有真实有效的特点,但往往由于受到实际条件的限制而无法使用,模像直观则能够有效地弥补实物直观的缺憾,特别是现代技术在教育领域的应用,使得模像直观的范围更加广阔,大到宇宙天体,小到分子结

---

① [捷克]夸美纽斯.大教学论[M].傅任敢,译.北京:教育科学出版社,1999:141.

构,都能够借助某种技术手段达到直观的效果。

(3) 语言直观。语言直观是教师运用自己的语言、借助学生已有的知识经验进行比喻描述,引起学生的感性认识,达到直观的效果。与前两种直观相比,语言直观可以最大限度地摆脱时间、空间、物质条件的限制,最为便利和经济。语言直观的运用效果主要取决于教师本人的素质和修养。

在教学中贯彻这一教学原则的基本要求有以下几方面。

第一,教师应恰当地选择直观手段。学科不同,教学任务不同,学生年龄特征不同,所需要的直观手段也不同。同时教师还应注意合理运用直观教具,应认真考虑直观教具呈现的时间、地点、数目和条件等问题。

第二,直观是手段而不是目的。一般来说,在学生对教学内容比较生疏,在理解和掌握上遇到困难或障碍时,才需要教师运用直观手段,目的在于促进学生理性认识的发展。为直观而直观,只能导致教学效率的降低。

第三,在直观的基础上提高学生的认识。直观给予学生的是感性经验,而教学的根本任务在于让学生掌握理论知识,因此,教师在运用直观时应注意指导,比如通过提问和解释鼓励学生细致深入地观察,启发学生区分主次轻重,引导学生思考现象和本质及原因和结果等。

> **案例 5-11**
>
> **课文《鱼》的直观教学**
>
> 上《鱼》一课时,教师事先在水盆里放了一条活鲫鱼,让学生仔细观察鱼的形状、鱼的表面、背鳍、胸鳍、尾鳍。然后,问学生各种鳍的作用是什么?学生一下给问住了。这时,教师用剪刀把鱼的尾鳍剪掉,结果学生发现鱼在水中无法前进了;他又把胸鳍及腹鳍剪掉,结果鱼在水里失去了平衡;再把背鳍剪掉,鱼只能一动不动地躺在水里喘气。通过观察,学生明白了各种鳍的作用。
>
> 资料来源:王道俊,等.教育学[M].北京:人民教育出版社,1992:230.

2. 启发性原则

启发性原则指在教学中教师要承认学生是学习的主人,充分调动他们学习的积极性和主动性,引导学生独立思考、积极探索,使学生能够主动地学习,以达到对所学知识的理解和掌握,提高分析问题和解决问题的能力。这一原则是为了将教学活动中教师的主导作用和学生的主体地位统一起来而提出的。

知识卡片 5-7

"启发"一词源于《论语·述而》篇。子曰:"不愤不启,不悱不发,举一隅不以三隅反,则不复也。"《学记》中提出"道而弗牵,强而弗抑,开而弗达"的教学要求,阐明了教师的作用在于引导、激励启发,而不是牵着学生走,强迫和代替学生学习。宋代理学家朱熹注曰:"愤者,心求通而未得之意;悱者,口欲言而未能之貌,启,谓开其意;发,谓达其词。"苏格拉底提出的"产婆术"。19世纪德国著名的民主主义教育家第斯多惠也有一句名言:"一个坏的教师奉送真理,一个好的教师则教人发现真理。"

启发性原则反映了学生的认识规律,即学生的认识过程是在教师指导下的能动认识过程。在教学中贯彻这一教学原则的基本要求有以下几方面。

第一,激发学生的积极思维。教师的启发应当能够激起学生紧张、活泼的智力活动,从而使学生深刻地理解并掌握知识,获得多方面的体验和锻炼发展。因此,启发应当选择那些具有一定难度、需要学生进行比较复杂的思维活动,但又是他们通过自觉积极的思考能够得到基本正确结果的问题来进行。简单的事实和记忆性的知识,即使顺利地"启发"出结果,价值也是有限的。

第二,确立学生的主体地位。学生是学习的主人,教师的启发只有在切合学生实际时才可能避免盲目性,只有承认学生的主体地位,真正研究和了解学生的学习需要,教师的启发才可能是有针对性的和有效的。

第三,建立民主平等的师生关系。在权威式的师生关系中,教师是凌驾于学生之上的真理代言人和学术权威,学生很难真正做到自由地、充分地提问和思考。只有当学生真正感受到教师将自己当作人格上与之完全平等的人,他们的学习自觉性才可能真正地调动起来。

案例 5-12

某小学一年级教师帮助儿童形成动植物的初级概念的教学过程是这样进行的:

教师:为什么说鸡、鸭、猪是动物?

学生:因为它们都会叫唤。

教师:对吗?蚯蚓不会叫唤,可是它也是动物啊!

学生：蚯蚓会爬，会爬、会走的生物都叫动物。

教师：鱼可不会爬，也不会走，只会在水里游泳；鸟会飞，它们不是动物吗？

学生：它们是动物，因为它们都会活动，能活动的生物叫动物。

教师：对了，能活动的生物叫动物，可是飞机会飞，是不是动物？

学生：飞机自己不会飞，是人开动的，它没有生命，是人造的，不是动物。

教师：对了，能自己活动的生物才叫动物。

资料来源：胡克英.教学论研究[M].北京：教育科学出版社，1981：10.

3. 巩固性原则

巩固性原则指在教学中要引导学生在理解的基础上牢固地掌握知识和技能，使学生对所学的知识牢固地掌握和保存，能根据需要及时正确地再现和运用。这一原则是为了处理好教学中获取新知识与保持旧知识之间的矛盾而提出的。教学活动是不间断地、连续地进行的。学生要不断地学习、记忆新知识，而人的记忆和遗忘是同一事物的两个方面，在学习新知识的同时必然会产生对旧知识的遗忘，因此在教学中需要进行不断的巩固工作，通过练习、复习帮助学生牢固地掌握所学知识。巩固的意义不仅在于强化旧知识，也有助于学习新知识，因为知识是有内在联系的，旧知识是新知识的基础。

人类从很早就已注意到巩固对于学习的价值。孔子要求"学而时习之""温故而知新"；夸美纽斯提出教与学的"巩固性原则"；乌申斯基认为复习是学习之母。他形象地把学习中不注重巩固知识的现象，比喻成醉汉拉货车，边拉车，边丢货，最后到家时只剩下一辆空车。

巩固性原则反映了认识与实践的关系及学生的认识规律。在教学中贯彻这一教学原则的基本要求有以下几方面。

第一，在理解的基础上巩固。理解知识是巩固知识的基础，对于所学知识的理解是巩固的前提，没有学会的东西，是不可能真正巩固的。教师首先应当保证学生学懂学会，才有可能获得巩固的良好效果。

第二，保证巩固的科学性。心理学研究揭示了关于记忆和遗忘的一些规律，按照这些规律组织安排巩固，可以提高巩固的效率。教师应当熟悉并且善于运用这些规律。

知识卡片 5-8

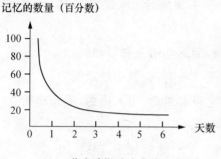

时间间隔	记忆章
刚刚记忆完毕	100%
20分钟之后	58.2%
1小时之后	44.2%
8~9个小时后	35.8%
1天后	33.7%
2天后	27.8%
6天后	25.4%
一个月后	21.1%

艾宾浩斯遗忘曲线　　　　　　艾宾浩斯实验数据图

这条曲线告诉人们在学习中的遗忘是有规律的,遗忘的进程不是均衡的,而是先快后慢。观察曲线会发现,学得的知识在一天后,如不抓紧复习,就只剩下原来的25%。随着时间的推移,遗忘的速度减慢,遗忘的数量也就减少。有人做过一个实验,两组学生学习一段课文,甲组在学习后不复习,一天后记忆率36%,一周后只剩13%。乙组按艾宾浩斯记忆规律复习,一天后保持记忆率98%,一周后保持86%,乙组的记忆率明显高于甲组。

资料来源:http://baike.baidu.com/view。

第三,巩固的具体方式要多样化。除了常见的各种书面作业外,教师应当善于利用各种不同的方式帮助学生在扩充、改组知识中巩固所学知识,能够使学生通过将知识运用于实际而有效地达到巩固的目的,并且能够促进学生多方面的发展。

表 5-1 复习巩固[①]

复习的种类	复习的任务和方法
学期开始时的复习	为了恢复学生以往的知识,使新知识学习可能顺利进行。根据情况和需要进行重点复习,一般不作全面复习。
经常性的复习	为了及时巩固学生所学的知识。可以在讲授新知识前复习已学的有关知识,为新课做准备,或由旧课导入新课;在讲授新知识过程中,注意复习和联系已学过的有关知识,利用已有知识掌握新概念;在讲完新知识后,注意通过小结、提问、学生作业、复述等及时复习新知识;课后,要求学生对当天的功课及时复习。
阶段性的复习	为了把一个阶段(或单元)学生所学知识系统化、深化,弥补学生掌握知识的缺陷。单元结束后立即进行,主要复习基础知识、基本技能。
期末的复习	为了使学生全面、系统、巩固地掌握一学期所学的知识、技能,弄清重点和关键,前后章节之间的内在联系,辨析易混淆的概念,(纠正常犯的错误。)可以将系统复习与重点复习结合起来。

---

① 王道俊,王汉澜.教育学[M].北京:人民教育出版社,1999:237.

4. 循序渐进原则

循序渐进原则指教学活动应当按照学科内在的逻辑系统和学生认识发展的顺序持续、连贯、系统地进行，使学生系统地掌握基础知识和基本技能，形成严密的逻辑思维能力。这一原则又称系统性原则，是为了处理好教学活动的顺序、学科课程和科学理论的体系、学生发展顺序之间错综复杂的关系而提出的。

我国古代就特别重视教学按一定顺序进行。《学记》要求"学不躐等""不陵节而施"，提出"杂施而不逊，则坏乱而不修"；朱熹进一步提出"循序而渐进，熟读而精思"，明确提出了循序渐进的教学要求。在西方，夸美纽斯提出了"系统性教学原则"，他主张"应当循序渐进地来学习一切，在一段时间内只应当把注意力集中在一件事情上"[①]。

循序渐进原则反映了学生发展的顺序性规律和知识的逻辑性特点。在教学中贯彻这一教学原则的基本要求有以下几方面。

第一，按照课程标准的顺序教学。课程标准是各门课程的内在逻辑系统的反映，并且建立在学生发展一般规律之上，各种教材是以此为依据编写的，教学活动从根本上是按照课程标准的顺序展开的，从而保证科学知识的系统性。教师要认真学习和研究课程标准，充分了解和掌握课程的逻辑以及对学生的要求，这是教学系统性的根本保证。

第二，教学必须由近及远、由浅入深、由简到繁。这是循序渐进应遵循的一般要求，是行之有效的宝贵经验，符合学生的认识规律。课程标准虽然考虑了学生的认识发展规律，但主要是按照内容编排、制定的，因此教师要认真研究学生，针对他们在学习过程中的认识需要和特点处理好近与远、浅与深、简与繁等问题。

第三，根据教学中的具体情况和问题进行调整。循序渐进原则并非要求教师刻板、僵化地执行大纲，也并不意味着教学要面面俱到，平均用量，而是要求根据具体情况，解决好教学中的具体问题。课程标准是按照一般和普遍规律制定的，但在实际教学中，不同地区、学校、学生的情况有很大差异。所以，在基本服从大纲顺序的前提下，教师要善于从自己面对的实际出发，适当地调整速度，增删内容。

5. 因材施教原则

因材施教原则指教师在教学活动中要从学生的实际情况、个性差异出发，有的放矢地进行有差别的教学，使每个学生都能够扬长避短，获得最佳发展。

---

① 曹孚.外国教育史[M].北京：人民教育出版社，1979：91.

> **知识卡片 5-9**
>
> **"因材施教"的来源**
>
> 因材施教在我国有着悠久的历史传统,孔子的教学实践就为后人提供了这方面的典范,值得后人学习。比如对于两个学生所问的同一个问题"闻斯行诸",孔子的回答却截然不同。子路问:"闻斯行诸?"子曰:"有父兄在,如之何其闻斯行之?"冉有问:"闻斯行诸?"子曰:"闻斯行之。"公西华曰:"由也问'闻斯行诸?'子曰'有父兄在';求也问'闻斯行诸?'子曰'闻斯行之'。赤也惑,敢问?"子曰:"求也退,故进之;由也兼人,故退之。"宋代朱熹总结孔子的教学经验说:"夫子教人,各因其材。"这就是"因材施教"的来源。

因材施教原则反映了学生身心发展的个别差异性规律。在教学中贯彻这一教学原则的基本要求有以下几方面。

第一,充分了解学生。在共同的年龄特征基础上,儿童存在差异。要做到因材施教,必须充分地了解每一位学生。除学习成绩以外,学生的个性特征的各个方面、家庭背景、生活经历等,都是教师因材施教所需要了解的。

第二,尊重学生的差异。学生的差异不仅是客观存在的,而且是合理的,因材施教的含义不仅包括承认差异,而且包括尊重差异。小学阶段的课程和教学以所有正常儿童可以达到的程度为标准,在达到标准的基础之上,教师应当允许学生存在不同方面、不同水平的差异,并且针对每一位学生的具体条件帮助他获得最适宜的个性发展,而不是去普遍地增加难度和深度。良好教育的结果是培养出大批个性充分发展的人,而不是千人一面的"标准件"。正如杜威所说:"如果从个人身上舍去社会的因素,我们便只剩下一个抽象的东西;如果我们从社会方面舍去个人的因素,我们便只剩下一个死板的、没有生命力的集体。"[1]

第三,采取措施使每一位学生得到充分的发展。现代教育的一个重要理念是,每一个儿童有权利得到适合于自己的教育。因此,现代教育强调,不能够要求儿童适应教育,而是要使教育适应儿童,采取合适的教育措施尽可能地使每一位学生都得到充分、和谐、全面的发展。

---

[1] 杜威.我的教育信条[M].彭正梅,译.上海:上海人民出版社,2013:3.

> **案例 5-13**
>
> "西邻之人有五子焉。一子朴,一子敏,一子矇,一子偻,一子跛。乃使朴者农,敏者贾,矇者卜,偻者绩,跛者纺,五子者皆不患于衣食焉。"这位古代的西邻公对自己的五个孩子,根据其不同的情况,因人而异,安排不同的工作,让朴实无华的务农,机智敏捷的去经商,瞎眼的卜卦算命,驼背的搓麻,跛脚的纺纱。如此安排,人尽其才,发挥了各人的长处,又避开了各人的短处,可以说是"人尽其才"之典范。

6. 理论联系实际原则

理论联系实际原则指教学要以传授知识为主导,加强理论知识的教学和基本技能的训练,从理论与实际的联系上去理解知识,注意运用知识去分析问题和解决问题,达到学懂会用、学以致用。

我国和西方的教育家都十分重视知与行关系的研究。我国古代教育家孔子不仅强调"学思"结合,而且还强调"学以致用";俄国著名的教育家乌申斯基也指出:"空洞的毫无根据的理论是一点用处也没有的。理论不能脱离实际,事实不能离开思想。"

理论联系实际原则是由人的认识和发展规律决定的。在教学中贯彻这一教学原则的基本要求有以下几方面。

第一,重视理论知识的教学,并且教学要注重联系实际。实际是相对理论而言的,没有理论,联系实际就降低到了儿童自然生活的水平,失去了学校教育的优势和意义。在教学过程中要密切联系学生的生活实际,让学生了解理论的实践价值。

第二,注重在联系实际的过程中发展学生的能力。与课堂学习相比,联系实际的实践过程提供了更加丰富多样的能力要求,教师要敢于放手,鼓励学生去尝试和探索,运用所学的知识解决问题,同时在解决问题的过程中获取新的知识,补充书本知识的不足,从而使各种能力得到锻炼、发展。

第三,联系实际应当从多方面入手。首先,应当尽可能广泛地让学生接触社会生活的各个方面;其次,应当尽可能结合本地区的特点;再次,应当注重学生发展的实际。

第四,帮助学生总结收获。如小学生的行为自觉水平和反思水平还比较欠缺,不大善于分析、总结在联系实际过程中的收获,联系实际容易流于形式化。因此,教师要加以引导,提供机会并提出要求,让学生及时交流体验,表达感受。特别应当提出的是,总结收获注重的是学生的真情实感,不能人为地拔高小学生的思想和认识。

> **案例 5-14**
>
> 一位教师在教概率初步时,为了证明大量现象中蕴藏着的自然规律,提出了如下问题:一个人出生在正月的概率是多少?学生立刻回答是 1/12。我们班里 50 个同学中,有几个出生在正月里?同学们想了想都回答是 4 个,接着教师请出生在正月里的同学举手,这一下全班同学活跃起来了,不是出生在正月里的同学都注视着举手的人,有 3 个男生和 1 个女生举起手来。果然是 4 个同学出生在正月里,真理展示在眼前,一下子把同学们的心情引入一个新的境界——惊奇和信服;当教师指出概率在自然科学和生产上、经济上、军事上有广泛的应用时,学生学好概率的兴趣就被激发起来了。
>
> 资料来源:傅道春.教育学——情景与原理[M].北京:教育科学出版社,1999:271.

7. 伦理性原则

教学的伦理性原则是指教师要尊重学生、提升人性,以学生的存在和价值为目的,使教学达到"科学的人道主义"。所谓"科学的人道主义"是指它是人道主义的,因为它的目的主要是关心人和其福利,人的高贵和尊严是人道主义的核心价值;它又是科学的,因为它的人道主义的内容还要通过科学对人和世界的知识领域继续不断地作出新贡献而加以规定和充实。[①]

透视当下的教学,普遍存在伦理问题,诸如缺乏"人情味",关系淡漠,教学偏见,缺乏爱与尊重等。由此可见,教学伦理性缺失已经被人们普遍认知,于是注重教学的伦理性,提升教学的伦理精神,已成为教育者关注的热点问题。教学活动最终是为了学生的发展,学生是教学活动的出发点,也是教学活动的旨归所在。真正合乎伦理的教学活动应以提升人性、确证人的存在和价值为目的,而不是以知识的传授为目的。否则,教学活动就异化为对人性的束缚和压制,就是不合伦理的。在教学中贯彻这一教学原则的基本要求有以下几方面。

第一,教学中教师必须尊重学生作为人的各项权利,自觉维护学生的人格尊严。学生的基本人权包括尊重学生基本的人身权利、人格权利和社会权利。在教学实施中,教师有正当教育学生的权利和义务,《中小学班主任工作规定》明确说明:"班主任在日常教育教学管理中,有采取适当方式对学生进行批评教育的权利。"但在批评教育

---

① 联合国教科文组织,国际教育发展委员会.学会生存——教育世界的今天和明天[M].华东师范大学比较教育研究所,译.北京:教育科学出版社,1996:8.

学生时,必须遵循严格的人道主义原则,不能侮辱学生的人格尊严,更不能体罚和变相体罚,以残害身体的方式对待学生。

第二,教学中教师必须尊重学生基本的学习权和公平评价权。这也是教学活动中人道主义的重要体现。在课堂教学过程中,教师要采用适当的方式激发学生的学习积极性和热情,平等地分配学生学习的机会,不能以任何借口随意侵犯或剥夺学生参加学习活动的权利。在教学活动中,教师要客观公正评价学生的学业成绩和道德品质。

第三,教学中教师要注意因材施教,正确对待学生的个别差异。在教学活动中,教师应根据不同学生的认知水平、学习兴趣、学习能力以及自身素质,选择适合每个学生特点的学习方法来有针对性的教学,使每个学生都能扬长避短,激发学生学习的兴趣,树立学生学习的信心,从而促进学生个性的充分发展和全体学生的全面发展。

> **案例 5-15**
>
> 1999年10月22日中央电视台《新闻30分》播出,1999年10月7日,陕西某机械工程子弟学校六年级学生王某,因为从同学文具盒里偷了10元钱,被班主任兼语文老师崔某带到办公室,当着另外两个同学的面,将他的头按在墙上,用锥子在他的脸上刺了一个"贼"字,刺完后,崔某还用她的发卡蘸上红墨水往他的脸上涂,说要永远留着。此事给学生的身体,尤其是心灵造成了很大的创伤。

8. 创造性原则

创造性原则是指教师在教学活动中要最大限度地调动学生学习的积极性和自觉性,激发他们的创造性思维,从而使学生在融会贯通地掌握知识的同时,充分发展自己的创造性能力与创造性人格;同时根据具体情况灵活地运用和选择恰当的教学组织形式、教学方法和手段。

这一教学原则的出发点和归宿是教师创造性地开展教学活动,从而发展每个学生的创造性。在教学中贯彻这一教学原则的基本要求有以下几方面。

第一,在教学中教师要有创新的意识,不断更新教学观念。没有创新的意识,没有新的教学观念,创新只是空话而已。要培养具有创新意识的人才,首先教师必须有创新意识,不墨守成规,敢于向传统挑战。课型要创新,设计要创新,课堂组织形式要创新,教学方法要有创新,教学手段等也要有创新。

第二,教学中要有意识地培养学生的创新意识和创新能力。教师要有意识保护学生的好奇心和想象力,激发学生求异思维的冲动,鼓励学生质疑,多运用探究和发现的方法,帮助学生发现问题、提出问题和解决问题。教师要选择最能调动学生积极性、主动性的教学方式进行教学,使学生在浓厚的学习兴趣和积极的求知欲中学习,在主动探索中培养学生的创新意识。

第三,教学中教师要进行理论的创新和实践的探索。教师应以教学理论为指导,更要突破教学理论,学会通过教学实践,找出适合自身教学的方法,形成自己的教学风格,在实践中不断创新,促进教学理论的更新。正如我国著名特级教师魏书生所说:"从研究的角度看教学,常看常新、常干常新。"在教学实践中,教师不应成为教书匠,而应成为教育科研工作者,进而成为教育艺术家。

> **案例 5-16**
>
> 窦桂梅在进行以《亲人》为主题的"主题教学"时,以同一个作者魏巍的《再见了,亲人》《我的老师》为主讲教材,结合现实社会,补充其他语文资料以及音像资料,跨越时代,跨越国籍,跨越自己,从不同的角度,不同的侧面,探讨对亲人的理解,体会多种亲人的重量。教学时,从会意字"亲"入手,想象"树木高高立,枝壮叶儿绿;父母和子女,就像叶连枝",领会亲人之血脉相连。然后引导学生倾听窗外的声音,在那些抗洪抢险的战士,抗击非典疫情的白衣天使,以及中央电视台播出的"感动中国的年度人物"中体会同一个祖先同一个中华的亲人之爱。接着重点引导学生跨越国界,放眼世界,体会中朝友谊《再见了,亲人》中爱的奔流与燃烧,人间至贵的爱的轰轰烈烈。最后回到《我的老师》中不是血缘关系,不同于轰轰烈烈的平平淡淡的爱。
>
> 资料来源:窦桂梅.小学语文主题教学实践研究[J].课程、教材、教法,2014.8.

二、教学方法

(一)教学方法的含义

法国著名的哲学家、科学家和数学家勒内·笛卡儿(Rene Descartes)说过:"没有正确的方法,即使有眼睛的博学者也会像瞎子一样盲目摸索。"他认为"最有价值的知识是方法的知识"。"方法"这个词在希腊文里是指研究和认识的途径。在汉语里通常指关于解决思想、说话、行动等问题的"门路""程序"等;在哲学中,方法的定义是:"根据研究对象的运动规律,从实践上和理论上掌握现实的一种形式";还有人把"方法"比喻成"点金术"。教学方法是教师和学生双方为了实现共同的教学目标,完成共同的教学任务,在教学过程中采用的方式、途径与手段的总称。教学方法包括教师教的方法(教授法)和学生学的方法(学习法)两大方面,是教授方法与学习法的统一。教授法影响学习法也必须依据学习法,否则便会因缺乏针对性和可行性而不能有效地达到预期的目的。

(二) 两种对立的教学方法思想——启发式和注入式

1. 启发式

启发式又称"启发式教学":它是指教师在教学过程中根据教学任务和学习客观规律,从学生的实际出发,采用多种有效的教学方式,以启发学生的思想为核心,调动学生学习的主动性和积极性,使他们生动活泼地学习,以促进学生身心发展的一种教学指导思想。在启发式教学过程中,应注意:① 注重激发学生的创新意识,培养学生的创造性。② 创设问题情境,引发学生独立思考,发展思维能力。③ 注重培养和激发学生的学习动机,使学生进入乐学状态。④ 发扬教学民主,创建和谐的师生关系,这是启发教学的重要条件。

2. 注入式

注入式又称"填鸭式教学":就是把学生看成被动接受知识的容器,只从教师的主观愿望出发,无视学生在学习中的兴趣、知识基础、理解能力和主观能动性,用强制的方法向学生灌输知识,要求学生死记硬背的一种教学指导思想。启发式教学或注入式教学都不是某一种具体的教学方法,而是教师运用教学方法时的指导思想。具体的教学方法,在不同思想指导下,既可以具有启发作用,也可能出现注入式的情况。判别一种教学是否具有启发性,关键是看教师能否促进学生积极主动地去学习,而不能单从形式上去加以判断。启发式和注入式是两种根本对立的教学方法体系或教学思想。这两种思想体现出不同的学生观、学习观、教育观、教学观、人才观和价值观。启发式与注入式教学的比较如表5-2所示。

表5-2 启发式与注入式教学的比较

	启发式	注入式
学生观	积极学习活动的主体	被动接受知识的容器
学习观	重视独立思考	注重死记硬背
教育观	学习过程的向导和引路人	教学过程的权威和领导
教学观	启发诱导	单纯灌输
人才观	培养创造型人才	培养知识型人才
价值观	智力价值	(死)知识价值

(三) 教学方法的分类

目前,我国中小学教学中常用的教学方法主要有:以语言传递为主的教学方法,比如讲授法、谈话法、讨论法和读书指导法;以直观感知为主的教学方法,比如演示法、参观法;以实际训练为主的教学方法,比如练习法、实验法、发现法和实习作业法;以情感陶冶为主的教学方法,比如欣赏教学法、情境教学法等。

1. 以语言传递为主的教学方法

(这类方法以语言传递信息为主,教师应用口头语言向学生传授知识和技能,以师生口头语言互动以及学生独立阅读书面语言为主的教学方法。)它包括讲授法、谈话法、讨论法和读书指导法。

(1) 讲授法

讲授法,亦称"口述教学法",是教师运用口头语言向学生传授知识的一种教学方法。一般通过讲述、讲读、讲解和讲演这四种方式向学生描述情境、叙述事实、解释概念、论证原理和阐明规律。这种方法要求教师要注意讲授的内容要有科学性、系统性和连续性;讲究语言艺术,讲授语言要有规范性、启发性,要生动形象、通俗易懂、富有趣味。教师运用各种教学方法进行教学时,大多都伴之以讲授法,它是当前我国最经常使用的一种教学方法。

(2) 谈话法

谈话法,亦称"回答法"。是通过师生的交谈对话以引导运用已有的知识经验来学习知识和发展能力的一种教学方法。这种方法要求教师引导学生运用已有的经验和知识回答教师提出的问题,借此获得新知识或巩固、检查已学的知识,达到教育教学目的的要求。谈话法分传授新知识的谈话和巩固知识的谈话两种形式。它也是最古老的教学方法之一,古时孔子和苏格拉底等都擅长运用这一方法。

(3) 讨论法

讨论法是指学生在教师指导下,由班级或小组围绕某一中心问题,通过各抒己见、展开讨论、相互启发、集思广益获取知识的一种教学方法。这种方法要求教师能调动学生的积极性和主动性,尽可能使班级或小组的每个成员都能参与进来,加强成员之间的合作精神,取长补短,提高学生钻研问题的能力。

(4) 读书指导法

读书指导法是教师有目的、有计划地指导学生通过独立阅读教材、参考资料和课外读物获得知识,培养独立阅读能力和自学能力的一种教学方法。这种方法要求教师根据学生阅读的思维规律,及时掌握学生在阅读各个阶段的特点,因势利导,更好地让学生掌握知识,培养自学能力。

2. 以直观感知为主的教学方法

这类教学方法是指教师组织学生直接接触实际事物并通过感知觉获得感性认识,领会所学的知识的方法。它主要包括演示法和参观法。

(1) 演示法

演示法是教师把实物或模型、图片等直观教具展示给学生观察,或通过示范性的实验或通过现代教学手段,使学生获得感性认识以此获取知识的一种教学方法。它是一种辅助的教学方法,经常与讲授、谈话、讨论等方法配合使用。这种方法要求教师做好演示前的工作,选择合适的演示方法,使学生明确演示的目的和要求。

> **案例 5-17**
>
> 有位教师演示导管功能,他事先把带叶的枝条插入红色溶液里,放在温暖而有阳光的地方晒几个小时。上课时,将枝条一段一段剪下来,分到学生手里。他一边讲、一边提问;学生一边剥、一边观察、一边思考、一边回答。他们观察到枝条的皮没有变红,中间的髓也没有变红,而是木质部变红了。学生看了书很快就明白了其中的原因:木质部里有导管,能输送红色溶液。有的同学还看到叶子变红了。这样,就搞清了导管有输导水和无机盐的功能。
> 资料来源:王道俊,王汉澜.教育学[M].北京:人民教育出版社,1999:251.

(2) 参观法

参观法是根据教学目的要求,组织学生到一定的校外场所——自然界、生产现场和其他社会生活场所,使学生通过对实际事物和现象的观察、研究以获得新知识和巩固所学知识的一种教学方法。这种方法要求教师做好参观前的准备,使学生明确参观的目的;在参观过程中要求学生集中注意力,认真收集相关资料,做好参观总结。

3. 以实际训练为主的教学方法

这类教学方法是以学生的学习活动为主,使学生掌握知识,形成技能、行为习惯,培养学生解决问题能力为主要任务的一种教学方法。它主要包括练习法、实验法、发现法和实习作业等方法。

(1) 练习法

练习法是在教师指导下,学生进行巩固和运用知识、培养各种学习技能技巧的一种教学方法,也是学生学习过程中的一种主要的实践活动。这种方法要求教师给学生讲清练习的目的,精选练习材料,提高学生练习的积极性;要正确安排和科学分配练习次数,不是越多越好;还要讲究练习方法的多样性,引起学生兴趣。

(2) 实验法

实验法是学生在教师指导下,使用一定的仪器设备和材料进行独立作业,并从观察引起实验对象的发展变化中获得新知识或验证知识、培养学生严谨的科学态度和精神的一种教学方法,它也是自然科学学科常用的一种方法。这种方法要求教师在实验前,提出实验的题目和任务,规定实验操作程序;在实验过程中,教师要及时给予指导和检查;实验结束后要进行总结。

(3) 发现法

发现法又称"探究法""研究法",是指学生在学习概念和原理时,教师只是提供适合于学生"再发现"的问题情境和事例,让学生自己通过独立探索,创造性地解决问题,获取知识和发展能力的方法。这种方法要求教师改变传统的"教师讲学生听"的教学方法,让学生做学习的主人,引导学生自觉主动地探索、研究;要认识到设计问题的答案不是唯一的;还要提出问题,作出假设,并验证假设,最后引导学生归纳总结。

案例 5-18

教师:(演示)把一个网球用细线悬挂于高高的铁架台上,用剪刀剪断细线,可观察到网球迅速下落。(意在集中情趣和注意力)

教师:(问)物体的下落现象司空见惯,随处可见。你们知道球为什么球会落向地面吗?(意在引起知识回忆,调动课堂气氛)

学生:受到地球重力作用。

教师:(问)那么不同的物体下落的快慢是否都相同?

学生:(议论纷纷,观点不一)

教师:(不作正面评点)要知道这个问题的谜底,让我们就利用桌上的器材动手作一番探索吧。

资料来源:默耕.经典教学方法荟萃[M].福州:福建教育出版社,1993:113.

---

(4) 实习法

实习法,或称实习作业法,是指教师根据教学大纲的要求,指导学生利用一定的实习场所进行实践活动,综合运用所学知识以掌握一定直接知识和培养技巧的一种教学方法。这种方法要求教师一定要做好实习前的准备工作,实习过程中的指导工作和实习后的总结工作。

4. 以情感陶冶为主的教学方法

(1) 欣赏教学法

欣赏教学法是指通过各种欣赏活动,使学生通过欣赏事物的真、善、美,陶冶性情和培养正确的态度、兴趣、理想和审美能力的方法。在中小学教学中,欣赏的内容主要有:艺术美和自然美的欣赏,如对音乐、美术、文学作品和大自然的欣赏;道德美的欣赏,如对教育内容中的人物和事物的道德品质欣赏;理智美的欣赏,如对科学研究中追求真理、严密论证、探索精神的欣赏。

(2) 情境教学法

情境教学法是指在教学过程中,教师有目的地创设具有一定情绪色彩的、类似真实的活动场景,以引起学生一定的情感体验,从而帮助学生理解教材,综合地对学生施加积极影响的一种教学方法。情境教学法的核心在于激发学生的情感,寓教学内容于具体形象的情境之中,必然存在着潜移默化的暗示作用。这种方法要求教师创设的情境要新颖,最主要的是为学生创设顺利完成教学任务的"情境",并能把学生引入情境之中,有效地调动学生的主观能动性,因而创设的情境要有"形式上的新颖性,内容上的实践性,方法上的启发性"。

> **案例 5-19**
>
> **音乐《摇篮曲》情境教学法**
>
> 情境一:教师给学生带来一幅星空图:夜空中满天闪烁着小星星。
>
> 教师:引导学生给图画起名,引导学生选择歌曲表现这幅画。
>
> 学生:用优美的歌声表现夜色。
>
> 情境一再现:夜深了,星星闭上了眼,月亮姐姐不动了,可爱的宝宝要睡觉了,妈妈摇着摇篮,轻轻唱起了歌。
>
> 教师:范唱歌曲《小宝宝睡着了》。
>
> 学生:逐步学唱新歌《小宝宝睡着了》。
>
> 资料来源:音乐情境教学法[EB/OL]. http://blog.sina.com.cn/s/blog_5043412b01009zxx.html.

(四) 选择教学方法的依据

古往今来,国内外教育实际工作者和教育理论工作者共同努力,相继创造了许许多多行之有效的教学方法。"教学有法,但无定法,贵在得法",教学方法多种多样,教师在教学中要从教学目的、内容、环境、设备、教育对象、教师本身的条件等实际出发,相机行事,切忌生搬硬套,以免造成"东施效颦""邯郸学步"之类适得其反的结果。苏联生理学家巴甫洛夫说过:"好的方法将为人们展开更广阔的图景,使人们认识更深层的规律,从而更有效地改造世界。"[1]法国生理学家贝尔纳也说过:"良好的方法能使我们更好地发挥运用天赋的才能,而拙劣的方法可能阻碍才能的发挥。"[2]

教学方法是多种多样的。每种方法都有独特的作用,有一定的适用范围,所以,运

---

[1] 默耕.经典教学方法荟萃[M].福州:福建教育出版社,1993:前言.
[2] 同上注.

用教学方法应作认真的选择。选用教学方法的依据有以下五个方面。

第一,教学的目标和任务。每节课都有一定的教学目标和任务,要选择与之相应的能够实现教学目标、完成教学任务的方法。如要使学生掌握新知识,常用讲授法、谈话法;为使学生获得感性知识,常用演示法、参观法;而复习巩固知识的课,则可采用练习法;等等。

第二,课程性质和教材特点。教材的学科性质与教学方法的关系十分密切。如语文、外语学科常常采用讲授法和练习法;物理、化学、生物学科常用讲解与演示相结合的方法,如演示法、实验法与实践法;音乐、美术学科多用练习法和欣赏法;品德与生活、品德与社会等学科,往往采用讲授法和讨论法;等等。在教学进程中的某一阶段,随着具体教学内容的不同,也要采用不同的方法。如语文教学,在教诗歌时,朗读的训练较多;教小说题材的文章时,较多地应用谈话法;理科讲公式、定理时多用讲解法;讲科学家传记和发明创造时多用讲述法。

第三,学生的年龄特点和知识水平。学生所处的年龄阶段不同,其知识准备程度和身心各方面的发展不同,选择与运用教学方法也应不同。低年级学生注意力易分散,理解力不高,教学方法宜多样化且具有新颖性;高年级可适当采用谈话法或讨论法。如果学生缺乏对所学内容的感性认识,可采用演示法;已有相应的感性认识时就不必再使用演示法。

第四,教师的素养条件、实际经验和个性特点。使用某种教学方法需要教师具有相应的素养、实际教学的经验。有些方法虽好,但教师缺乏必要的素养,没有充足的实践经验,驾驭不了,就不能产生良好的效果。教师在选择教学方法时还应扬长避短,要注意选择适合自己特点的教学方法,充分发挥自己的特长,从而确保教学过程的最优化。

第五,学校的设备条件和教学时间。不少教学方法的运用需要一定的设备条件,如演示教学法需要一定的直观教具,实验教学法需要一定的仪器、材料,程序教学法需要有程序教材和教学机器等。如若学校不具备相应的条件,教师可因陋就简,尽量创造条件加以运用,但不宜过分强调。

教学方法具有科学性与艺术性的双重特性,因此"教学有法,教无定法"。教师既要根据教学本身所具有的规律选择和运用教学方法,又要善于对教学方法进行艺术性的再创造,灵活地加以利用。

本章小结

课程与教学能否有助于教育目的的实现,能否为学习者接受,从而促进其身心发展,都必须通过实施才能得到答案。课程实施是指把课程计划付诸实际教学行动的实践过程,它是达到预期的课程目标的基本途径,是一个复杂的过程,受众多因素的影响,如课程计划本身的特性、相关人员对课程实施的态度以及课程实施的情境因素等。教学实施作为一个完整有序的系统,它由一个个相互联系、前后衔接的环节组成。一般而言,要使课堂教学进行得系统有序、优质高效,就要讲究教学实施的导课艺术、组织艺术和结课艺术。

在课程实施过程中,由于持不同的教育价值观,相应地会对课程实施有不同的认识,并会以不同的态度和方式参与课程实施。根据美国课程学者 归纳,课程实施存在三种基本取向,即"忠实取向""相互调适取向"和"课程创生取向"。课程实施还有三种模式:"研究、开发与传播"模式、兰德课程变革动因模式和课程变革的情境模式。

在教学实施过程中,遵循一定的教学原则和选择一定的教学方法非常重要。教学原则是教师有效开展教学工作所必须遵循的基本要求或行为准则。目前,我国中小学教育中常用的教学原则主要有:直观性原则、启发性原则、巩固性原则、循序渐进原则、因材施教原则、理论联系实际原则、伦理性原则、创造性原则等。教学方法是教师和学生双方为了实现共同的教学目标,完成共同的教学任务,在教学过程中采用的方式、途径与手段的总称。目前,我国中小学教学中常用的教学方法主要有四大类:以语言传递为主的教学方法,以直观感知为主的教学方法,以实际训练为主的教学方法和以情感陶冶为主的方法等。

思考与练习

1. 怎样理解课程实施的含义?
2. 比较分析课程实施三种不同的取向。
3. 分析讨论教学实施中的教学艺术。
4. 谈谈各具体教学原则的含义与贯彻要求。
5. 教学中常用的教学方法有哪些?选择教学方法的依据是什么?
6. 案例分析:根据所学课程与教学实施的相关理论,分析这一教学实例运用了什么教学艺术,体现了什么教学原则?你有什么感想?

一位物理老师的问题

一位物理老师在课堂上问学生:"把一块铁块和一块木块放在水里,会出现什么情况?"

学生回答:"铁块下去,木块浮在水面上。"

"为什么呢?"

"因为铁重。"

"而钢铁制的巨轮也很重,为什么却浮在水面上呢?"

这一问,学生的情绪一下子高涨起来,开始积极地思考。

之后,教师再引出"阿基米德原理"。

参考文献

1. 刘学利,等.课程与教学论[M].北京:中国人民大学出版社,2012.
2. 李如密.教学艺术论[M].济南:山东教育出版社,1995.
3. 庞守兴,广少奎.教育学新论[M].济南:山东大学出版社,2009.
4. 薛彦华.教育学[M].北京:科学出版社,2009.
5. 全国十二所重点师范大学联合编写.教育学基础[M].第2版.北京:教育科学出版社,2008.

第六章 课程与教学评价

学习目标

1. 理解课程与教学评价的原则及功能。
2. 掌握各种评价类型的内涵及特点。
3. 理解运用课程与教学评价的实施及策略。

要理解一个事物首先需要认识它。课程与教学评价作为课程与教学论的重要组成部分,我们首先需要就其含义、对象、原则和功能进行介绍,然后再从方法和策略等方面进行深入探讨。希望通过本章的学习,读者能够从整体上把握课程与教学评价方面的相关理论问题,并掌握一定的实施方法与技巧,在理论知识与实践知识两个层面都能得到提高。

第一节 课程与教学评价概述

案例 6-1

新课改以来,人们在论及课程与教学评价时,经常引用《基础教育课程改革纲要(试行)》里的这段表述:"改变课程评价过分强调甄别与选拔的功能,发挥评价促进学生发展、教师提高和改进教学实践的功能。"但是,人们引用这段表述通常是用来作为评价他人课程与教学评价活动的依据,而很少就这段表述所涉及的一些基本问题进行思考。比如,课程评价与教学评价的关系如何?课程与教学评价的对象是什么?课程与教学评价应遵循哪些原则?课程与教学评价具有哪些功能?等等。

课程与教学评价是课程与教学的实践过程中必不可少的环节,评价什么以及如何评价是对课程与教学目标进行裁定的重要依据。为此,课程与教学评价是课程与教学理论和实践都要面对的重要课题。本节主要针对课程与教学评价"是什么"进行概述,以期对其建立一种整体认识。

一、课程与教学评价的含义

简单地说,评价就是根据一定的价值观对事物及其属性所做出的价值判断。对课程与教学评价来说,它是教育领域中教师、教育管理工作者或有关人员经常进行的一种特殊认识活动,其目的在于对课程与教学作出各种决策,保证课程与教学的有效性、合理性。① 为了更为全面地理解课程与教学评价的内涵,我们需要分别就课程评价和教学评价做一番探讨。

课程评价这一概念最早由美国课程专家泰勒提出,他在《课程与教学的基本原理》一书中指出,"评价是决定学生的行为实际发生的变化达到何种程度的过程",将课程评价看成是课程目标达成与否的判断。② 然而,课程评价作为一个重要的评价领域,长期以来,在我国并没有得到应有的重视,相关研究工作在 20 世纪 80 年代以后才逐渐展开。尤其是在 1999 年《中共中央国务院关于深化教育改革 全面推进素质教育的决定》的文件颁布以后,随着国外课程理论的不断引进和国内课程专家对课程评价问题的持续关注,有关课程评价的研究成果日益丰硕,课程评价研究在研究的广度、深度上都取得了快速的发展。据此,有学者对我国近年来课程评价的研究状况做了如下概括,我们的研究明显具有"后发外启型"发展模式的特点:课程评价研究在兴起之初,学者们就将目光投向国外日臻成熟的课程评价理论,并不断总结国外课程评价的成功经验、吸取其失败教训,在很短的时间里引进、介绍了大量的国外研究成果,积累了比较丰富的借鉴资料,为课程评价研究奠定了良好的基础。③ 目前,在各种相关著述中对课程评价内涵的常见表述主要有以下几种。

(1) 课程评价是根据一定的课程价值观或课程目标,运用一定的科学手段,通过系统地收集信息、资料,分析、整理,对课程方案、课程实施过程和结果等的价值或特点作出判断,从而为课程决策提供可靠信息的过程。④

(2) 课程评价作为教育评价的重要组成部分,是通过系统调查、收集数据资料,对学校课程满足社会和个人需要的程度做出判断的活动,以此来决定是否接受、改进或排除某课程或特定教科书的过程。⑤

(3) 所谓课程评价,就是以一定的方法、途径对课程的计划、活动以及结果等有关

---

① 钟启泉,汪霞,王文静.课程与教学论[M].上海:华东师范大学出版社,2008:250.
② 吴晓义.西方国家的课程评价[J].外国教育研究,1997(2):53-56.
③ 李定仁,徐继存.课程论研究二十年[M].北京:人民教育出版社,2004:153.
④ 钟启泉,汪霞,王文静.课程与教学论[M].上海:华东师范大学出版社,2008:251.
⑤ 廖哲勋,田慧生.课程新论[M].北京:教育科学出版社,2003:402.

问题的价值或特点作出判断的过程。①

综上,我们可以得出课程评价的几个要素:课程评价需要依据一定的标准来进行评价;课程评价的过程需要借助一定的方法和途径;课程评价的对象为课程目标体系、课程计划、课程实施、课程内容等;课程评价的关注点在于评价对象在改进学生学习方面发挥怎样的作用。

与课程评价不同,教学评价是以教学目标为依据,运用可操作的科学手段,通过系统地收集有关教学的信息,对教学活动的过程和结果作出价值上的判断,并为被评价者的自我完善和有关部门的科学决策提供依据的过程。② 评价的价值理念不同,会呈现出不同内容旨趣的教学评价。

(1) 知识本位的教学评价。从知识本位来说,主要表现为在评价过程中过于关注作为客体的知识而忽视教学主体本身,知识成为衡量教学的主要尺度,并且带有鲜明的主观色彩,最终导致师生之间演变为一种对立的关系。

(2) 能力本位的教学评价。从能力本位来说,教学评价趋向技术化、定量化、准确化,为了确保评价的客观性,最大限度地限制评价者自身的主观意愿的渗入,注重教学评价对能力的鉴定和证明功能。

(3) 素质本位的教学评价。从素质本位来说,教学评价是为了促进学生的全面发展而进行的评价,是站在终身教育的高度来关注学生的发展,改变了过去见物不见人的评价理念,并在媒体高度发展的影响下,将评价的对象从书本知识的教学扩展到报纸、网络等媒体知识的教学,在评价的手段上注重定量方法和定性方法的结合,从整体来说,突出了评价主体的多元化、评价手段的综合化和评价理念的人文性。

素质本位的教学评价符合学习型社会的要求,是在新的时代背景下对知识本位和能力本位的超越,代表着教学评价发展的最新趋势,正在受到人们越来越多的关注。

二、课程与教学评价的对象

明确对象有助于保持评价的集中性,也有助于澄清与解决评价者和可能受评价影响的其他人之间的价值分歧和潜在引领问题。③ 课程与教学本身便是一个十分复杂的系统,在开展课程与教学评价时明确评价对象就显得格外重要,为此,需要从两个层面

---

① 李雁冰.课程评价论[M].上海:上海教育出版社,2002:2.
② 施良方,崔允漷.教学理论:课堂教学的原理、策略与研究[M].上海:华东师范大学出版社,1999:330.
③ 钟启泉,汪霞,王文静.课程与教学论[M].上海:华东师范大学出版社,2008:251.

三个维度对其进行分析。

（一）内隐层面与外显层面

内隐层面的对象是指那些不可见的，以精神、观念的形式存在的对象或者是某一事物发展变化的过程，它需要通过内心的体悟才能生发出或者感知到。就课程与教学评价来说，内隐层面的对象主要包括教师和学生的知识经验、课程与教学实施过程、评价者自身的观念等方面。知识经验是人在自身不断成长过程中而形成的一种生命体验。教师和学生能否在教学活动中自觉地对其进行开发与利用，将其作为一种课程资源融入教学情境中，从而建构出新的知识经验，是影响课程与教学效果的重要因素。所以，对于知识经验，需要重点考察它是否能够在课程与教学实施过程中起到有效的引导、辅助和巩固作用，同时还需要考察它本身是否是正确的、合理的、符合社会道德规范的知识经验。课程与教学实施过程是将编制好的课程与教学计划付诸实践的过程，由于如今课程与教学实施过程被视为教师和学生在具体的课堂情境中共同合作、创造新的教育经验的过程，而不再是固定的、不可变更的对既定的课程与教学计划忠实执行的过程，所以，课程与教学实施过程成为一种动态的、情境化的、不断调适与创生的过程。对于课程与教学实施过程的评价主要侧重于考察在这一过程中是否能够充分调动各方面的积极性，通过对既定课程与教学计划进行恰当地、及时地调适与创生来实现最优的教育效果。评价活动并不只是外向的、针对他人他物的评价，它还是内向的、针对评价者自身的评价，也就是通常所说的自评价。所以，课程与教学评价者自身的评价知识与经验、评价理念等也是课程与教学评价的对象之一，而对于自身的评价主要是侧重于考察其评价知识与经验以及评价理念的先进性、科学性、客观性。

与内隐层面的对象相对应，外显层面的对象主要是那些可见的，以物质形态存在的，可以通过感官直接观察到的对象。对于课程与教学评价来说，外显层面的对象包括课程与教学设计方案、教材、教学媒体、评价结果等方面。课程与教学设计方案包括课程编制方案、教学设计、课程与教学实施方案，课程与教学设计方案的评价重点在于考察它的格式是否规范、论述是否全面、设计理念是否与课程标准相契合、是否具备较好的可行性和有效性。教材与教学媒体以及其他教学设施都是课程内容的物质载体，其自身也具有工具的性质，对于教材的评价主要侧重于考察内容的正确性、知识序列的合理性及其编排的科学性，对于教学媒体等教学设备的评价则侧重于考察其设计、布置与应用的合理性、科学性和有效性。对于课程评价结果的评价主要是侧重于考察是否能够准确而全面地体现课程评价的过程和效果。

（二）学的过程、教的过程、教学效果三个维度

在课程与教学活动中，"以教来取代学"的观念日益受到人们的批评，并逐步丧失了存在的空间，与之相反，"以教来促进学"的观念日益深入人心，学生的学正在从课程与教学活动的边缘走向中心。学生学的过程也自然成为分析课程与教学评价对象的一个重要维度。以小学语文学科为例，对学生识字与写字能力的评价，既要从音、形、义的结合上，评价学生的识字能力，也要重视学生识字和写字的兴趣及习惯。评价学生的阅读能力，既要综合考查学生阅读过程中的感受、体验、理解和价值取向，也要考查其阅读兴趣、方法、习惯，以及阅读材料的选择、阅读量和阅读速度。评价学生的口语交际能力，要在具体的交际环境中进行，并给予学生有实际意义的交际任务，考查其参与意识及情感态度。评价学生的写作能力，既要关注学生的写作过程与方法、情感态度与价值观，也要重视对学生写作材料准备过程、占有材料的方法的评价。[①] 简而言之，课程与教学评价应指向学生学的过程，包括在这一过程当中学生的学习兴趣、学习方法、学习态度等所发生的变化，而不能简单地以单一的学习结果来评判整个学习过程。

当然，现代课程与教学评价在加强对学生学的过程进行关注的同时，并不意味着就彻底忽视教师的教，只是将教师的教的功能回归到组织、引导上来，并且，这一转变并不是要降低教师教的作用，而是增强了教师的作用，因为相对于灌输式教学来说，注重组织与引导学生学的教学对教师的教学素养要求更为全面。所以，教师教的过程依然是分析课程与教学评价的一个重要维度。一般来说，教师教的过程主要受到教师的知识结构、思维观念、教学态度、教学能力等方面的影响，具体来说，包括教师的知识结构是否完善，教学思维是否开放、灵活，教学观念是否先进、科学，教学态度是否积极、认真，教学能力是否能够保证所承担的教学工作顺利开展等具体内容。这些都应是课程与教学评价的对象，并通过科学合理且富有引导性的评价来实现促进教师教学素养全面提升的目的。

课程与教学评价对教与学的过程的重视是为了对课程与教学活动的结果进行评价时能够更全面、更客观，并不是不再关注这个结果，而是不单纯根据这个结果来定性。教学效果是课程与教学目标实现程度的重要体现，它也是分析课程与教学评价对象的第三个维度。教学效果的评价通常是根据课程标准或者教学大纲所规定的学习目标和学习内容来进行，经常采用的评价方式为各种测量工具，比如掌握性测验、标准参照性测验、成就测验等。

---

① 董蓓菲.小学语文课程与教学论[M].广州：浙江教育出版社，2003：188.

三、课程与教学评价的原则

课程与教学评价并不是无序展开的,它需要遵循一定的原则。一般说来,课程与教学评价应遵循科学性、客观性、方向性、先进性和可行性等原则。

(一) 科学性原则

科学性原则是指课程与教学评价的各个环节都要遵循课程与教学活动开展的客观规律,选用科学的方法和技术。尤其是随着现代科技在教育上的应用越来越广泛,在课程与教学评价的实践中,教学评价的工具也越来越先进,在此基础上也出现了很多新的评价方式。传统的基于纸、笔,以手工处理为主的评价,已经很难实现系统评价,因此评价中必须引进新的数据记录、数据处理、数据管理工具。[①] 在这一时代背景下,科学的评价应该是量化评价和质性评价相结合、他评价和自评价相结合、过程性评价和总结性评价相结合、定期评价和经常性评价相结合的综合性评价。

(二) 客观性原则

客观性原则是指课程与教学评价的过程和结果都要符合客观存在的事实,避免掺杂个人或群体的主观意见,坚持实事求是,注重事实,确保评价的信度。要保证课程与教学评价的客观性,需要做到以下几点。第一,评价前,一方面要加强对评价者进行严格的培训,培训的内容不能仅仅限于评价者对评价工具的掌握和评价方法的运用,还要关注评价者自我素养的提高,使其树立公正评价的观念,形成公平化的态度;另一方面在设计评价目标的时候要认真论证,确保目标的科学性、合理性,并保证目标具有一定的灵活性。第二,评价过程中,要鼓励不同知识背景、不同社会角色的人员参与到评价中来,并倡导评价者在评价过程中进行自评价,不断对自己的评价行为进行反思,同时真正地深入教学活动中去进行评价,不能凭空臆断,轻下结论。第三,评价结束之后,要综合各方面的信息对评价结果进行全面的分析,排除在不合理的因素影响下所产生的结果。[②]

(三) 方向性原则

方向性原则是针对评价的价值取向来讲的,在不同的价值取向的指引下会产生不同特点和趋向的教学评价。对于课程与教学评价来说,首先评价的价值取向要与我国建设教育强国的指导方针以及树立社会主义核心价值观的要求相一致,然后评价的价值取向要与当代课程与教学评价的发展趋势相一致。当今,我国的课程与教学评价是在倡导终身教育和构建学习型社会的大背景下开展的,其价值取向应为通过评价活动

---

① 秦晓文,张桂芳.课堂教学评价研究回顾与展望[J].教育科学研究,2002(7):27-29.
② 汪霞.小学课程与教学论[M].上海:华东师范大学出版社,2011:196.

来促进学生全面素养的提高,形成终身学习的意识,成为社会主义现代化的建设者。

(四) 先进性和可行性相结合原则

先进性原则是指课程与教学评价要能够吸收相关研究的最新成果,在评价的理念上能够体现出一定的前瞻性和引领性。可行性原则是指课程与教学评价的标准、方法、设计方案等方面符合我国现在的教育发展水平,在实施中能够做到简便易行,具有较好的可操作性,同时能够获得教育管理者、教师、学生、家长的认可。在实际的课程与教学评价活动中,只有将评价的先进性与可行性相结合,才能够保证评价的各种理念和各项措施为参与者所理解和接受,才能够在课程与教学的实践中得到落实。

四、课程与教学评价的功能

随着课程与教学评价理念的更新,课程与教学评价的功能也从传统的诊断和筛选扩展到激励、导向、调节等多元化的功能。具体来说,课程与教学评价主要有诊断、反馈、导向、激励、管理五方面功能。

(一) 诊断功能

课程与教学评价的诊断功能是指根据一定的评价标准通过对课程与教学活动过程及其所搜集到的信息资料进行分析,从而对现行的课程与教学方案、课程与教学内容、课程与教学方法等方面的合理性、科学性及其有效性进行诊断的功能。这一功能的发挥将有助于人们对评价对象有一个整体的准确的认识,并有针对性地采取相应措施。

(二) 反馈功能

课程与教学评价的反馈功能是指在评价的过程中或者评价活动结束之后通过一定的渠道将所发现的一些问题、所产生的一些疑问、所提出的一些建议等信息向相关人员及时进行反馈的功能。这一功能的发挥将有助于发现正在执行的包括课程与教学评价在内的课程与教学各环节所存在的不足并加以修订,同时也为下一阶段更好地开展课程与教学评价奠定基础。

(三) 导向功能

课程与教学评价的导向功能是指课程与教学评价的标准以及评价的方式和结果将会对课程与教学活动方案的设计、活动参与者的发展等方面起到一种引导作用。为此,课程与教学评价的标准、方式及最终形成的结果要尽可能地科学、合理和客观,只有这样,评价才能够对评价对象的进一步发展起到正向的积极作用,否则,很可能会产生误判,进而挫伤参与者的积极性。

(四) 激励功能

课程与教学评价的激励功能是指通过评价可以使参与者自身的价值在活动中获得认可,进而强化动机,以更饱满的热情积极参与到相关活动中去,以实现自我价值的最大化。而要更好地实现评价的激励功能,就需要将评价结果与奖惩结合起来,并根据评价对象的特点灵活运用,总体上来说以鼓励为主,最终目的是不断激发其参与活动的自主性和能动性,调动他们工作的积极性。

(五) 管理功能

课程与教学评价的管理功能是指通过课程与教学评价可以为课程与教学的管理提供依据,比如根据评价结果在管理上对相关人员进行重新分配和调整,或者开展有针对性的培训。这种基于客观评价的管理,将有助于实现课程与教学管理工作的科学化。

课程与教学评价是一把"双刃剑",它既能发挥积极作用,推动课程与教学活动的顺利开展,也能发挥消极作用,阻滞甚至破坏课程与教学活动的健康发展。因此,我们在看到评价的积极作用的同时,还要时刻防范评价的消极作用,并及时甄别发现可能诱发消极作用的影响因素,采取有针对性的应对措施来减弱或者化解这些消极作用。

第二节 课程与教学评价的类型

> **案例 6-2**
>
> 我国课程研究专家白月桥认为,在基础教育课程中,不论自然学科还是社会学科,都要强调通过人与人、人与社会及人与自然的相互关系研究,培养人文精神、爱国思想、国际意识、民主素养、乡土观念和统整能力,要注重社会参与、社会理解和社会体验,要在社会实践活动中体验、形成、掌握与时代相适应的知识、能力、态度和价值观。因此,各门学科评价方法必须把定性评价与定量评价结合起来,把常模参照测试、标准参照测试和形成性测试统一起来,把各种评价方法,如诊断性评价、总结性评价以及自我评价、行政评价、社会评价等综合起来运用,只有如此才能达成素质教育全面发展的课程目标。[①]

---

① 白月桥.素质教育课程评价模式的建构[J].首都师范大学学报:社会科学版,2002(5):99-104.

课程与教学评价根据不同的标准可以被划分为不同的类型,常见的有量化评价、质性评价、诊断性评价、过程性评价、总结性评价、发展性评价、绝对评价、相对评价、个体内差异评价等等,为了方便理解,本节将分类进行分析。

一、内部人员评价和外部人员评价

内部人员评价(inside evaluation)和外部人员评价(outside evaluation)是根据评价者是否属于课程与教学系统来划分的。前者是指由课程与教学方案的设计者或使用者自己实施的评价,后者则是指由课程与教学方案的设计者或使用者以外的来自其他系统的人员来实施的评价。内部人员评价由于对评价标准、评价对象以及评价方式都较为熟悉,在评价活动中更能够进行全面把握和深入分析,也有助于课程与教学各环节的改进。外部人员评价中评价者大多不是课程与教学的专业从事人员,他们或者是因为被委派了相关评价任务被动地开展评价活动,或者是被评价的课程与教学活动的相关利益群体,他们所开展的评价活动更具目的性,对相关活动的效果也最为关注。因此,二者应相互借鉴,也就是说,一项完备的评价应同时吸收内部人员和外部人员参加。[1]

二、自评价和他评价

自评价(self evaluation)和他评价(other evaluation)是根据评价主体与评价对象之间的关系来划分的,前者的评价者既是评价主体又是评价对象,是对自己的课程与教学活动所进行的自我评价,而后者是指作为评价对象之外的其他主体对评价对象的评价,这些主体包括教育管理人员、同事、学者、家长、学生等。自评价是对自身的课程与教学行为、观念以及相关的知识结构进行的自我反思,以便明晰自身的优势与不足,不断促进自我的提高,所以,自评价的目的主要是为了评价主体自身的发展,而不是作为奖惩的依据。他评价则与之不同,在他评价中,评价主体与评价对象之间一般会存在某种利益关系,比如教育管理人员与教师之间存在一种管理与被管理的关系,同事之间存在一种竞争的关系等,这种关系的存在会给评价对象带来一定的心理压力,因为评价的结果往往会影响到评价对象的评优、晋级等切实利益,所以,在他评价中,除了评价工作之外,还需要辅之以更为有效的信息沟通,以便评价结果能为评价对象所理解和接受,否则可能会造成不好的后果。

---

[1] 张华.课程与教学论[M].上海:上海教育出版社,2000:398.

> **知识卡片 6-2**
>
> 《基础教育课程改革纲要(试行)》中指出:建立促进教师不断提高的评价体系。强调教师对自己教学行为的分析与反思,建立以教师自评为主,校长、教师、学生、家长共同参与的评价制度,使教师从多种渠道获得信息,不断提高教学水平。

三、诊断性评价、形成性评价和总结性评价

诊断性评价(diagnostic evaluation)、形成性评价(formative evaluation)和总结性评价(summative evaluation)是根据评价的时间和作用进行划分的评价类型。

诊断性评价又称准备性评价,是指在课程与教学活动开展之前所进行的测定性、预测性的评价,目的是为了预先了解评价对象的基础和情况,以便提高评价的针对性。因而,诊断性评价是针对课程与教学活动准备状态的一种评价,它的目的并不是提前对评价对象进行或好或坏的定性,而是希望通过预先评估来推动课程与教学活动更好地开展。

形成性评价又称过程评价,是指在课程与教学活动开展过程中进行的评价,目的是在活动开展过程中通过收集相关信息及时了解活动进程和效果,并将相关问题、建议进行即时反馈,以便及时用于对课程与教学活动的改进、调整和完善。这一类型的评价主要是为了更为全面地反映活动过程的情况,不重视对评价对象的分级鉴定。目前,它的作用和价值正在为人们所认识,并在实践中得到推广。

总结性评价又称终结性评价,是指在课程与教学活动结束之后进行的评价,具有综合性的特点,主要目的是通过全面搜集资料和反馈信息,对已经结束的课程与教学活动的成效作出整体判断,评定成绩,给出结论,同时也可以就已经完成的评价本身进行相关鉴定,为此,被视为一种"底线式的或清算结账式的评价"①。

如今,如何处理形成性评价和总结性评价之间的关系成为备受关注的一个问题。在这里,我们通过引用两段话来予以说明,第一段话是《义务教育语文课程标准(修订版)》中的"评价建议":"形成性评价关注学习过程,有利于及时揭示问题、及时反馈、及时改进教与学活动。终结性评价关注学习结果,有利于对教学活动作出总结性的结论。形成性评价和终结性评价都是必要的。应加强形成性评价,注意收

---

① 钟启泉,汪霞,王文静.课程与教学论[M].上海:华东师范大学出版社,2008:259.

集、积累能够反映学生语文学习与发展的资料,可采用成长记录袋等各种方式,记录学生的成长过程。"第二段话是《课程新论》中的表述:"形成性评价的目的主要是发现课程方案的弱点和不足并努力消除;形成性评价满足了教师、课程专业人员、学校行政管理人员以及其他负责课程编制人员的需要。而总结性评价在于判断课程是否起到了有用的作用;总结性评价满足了政策制定者、行政管理人员以及其他社会成员获得教育体系方面信息的需求。"[①]总而言之,形成性评价和总结性评价虽然在目的、价值和作用上有所区别,但对于整个课程与教学评价来说都是必要的,是不可或缺的,只是在很长一段时期内,我们过于重视总结性评价,所以我们需要加强形成性评价的应用。

四、绝对评价、相对评价和个体内差异评价

绝对评价可以看做是一种水平测试,是指在评价对象群体之外确定一个客观的评价标准,然后运用这个标准对每一个对象进行评定的评价类型。并且,这个外在的评价标准是基于整个评价对象群体的一般性状况来确定的,并不受某一特定评价对象群体状况的影响,其评价结果的好坏也与某一特定评价对象群体无关,只与评价对象本身的水平有关。

相对评价是指在某一特定评价对象的群体中确定一个或多个标准,然后把该群体内的每个评价对象与这个标准进行比较来进行评定的评价类型。需要注意的是,在某一个对象群体内确定的标准只适用于这个对象群体内部对象之间的比较,而不适用于与其他对象群体内评价对象的比较。

个体内差异评价是指对每个评价对象的过去和现在进行比较,或者对评价对象的不同方面进行比较,从而得出评价结论的评价类型。由于这种评价类型是以被评价对象的个体状况作为参照标准的,所以它能够较好地对评价对象在不同时期的进步状况或者在不同方面的发展程度进行评定。

概而言之,绝对评价可以帮助被评价者明确自身与客观标准之间的差距,为下一步的学习确定努力的方向;(相对评价是在群体内进行;无论这个群体状况如何,都可以在群体内部进行比较,因而适应性强,具有较好的适应性;)个体内差异评价通过纵向或横向的是在比较有利于评价对象认清自身的优势和不足。也就是说,这三种评价类型都有各自的评价标准和适用范围,在实际的评价过程中需要灵活运用。

[①] 廖哲勋,田慧生. 课程新论[M]. 北京:教育科学出版社,2003:412.

第三节 课程与教学评价的实施

> **案例 6-3**
>
> "随着课程改革的深入,评价问题已日益凸显,并一直困扰着教学一线的广大教师。用什么标准去评价新课程的教学,这是人们普遍关注的热点。教学改革实践表明,传统的评价机制已成了课改的障碍。评价改革的进程将严重影响新课程的贯彻实施,影响到新课程目标的顺利进行。"——《光明日报》2003-09-04
>
> "课程改革也面临着严峻的挑战和许多亟待解决的问题,教育评价改革是其中非常突出的问题。评价已成为新课程改革急于突破的瓶颈。"——《中国教育报》2004-10-18

前面两节主要就课程与教学评价的内涵、原则、功能以及类型等问题进行了分析探讨,而课程与教学评价要真正发挥应有的功能和作用,关键还在于如何实施,否则理念再先进、方案再完善,实践中如果落实不好,效果也将难以保证。

一、课程评价的实施模式

课程评价的实施模式是评价人员或研究者依据某种教育理念、课程思想或特定的评价目的,选取一种或几种评价途径所建立起的相对完整的评价体系,它对评价的实施作了基本的说明。[①] 简单来说,课程评价的实施模式就是"在一定的理论指导下,对评价的基本范围、内容、过程和程序的规定"[②]。一直以来,课程评价的实施模式都是课程与教学评价研究的重要内容,下面主要介绍几种常见的课程评价模式。

(一) 目标评价模式

目标评价模式(objective evaluation model)认为评价活动的核心和依据是目标,一切都要围绕着目标来展开,其基本思想来自于美国课程专家泰勒的课程评价观。在泰勒看来,教育目标主要有"对学习者本身的研究""对校外当代生活的研究""学科专家对目标的建议"等三个来源。[③] 并认为为了选择少量非常重要而又相互一致的目标,必

[①] 张华.课程与教学论[M].上海:上海教育出版社,2000:403.
[②] 李巧林.中西课程评价模式的比较与思考[J].江苏高教,1996(4):73-76.
[③] [美]拉尔夫·泰勒.课程与教学的基本原理[M].施良方,译.北京:人民教育出版社,1994:3-19.

须对已经获得的大量庞杂的目标进行筛选,以便剔除那些不重要的和互相矛盾的目标。那么,如何进行筛选呢?泰勒进一步指出,学校信奉的教育和社会的哲学可以被视作第一个筛子,即人们可以根据学校的哲学陈述的或隐含的价值观,对最初列出的教育目标加以鉴别,确定哪些具有高度价值的目标。① 另外一个筛子则是"学习心理学所提示的选择教育目标的准则",即教育目标的设计、知识的学习、课程的编制等方面都要遵循儿童在某一特定年龄阶段所具有的学习心理发展规律。

在目标评价模式看来,除了目标的确定之外,目标的陈述也很重要,泰勒提出要选用"最有助于选择学习经验和指导教学的方式"来进行陈述,认为最为有效的陈述目标的措辞应该同时达到两种效果:一方面能够指出"要使学生养成的那种行为",另一方面能够"言明这种行为能在其中运用的生活领域或内容"。也就是说,一个有效的目标陈述应包含"行为""条件"和"标准"三个方面,其中的"行为"要讲明学习者能做什么,而"条件"则要说明行为发生的重要条件,最后"标准"要表明可以接受的行为标准。

目标评价模式使评价行为有了目的性和计划性,提高评价的有效性,促进了课程评价的科学化。它虽然肇始于泰勒和其同事在1933年至1941年间所开展的"八年研究",距今已半个多世纪。但是,由于该评价模式具有操作性和针对性都比较强的特点,而且容易被人们理解和接受,到现在依然对世界范围内的课程评价产生重要影响。

(二) 目标游离评价模式

目标游离评价模式(goal-free evaluation model)是由美国教育学家和心理学家斯克里文(M. Scriven)在对泰勒的目标评价模式进行批判的基础上提出的,认为课程评价者应该注意的是课程计划的实际效应,而不是课程计划的预期效应,而泰勒所倡导的目标评价模式只考虑课程计划的预期效应,忽视其他非预期效应,可能会使评价失去很多重要的而且很有价值的评价结果。

在目标游离评价模式中,制定了"重要评价检查表"以便评价者在若干个评价周期内使用,这一评价检查表包括描述、委托人、背景及脉络、资源、功能、传递系统、消费者、需要和价值、标准、过程、成果、通则性、成本、比较、重要性、建议、报告、后设评价等18个因素。并且,目标游离评价模式认为预期的课程目标虽然在编制课程时会提供一定的参考,但是评价者不应过多受其影响,而应该将主要精力放在收集有关课程计划实际结果的各种信息上,只有这样才能够对课程做出准确的评价。

目标游离评价模式突出了非预期的结果在评价中的重要性,对人们加深课程评价的认识起到了启示作用。但是,我们也要看到,目标完全游离于既定目标之外的评价

---

① [美]拉尔夫·泰勒.课程与教学的基本原理[M].施良方,译.北京:人民教育出版社,1994:26.

是不存在的，从严格意义上讲，目标游离评价模式不是一个完善的评价模式，没有一套完整的评价程序，它的主要价值在于作为目标评价模式的补充和发展。

（三）CIPP 模式

CIPP 模式是由背景评价（context evaluation）、输入评价（input evaluation）、过程评价（process evaluation）和成果评价（product evaluation）的英文名称的首写字母所组成的，认为课程评价不仅要对课程目标的实现状况做出判断，还要为课程的改革服务。

CIPP 模式产生于 20 世纪 60 年代末，代表人物为美国著名的教育评价专家斯塔弗尔比姆（D. L. Stufflebeam），他对背景评价、输入评价、过程评价和成果评价有以下解释。①

（1）背景评价。背景评价的最初意向，是要确定某一客体（如机构、方案、有关人员或个人）的长处与短处，从而为改进工作提供指导。这种研究的主要目标是评定客体的整体状况，认清它的缺陷，详细记录手头已有的、可用来弥补这些缺陷的有效方法，以及诊断那些解决后能有效改进客体状态的问题。背景评价的方法可以包括对所感兴趣的客体的各种测量和各种类型的分析，比如系统分析、调查、文献评论、倾听意见、会谈等方法。

（2）输入评价。输入评价的主要意向，是要有助于制订方案的行动方针，以产生所需的变革。输入评价的总体意向，是帮助委托人根据自己的需要和周围环境来考虑各种备择方案，并制订相应的工作计划。另外帮助委托人避免去做那些预期会失败或至少是浪费资源的改革活动。输入评价主要用于调查与分析可用的人力、物力资源、解决问题的策略，以及相应的程序设计的可行性和经济性，可使用文献调研、访问典型方案、支持者小组、试点试验等方法。

（3）过程评价。从根本上说，过程评价是对计划实施情况不断加以检查。过程评价有四个目标：其一是给管理者和工作人员提供反馈信息：实施方案的活动是否按时间表来进行？是否按预定计划来实施？是否以一种有效的方式利用现有的资源？等等。其二是要为根据需要修改和解释计划提供指导。其三是周期性地评定方案参与者接受方案的程度，以及能够发挥他们自己作用的程度。最后过程评价还应提供一个方案实施的全面的记录，以表明方案实际执行的情况，它与预定的过程相比情况怎样，方案实施过程中的全部成本，以及观察者和参与者对活动质量的全面判断。过程评价的方法为通过描述真实过程，持续地与工作人员相互了解，观察其活动，控制活动的潜在的障碍，保持对意外障碍的警惕，获得已确定的决策的特殊信息。

---

① ［美］斯塔弗尔比姆.陈玉琨，译.方案评价的 CIPP 模式[M]//瞿葆奎.教育学论文集.教育评价.北京：人民教育出版社，1989：312-322.

(4) 成果评价。成果评价的目的是要测量、解释和判断方案的成就。成果评价的主要目标,是要确定方案满足其为之服务的团体需要的程度。成果评价的基本用途,是要决定某一特定方案是否值得继续、重复和(或)扩展到其他情境。成果评价所采用的方法主要是操作性地确定和测量结果的标准,收集投资者对结果的判断,进行定量和定性分析。

总之,背景评价、输入评价、过程评价和成果评价各有侧重,都是 CIPP 评价模式不可分割的一部分,也就是说,它们之间并不是互不联系的,而是相互配合、共同发挥作用的。

(四) 应答评价模式

应答评价模式(responsive evaluation model)认为要真正使课程评价产生效用,应该特别注意向那些听取评价结果的人提供他们所关心的信息,而不能仅仅为了评价而评价,只关注评价本身。该评价模式是由美国著名评价专家斯塔克(R. E. Stake)于1973年在一次评价研讨会上提出来的,他认为,应答评价与其他评价的不同之处在于现有的评价方法多带有预定性质,即强调目的的表述和客观的测验,由方案执行人员掌握的标准,以及研究性的报告的应用。而应答评价则较少依赖这些正规的信息交流方式,更多地依赖自然接触。①

应答评价模式对评价者提出了很高的要求,首先他要制订一个观察与商谈的计划,安排各种人士观察方案的行动,在他们的帮助下,评价者写出扼要的报告,画出图表或准备一些可供演示的材料,等等。然后,找出对评价听取人可能有价值的东西,收集持有不同观点的人对方案优缺点的印象。最后,是否需要写出一个书面报告将由评价者与评价委托人达成的协议来决定。②

总之,应答评价模式十分强调对课程相关人员的参与度和投入状况进行直接或间接的观察,考虑各方面人士的价值标准以及渴望听取课程评价结果的相关人士的信息需求。也就是说,该模式所关注的是人在评价过程中的作用,所重视的是实际的活动过程,体现了多元的价值取向,是一个比较成熟的评价模式。

除了以上提及的四个常见的课程评价模式之外,还有其他课程评价模式,比如差距模式(discrepancy model)、对手评价模式(adversary evaluation model)、教育鉴赏与教育批评模式(connoisseurship model)等,包括上述四种常见评价模式在内的诸多模式基本上都是西方学者提出的,而我国对于课程评价模式的研究相对较为薄弱,在基

---

① [美]斯塔克.龚伟民,译.方案评价的特殊方法——应答评价[M]//瞿葆奎.教育学论文集.教育评价.北京:人民教育出版社,1989:325.

② [美]斯塔克.龚伟民,译.方案评价的特殊方法——应答评价[M]//瞿葆奎.教育学论文集.教育评价.北京:人民教育出版社,1989:326.

础教育课程改革正在持续推进的今天,如何构建本土具有原创性的课程评价模式成为摆在我国学者面前的一个重要课题。

二、教学评价的实施方式

教学评价的实施方式是指教学评价的实施者为了完成评价任务而针对评价对象和教学活动的特点所采取的工作方式。由于教学评价活动的多样性,教学评价的实施方式也呈现多元化。

(一)随堂听课

无论是在传统的评价体系中,还是在现代的评价体系中,随堂听课都是一种重要的评价方式。随堂听课一般分为随机听课和公开听课两种形式。随机听课是指事先不让授课老师知道,听课者随机进入某一个课堂进行听课活动,目的是为了了解原生态的课堂教学情况,分析教师真实的教学能力以及临时组织能力,这种方式一般适用于小范围的课堂调研活动,听课者多为授课者所在学校的管理人员。公开听课是指事先有确定的授课者、讲授篇目、学生、听课者,授课者和学生有一定的准备,听课者人数较多,目的是就某一种授课方式或课堂组织方式进行研讨,也多用于各种教学比赛。

随堂听课有严格的评课标准,从教学的目的和过程、教学方法和手段、教师教学素养、学生学习表现、课堂操作等各个方面都有具体的要求,并划分出评定层次(参见表6-1)。

表6-1 课堂听课评价标准样表

日期:_____ 年级:_____ 班级:_____
学科:_____ 课题:_____ 执教者:_____ 评价者:_____

项目	具体内容	教学实际情况				总体印象			
		优	良	一般	较差	4	3	2	1
教学目的与过程	教学目标明确								
	正确把握教材								
	面向全体学生								
	重视教学反馈								
	注重学科德育								

续表

项目	具体内容	教学实际情况				总体印象			
		优	良	一般	较差	4	3	2	1
教学方法与手段	学习方法指导								
	组织学生自学								
	学习质疑问难								
	组织学生讨论								
	组织操作训练								
	应用电教手段								
教师教学素养	情感投入								
	教学民主								
	应变调度								
	教学语言								
	演示板书								
学生学习表现	注意力								
	思维								
	主动参与								
	讨论								
	发言								
	看书习惯								
课堂操作	数量								
	内容								
	完成质量								

资料来源：兰玉荣.对小学语文课堂教学评价的思考[J].教学与管理,2001(5).

  一般来说,在按照评课标准开展听课活动之外,还会有座谈、案卷分析等相关活动配合进行,使得教学评价更为客观、全面,同时还可以及时将评价信息反馈给被评价者。

  座谈是评价者和教师之间所进行的直接对话活动,形式较为灵活,可以是评价者与一个教师座谈,也可以是评价者与多个教师座谈,评价者的人数最好控制在2～5人,人数过少会导致评价结果过于主观,人数过多会造成教师的紧张心理,当然,在一些情况下,评价者和教师也可以进行一对一的座谈。另外,座谈需要依据一定的程序,一般分为确定时间和地点、协商有关事宜、设计座谈提纲、做好座谈记录、分析座谈结果等。需要注意的是在整个组织过程中，组织者不能过分使用行政权力，对教师的行为加以控制，在座谈的各个环节都要尽量征求教师的意见，尤其是在座谈过程中，不要涉及教师的个人隐私，不要过多地使用追问，应营造一种宽松的谈话氛围，在记录时，既要注意谈话双方的语言表述，也要注意谈话双方尤其是教师一方的举止表情，往往这些非言语的信息里会包含着很多有价值的内容，在分析座谈结果时要坚持实事求是、客观公正。

案卷分析也是一种常见的实施方式。案卷分析的执行者通常是教学管理人员，是为了对教师的教学工作有一个纵向的了解而进行的，主要是分析教师历年来的教学工作报告、学生培养情况、奖惩情况、学习经历等，获取信息的渠道主要有教师的个人档案、提交的工作总结、讲课材料。在进行案卷分析时，尤其是对教师的档案进行查阅时，要遵循保密的原则，对于教师的隐私信息不能未经允许就进行公开，分析时也要注意综合评价。

（二）测验评价

测验是比较常用的学生学业成就评价实施方式，虽然测验在整个评价体系中的作用在逐渐降低，但是，它以其客观性、普及性等特点依然在教学评价方面发挥着重要的作用。具体来说，主要包括以下几个方面。

首先，进行规范的测验内容编制。比如，在限定的考试时间内拟定多少题目才合适？主观题和客观题的比例是多少？测验要重点考查学生哪方面的知识和能力？这些都是在测验编制时需要认真考虑的问题，并且需要在不断的实践中对这些问题的答案进行摸索，最后形成编制测验内容的基本规范。

其次，选择要使用的测验类型。测验类型主要有客观题测验和主观题测验两种。客观题测验一般包括选择题、是非题、匹配题和填空题，对此类题目进行解答时只有对、错之分，没有发挥的空间。主观题测验一般包括简述题、论述题和材料分析题，在解答时需要学生根据题项快速调动自己所学的知识，组织成一定的体例表达出来。而要决定一份考试卷中需要使用哪些类型的题目，其总的原则是：使用那些能够直接测量出可能说明预期学习结果的测验类型。当然，这两种类型并不是非此即彼的，在更多的情况下，两种类型通常配合使用。

最后，选择合适的测验方式。常见的测验方式主要有标准化成就测验和自编测验。前者所采用的测验内容并不是由施测者参与编制的，而是由某一管理部门组织相关人员统一编制的，它适用于大规模范围内评定个体或群体学业成就水平的测验，比如升学考试、分级考试、资格考试等。这类测验的命题、施测、评分等方面都有统一的标准和规定，考评分开，测验的结果也比较客观。后者是由施评者根据实际需要自己参与编制的，为特定的教学评价服务的测验方式。一方面它的施测范围十分有限,一般为学校里的某个班级或者某个学科,另一方面它的测验内容虽然更具针对性但限于编制者的技术水平,质量存在参差不齐的问题。事实上,这两种测验方式并不矛盾,两者是一种相互补充的关系。标准化测验适用范围广泛,但对某一小范围的群体来说,其适用性不如自编测验,而自编测验的信度和效度往往不如标准化测验。

 知识卡片 6-3

测验的信度和效度

测验的信度主要是针对评价结果的一致性而言的,所关心的问题主要有:如果我们使用相同形式的任务的不同样本,会得到同样的结果吗?如果我们在不同的时间使用评价,会得到相同的结果吗?如果给成绩评价定等级,不同的评定者使用同样的方法吗?

测验的效度:效度涉及的是这样一个普遍的问题:评估信息能在多大程度上帮助形成一个正确的结论。效度指的是依据评估信息所做的结论,而不是评估本身。只有结论有效才能说评估信息有效。对某一个结论或某一群学生有效的评估信息并不一定对其他结论或学生也有效。效度只是一个程度的问题;百分之百有效或者完全无效的评估信息是不存在的。我们通常用以下的词语来形容效度:很有效、比较有效、无效。效度由评估者所做出的判断来确定。

(三) 实作评价

实作评价(performance assessment)是在 20 世纪 80 年代之后随着美国学者对标准化测验的批判而兴起的,它是指教师以教学目标与评价准则为整体支撑架构,让学生通过应用知识与技能等高层次的思考历程,在建构而非简单再认(recognition)或记忆(memory)的练习进程中获得深度认知、情意与技能发展的评价方式。① 它是针对标准化测验的不足提出来的,在评价的范围、方式、目的等方面都与标准化测验有着明显的不同之处(参见表 6-2)。

---

① 王云峰,莫显彬.教育评价的新形式——实作评价[J].广西教育,2006(5):17-18.

表 6-2　实作评价与标准化测验的比较①

评价类型	实作评价	标准化测验
评价的范围	没有固定的范围,配合课堂教学内容来实施	以教材中的知识内容为主
评价的标准	评价者和被评价者协商制定,在活动前公开	由评价者决定,不公开具体内容
评价的目的	培养学生的自我反思、自我管理以及动手的能力	考核学生的学习效果和教师的教学效果
评价的方式	包括教师评价、学生互评、学生自评等多种方式	主要是教师评分
评价的重点	学生的知识、能力、情感态度与价值观	主要侧重学生的知识掌握程度

根据赫尔曼(Herman)等学者的看法,实作评价具有如下的一些特点。②

① 评价的作业能与真实生活产生关联。这表现为实作评价常在真实的问题情境中进行,这种真实情境包括对日常生活情境的模拟,或者真实情境中的实际操作。

② 要求学生从事一些需要高层思考或问题解决技能的事情。学生可依据问题情境,以科学的论证和推理方式建构合乎自身认识的、具有创造性的解决问题的方案,产生具有创造性的作品。

③ 过程和作品是评价的重点。重过程是实作评价与传统评价的一个主要区别。过程的重要性在于学生问题解决的综合能力,如高层思考能力、反思能力、合作能力、信息搜集能力和创造力等,都必然在评价过程中展现出来,而作品则是各种能力综合作用的结果。

④ 评价的作业具有价值、挑战性,并与教学活动相结合。语文、数学及自然、社会科学课均可采用实作评价方式,教师选择用于实作评价的作业应该能实现学生能力的多重聚焦(Multiple foci),并且具有类推性(gereralizability)。实作评价过程往往贯穿于教学过程之中,例如,采用教室观察的评价方法,其评价过程就与教学过程具有统一性。

⑤ 要事先确定评价学生作业表现的规则和标准。例如,学生作业表现中哪些是优秀的、哪些表现属一般或不好,表现的哪些层面属主要评分点,这些规则和标准事先也应给学生一些反馈,以增加评价的有效性。

另外,根据评价的目标不同,实作评价可以分为传统的技能与技能发展水平实作评价和延展性实作评价两种。

传统的技能与技能发展水平实作评价主要通过评价者给被评价者安排一些限制

---

① 汪霞.小学课程与教学论[M].上海:华东师范大学出版社,2011:210.
② 易凌峰.多元教学评价的发展与趋势[J].课程.教材.教法,1999(11):10-12.

性的实作任务来进行的,其特点是在操作范围上受到严格的约束与限制。比如,拟定一个写作主题,在限定的时间内要求被评价者书写不少于多少字的文章。需要指出的是,此类评价并不是简单的结果性评价,它还要求评价者时刻关注实作技能的一些要素是否得到正确体现。比如,在命题作文中,要观察学生的握笔姿势是否科学、书写笔画是否正确等(参见表6-3)。

表6-3 用于评判传统的技能和技能发展水平实作评价的常见标准①

类 型	举 例
速度	每分钟打40个字
错误率	每页打印纸不超过2个错误
时间	5分钟内组装起一台实验设备
精确度	读取温度计的刻度精确到0.2度以内
数量	完成20个实验
质量(等级)	表演正确的跳水姿势
正确的百分比	能解答85%的数学问题
要求的步骤	运用正确的操作步骤查找出电脑哪里出了毛病
使用材料	建一个书橱,材料耗损率不超过10%
安全性	在操作机器之前,需检查所有的防御装置

延展性实作评价主要是对传统技能与技能发展水平实作评价的拓展和深化。在大多数情况下,传统的技能与技能发展水平实作评价过多地关注掌握技能的熟练程度和应用水平,而往往忽视在这一过程中人的认知、交流、合作和观点表达情况。延展性实作评价不仅能够提高被评价者某一方面的技能,而且能够增进他们对技能知识的理解,促进全面发展。

延展性评价的实施需要注意以下几点:在测验内容选择方面,要提高任务的真实性,选择那些可能发生于真实世界中的测评任务,由于这些任务在将来的现实生活中可能遇到,对于被评价者来说更有意义,可以引导他们结合自身的生活经验来寻求解决问题的方法,而不是僵化地执行技能程序。在测验内容理解方面,不仅要让被评价者明白要做什么,而且还要让他们理解为什么要做这些,并通过针对测验内容不断提出问题的方式来增强被评价者的理解,比如为什么选择这项内容?为什么选择这些工

---

① [美]诺尔曼·E.格朗伦德.学业成就测评[M].南京:江苏教育出版社,2008:101.

具？为什么问题如此设置？在测验过程中，一方面要重视视觉材料的使用，这将有助于测评那些在其他形式的测评中被忽略了的创新能力，另一方面要扩大学生的参与面，鼓励学生尽其所能地参与到测评过程中来。在测验结果方面，不仅让被评价者知道评价结果，而且还要让他们通过写总结报告的方式对整个过程进行反思和总结参见表 6-4。

表 6-4 延展性实作评价的评分指标[①]

优秀	有理有据地逐项分析计划中所存在的问题
	全面、有序地描述改进计划的步骤
	用合理的理由解释了每一个步骤
	完整、清楚地描述了最后的计划
良好	有理有据地分析计划中所存在的主要问题
	比较全面、有序地描述改进计划的步骤
	用合理的理由解释了大多数步骤
	大致地描述了最后的计划
一般	用不充分的理由列出了计划中存在的几个问题
	粗略地描述或列出了改进计划的步骤
	能够用一些合理的理由解释改进计划的步骤
	对最后的计划的描述笼统而不全面
差	只是笼统而含糊地说明了计划中存在的问题
	不能完整地描述改进计划的步骤
	用笼统的、含糊的、不完整或不相关的理由解释改进计划的步骤
	没有描述最后的计划，或者描述不清楚、不恰当

（四）档案袋评价

档案袋（portfolio assessment）评价，也被一些学者翻译为成长记录袋，主要是收集、记录学生自己、教师或同伴做出评价的有关材料，学生的作品、反思还有其他相关的证据与材料等，以此来对学生做出评价。[②]

---

① [美]诺尔曼·E.格朗伦德.学业成就测评[M].译者：南京：江苏教育出版社，2008：113-114.
② 教育部基础教育司.走进新课程——与课程实施者对话[M].北京：北京师范大学出版，2002.155.

表 6-5 档案袋评价和标准化测验的区别(以学生评价为例)[①]

档案袋评价	标准化测验
反映学生参与的多种读写活动	依据有限的读写任务来评价学生的读写能力
让学生参与自己进步与成就的评价,并提出进一步学习的预期目标	由教师根据学生的大体情况评分
在尊重学生个体差异的基础上评价每一个学生的成就	用同一个标准评价所有学生
评价过程是合作性的	评价过程是非合作性的
自我评价是重要目标	没有自我评价方面的目标
关注学生的进步、努力与成就	只关注学生的成就
将评价与教、学结合起来	教、学、评价是分离的

作为一种新的教学评价方式,档案袋评价有着许多独特的优点。[②]

① 能够清晰地展示一段时间的学习过程(例如,写作、思维或是研究技能方面的变化)。

② 关注学生的优秀作品可以对学习产生积极的影响(例如,最好的范文,最好的推理和解决问题的范例)。

③ 通过比较现在的作品和原先的作品能够激发学习的动力,这比和其他人的作品相比更有效(例如,认知和技能方面的提高)。

④ 让学生挑选最优秀的作品能够提高学生自我评价的技能(例如,关注良好的实作表现的质量)。

⑤ 让学生对档案中的每个条目进行评价可以鼓励其进行反思性学习(例如,你为什么认为这是你最优秀的作品)。

⑥ 调整个体差异的条件(例如,学生依照自己的水平来学习,但必须朝着统一制定的目标迈进)。

⑦ 将学生的学习进展清楚地告知给学生、家长和其他相关人员(例如,展示和比较在不同时间收集的作品样本)。

⑧ 在教与学的评价过程中增强教师与学生的合作。

档案袋评价所借助的主要工具为档案袋,所以我们首先要探讨一下档案袋的设计问题。具体来说,档案袋在设计与管理的过程中需要注意以下问题。

① 档案袋里的材料记录了被评价者在成长过程中所经历的一些主要事情及表现情况,一些信息属于隐私问题,也是外界了解被评价者的重要资料,需要长时间保存,

---

① 汪霞.小学课程与教学论[M].上海:华东师范大学出版社,2011:211.
② [美]诺尔曼·E.格朗伦德.学业成就测评[M].南京:江苏教育出版社,2008:126.

并需要不断补充新的材料。所以,在选择档案袋时一定要考虑到经久耐用和存储容量方面的问题。

② 档案袋并不是无选择地装入有关被评价者的所有材料,为了有效地利用档案袋的空间并能方便查找,一般会在档案袋的封面上标明应被放入的材料类别,并对各个类别有一个相对明确的解释。档案袋具体栏目的填充内容举例如表 6-6 所示。

表 6-6　学生成长档案袋填充内容设计[1]

编号	材料名称	具体内容
1	学习资料	新学期承诺、最优秀的作业、单元评价表、收集的学科资料、获得的奖励纪念等
2	学习反思	学习过程中对自己的学习方法和学习习惯等方面及时反省和纠正
3	测验成绩	单元测验及阶段性测试
4	可贵的发现	学习中发现的有价值的思路和方法以及对教育教学和学习内容的好建议等
5	问题讨论	学习中难忘的有意义的问题讨论记录
6	点滴进步	学习中的习惯、方法、态度、成绩等方面的小进步
7	师生交流	师生开展的学习活动、谈心、讨论问题、课堂对话等热烈场面的记录
8	自我评价	阶段性的对自己的学习找出优点和不足
9	家长对我说	父母对我学习方面的看法和要求
10	老师对我说	老师对学习的肯定、鼓励和要求
11	同学对我说	同学对自己的赞赏和激励
12	我的作品	学习中值得骄傲的绘画、摄影作品、创意设计、文章发表、小制作、小发明等
13	评价情况一览表	主要指期中、期末的学校、班级、老师、家长、同学等对自己的综合评价
14	其他	与学习有关的其他记录

③ 需要明确档案袋由谁来负责保存管理。关于这一点容易出现两个极端:其一是完全由施评者负责,这种情况容易使被评价者滋生弄虚作假的心理,其二是完全由被评价者负责,这种情况往往会造成将一些无关紧要的材料装入档案袋的后果。较为常见的做法是,根据档案的性质来确定管理人员,如果是正式的法律法规要求必须留存的个人成长档案,需要由学校设置专门的档案管理人员(可以是兼职的也可以是专

---

[1] 汪霞.小学课程与教学论[M].上海:华东师范大学出版社,2011:213.

职的)根据相关装袋标准和要求,指导被评价者提交相关信息材料,经过仔细检查无误后装袋保存。如果是非正式的只是记录某一个阶段个人成长过程的档案袋,则可以根据具体情况由教师、学生或者家长进行保存管理,如有条件,也可以由学校统一保存管理。需要指出的是,无论由谁来保存管理,在档案袋封面上一般都应设置档案袋的编号,以方便查找。

案例 6-4

王亮同学的成长档案袋

学校第四十五届运动会结束了。四年级一班的王亮同学获四年级男子组 60 米第一名,四年级一班获四年级团体总分第二名。

放学的时候,班主任老师手里捧着些奖状奖品走进教室。老师说:"获奖的同学除了把奖状奖品给父母看之外,还可以把奖状或者它的复印件装入你的德育成长档案袋中。""哪个分袋?对,《学生所获奖励档案袋》。"

每位参加比赛项目的同学都得到了一张班主任老师签名的《集体获奖中学生个人贡献说明书》。在老师的提议下,全班同学表决:由于体育委员组织工作做得好,也可获一张班主任老师签名的《集体获奖中学生个人贡献说明书》。

另外,王亮同学由于成绩优异,入选学校少年田径运动队,体育老师给了他一张《学校少年田径运动队入选通知》。王亮同学和爸爸妈妈商量后把它装入了《学生优秀劳动成果档案袋》,并独自填写了相应的目录。

资料来源:冉顺灵.学生德育成长档案袋的应用设计——以通渭县文庙街小学为例[J].内蒙古师范大学学报:教育科学版,2007(4):86-90.

在做好日常的档案袋保存与管理工作之后,档案袋评价的顺利实施便有了基本保障,但是如果要更好地实现评价的有效性,在实施过程中还需要注意以下两个方面。

第一,要进行及时合理的评价。根据装入档案袋中的材料对被评价者进行及时合理的评价,可以激发被评价者积极配合开展档案袋评价的动力,鼓励他们主动提交可以记录个人成长轨迹的相关材料。由于一些材料涉及个体隐私,所以评价方式的选择很重要,需要根据情况具体分析,不宜统一选用公开评价的方式,一般来说,需要遵循以鼓励为主、责罚为辅,以质性的描述式评价为主、定性的量化评分为辅,以私下谈心为主、公开评价为辅的原则。另外,评价者也可以把相关评价意见放入档案袋中,把档案袋作为和学生交流沟通的窗口,也可以作为以后评价的重要参考。案例 6-5 中这位老师的做法就十分巧妙。

> **案例 6-5**
>
> 成长记录袋中的"悄悄话"
>
> 　　成长记录袋内,还可以装进师生的"悄悄话"。悄悄话可以针对学生成长记录袋内的内容,也可以针对学生学习过程中的表现,不时地放一些小纸条到他们的成长记录袋中,有时是表扬和赞许的话语,有时是提醒和批评,不过口气要比较委婉,孩子们管这叫"意外的惊喜",很有激励作用。记得班上的韦樯有一段时间精神恍惚,上课时神游四海,我三番五次找他谈话都没有效果,他对我还带有明显的敌意。我就给他写了一张短信放在成长记录袋里:"你曾经是我最好的朋友,我希望永远是。"他很快回复我了:"我也希望成为你永远的朋友,但是我现在对你有意见,不想和你好了。"看后我很诧异又写短信给他:"为什么?给我一个理由!!"他歪歪斜斜地写道:"有一次你冤枉我了,那次我根本没打架。"我很惭愧,真诚地写道:"对不起!我错了,能给我一个改正的机会吗?"他回复:"知错就改还是好老师。"就这样,成长袋成了我和孩子们交流沟通的窗口。
>
> 资料来源:万伟,秦德林,吴永军.新课程教学评价方法与设计[M].北京:教育科学出版社,2004:112.

第二,对评价情况要进行及时总结并对被评价者进行反馈。及时总结的主体并不仅仅是教师,还包括学生和家长,总结的时间比较灵活,视具体情况而定,一般可以一个月一次小总结,一学期一次大总结。教师的总结内容主要有:在这一段时期内学生的学习成绩都有哪些变化,学生的能力有哪些发展,学生和教师之间的关系是不是融洽,学生还有哪些潜力或兴趣自己没有注意到,自己在以后的教学过程中需要在哪些方面改进等。学生的总结内容主要有:在这一段时期内自己各科的学习有哪些新的变化,自己和教师、父母以及同学之间的关系是不是融洽,自己的表现和以前相比是不是有了进步,以后应该怎么去努力等。家长的总结内容主要有:孩子最近在学校里的表现和在家里的表现是不是一致,自己和孩子之间的关系是不是融洽,孩子在哪些方面需要父母引导,自己的教育方式是不是妥当等。

三、课程与教学评价的实施策略

课程与教学评价的效果如何对整个课程与教学活动来说至关重要,它不仅影响着对已经完成的课程与教学活动的分析与总结,而且还关系到课程与教学活动是否持续有效开展。而课程与教学评价本身又是一个较为复杂的体系,在具体的实施过程中需要处理好各方面的关系,下面主要从评价指标体系的制定、评价者与被评价者之间关系的梳理以及评价方式的综合运用等方面对课程与教学评价的实施策略进行分析。

(一)制定科学的课程与教学评价指标体系

课程与教学评价指标体系的制定是在教育评价指标体系的框架下进行的,而构建教育评价指标体系的主要依据有四个方面,分别为教育方针、政策、法规,教育理论和知识,教育规律以及教育工作实际。前两个方面为主观依据,主要解决构建者的理念问题;后两个方面为客观依据,强调的是实证问题。[①] 为此,课程与教学评价指标体系的制定首先要了解国家教育方针、政策、法规的有关规定,在制定评价指标体系时从提高民族素质,增强综合国力的高度着眼,建立具有中国特色,符合素质教育要求的课程与教学评价体系。其次,课程与教学评价指标体系要建立在科学的教育理论和知识基础之上,尤其是吸收教育评价方面的最新研究成果,以先进的评价理念作为指导思想。再次,课程与教学评价指标体系要遵循课程与教学的一般规律,要与被评价对象所处年龄阶段的身心发展水平,所属学段对知识、能力以及情感态度与价值观的要求相一致。最后,课程与教学评价指标体系应该认识到不同地区的教育发展程度不同,课程与教学实施的条件也存在较大差异,这就需要评价指标体系需要根据具体的实际情况进行合理调整,以增强其适用性和有效性。

另外,科学的课程与教学评价指标体系需要以恰当的方式进行表述。当前,教育评价界对指标要素的表述存在多种看法,概况起来,主要分为以下三种。[②]

第一种,内涵式表述,其特点为:"评价要素"采用程度性语言表述,比如"加强""认真""努力"等;"评分标准"使用定性语言进行测量,比如"优秀""良好""合格"等;在操作时,需要操作者确定具体的判断标准。这种方式适用于对需要定性评价的测量。

第二种,外延式表达,其特点为:"评价要素"采用判断性语言表述,比如"有与没有""对与错""达到与未达到"等;"评分标准"采用指标要素达到数量进行测量,比如"达到要素要求 2 分""未达到要素要求 0 分"等;在操作时,操作者可直接判断。这种表述方式适用于对评价对象的量化测量,区分度较高。

第三种,内涵与外延相结合的表述方式,其特点是前两种方式的总和。

(二)根据评价对象选择合适的评价者

针对不同的评价对象应由不同的评价者来执行评价过程,如果抛开评价对象的特

[①] 李方.论教育评价指标体系的构建[J].教育研究,1996(9):49-53.
[②] 秦云燕.教育评价指标要素表达方式的选择[J].教育科学研究,1998(2):33-34.

点,随意安排评价人员进行评价,其评价结果的可信度就会大大降低。同时,在依据评价对象选择评价者时还需要考虑评价者的知识背景、专业能力、价值倾向等各方面的因素,只有选择合适的评价者,所展开的评价活动才能产生深入的、客观的评价结果。

譬如,如果课程与教学评价的目的是总结性的,比如对一门课程的实施情况或者某位教师的教学情况进行优良差的评定,那么,评价人员应避免与评价对象存在可能影响评价结果的各种关系,从那些不受评价对象影响的候选人中去选择。如果课程与教学评价的目的是过程性的,比如对学校进行校本课程开发进行具体指导或者对某位教师的教学设计进行具体指导,那么,评价人员应从那些对评价对象有一定了解且具备专业知识的候选人中去挑选。①

(三) 综合运用多种评价方法

长期以来,我国常用的评价方法主要有笔试和口试、闭卷考试和开卷考试、论文考试和客观考试、单项考试和综合考试等,有时以问卷调查、抽样方法等进行补充。这些大多是注重数据收集的量化方法,优点是比较方便大规模地对评价对象进行调查和预测,缺点是不好根据情况的变化做及时的调整,也忽视了参与评价的当事人的心理状态和意义建构。近年来,人们开始关注通过开放式访谈、观察、实物或文本分析等方式来对评价对象进行质性评价,希望"通过研究者和被研究者之间的互动对事物进行深入、细致、长期的体验,然后对事物的'质'得到一个比较全面的解释性的理解",这一新的评价方法"强调尽可能在自然情境下收集原始资料"。② 无论使用哪种评价方法都要注意以下几个方面的问题。

第一,以正面的积极评价为主。即评价者在评价过程中要结合评价对象的日常表现来综合看待评价结果,评价的目的不是简单给出一个结果,而是帮助被评价者寻找原因,完善自身,在评价中要注意多鼓励、表扬,少批评、惩罚,尽量用激励性的话语来进行评价。

第二,注意评价过程中评价主体的特点。在基础教育课程改革过程中,我们一直强调多元主体参与评价过程,打破仅仅依靠"权威人士"进行评价的旧观念,这个多元主体一般包括教师、家长、学生及其他关心教育问题的社会人士,由于不同的评价主体所具有的知识基础、学科背景、能力水平等方面存在很大的差异,在评价的过程中应允许他们选用自己能够熟练使用的评价方法,在评价结束后进行总结的时候,对运用不同评价方法所取得的评价结果进行比较分析,提高评价的客观性。

第三,重视课程与教学评价的发展功能。新一轮基础教育课程改革明确提出,要

---

① 廖哲勋,田慧生.课程新论[M].北京:教育科学出版社,2003:442.
② 陈向明.质的研究方法与社会科学研究[M].北京:教育科学出版社,2000:10.

建立促进学生、教师和课程不断发展的评价体系,即建立发展性课程评价体系。倡导新的评价理念,即评价是与教学过程并行的同等重要的过程;评价提供的是强有力的信息、洞察力和指导,旨在促进发展;评价应体现以人为本的思想,建构个体的发展。评价的根本目的在于促进发展,而绝不是简单地进行优劣高下的区分。除了基本的检查和固有的选拔、筛选功能以外,更重要的是具有反馈调节的功能、展示激励的功能、反思总结的功能、记录成长的功能和积极导向的功能。[1]

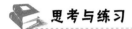
思考与练习

1. 什么是自评价和他评价、诊断性评价、形成性评价、总结性评价、相对评价、绝对评价、个体内差异评价?

2. 课程与教学评价应该遵循哪些基本原则?

3. 选择一个学科的《课程标准》,对里面关于课程与教学评价的部分进行分析解读。

4. 搜集课程与教学评价的教学案例,分析主要应用了哪种类型的评价及其效果。

5. 案例分析

尝试以不同的身份对以下案例中的教师和学生的行为进行评价。

给学生一双求异的翅膀

一个阳光明媚的下午,我和学生一起探讨应用题的解法,师生沉浸在获取知识的快乐中。我们一起做到这道题时:一个商店运进 4 箱球鞋,每箱是 20 双,每双球鞋卖 28 元,一共可以卖多少元? 当学生运用两种方法做出这道题时,我认为这道题就大功告成了,谁知有一个学生提出说还有一种解法:"$28 \times 4 = 112$(元),$112 \times 20 = 2240$(元)"。我心里充满疑惑,这是求的什么? 这种解法对么? 但我没有立刻否定他这种做法,而是让他说一说:"你是怎样想的?"他回答得有理有据:"有 4 箱球鞋,每箱分别拿出 1 双,4 箱总共有 4 双,先求出这 4 双鞋卖多少钱? 因为每箱是 20 双,有 20 个 4 双,再求 20 个 4 双是多少钱。"这个学生想得真好,我差点扼杀了他的创新思维,我带头为他鼓掌,说:"你想得真独特,连老师都没有想到。"

这使我想到,老师在上课时,要给学生留下思维的时间和空间,耐下心来多听听学生的想法,为他们精彩的想法鼓掌,这会激发学生的求异思维,获得成功的快乐。

资料来源:教育在线论坛 http://bbs.eduol.cn/thread-1828618-1-1.html.

---

[1] 钟启泉,崔允漷,张华. 为了中华民族的复兴-为了每位学生的发展——《基础教育课程改革纲要(试行)》解读[M]. 上海:华东师范大学出版社,2001:301-305.

参考文献

1. 廖哲勋,田慧生.课程新论[M].北京:教育科学出版社,2003.
2. 陈向明.质的研究方法与社会科学研究[M].北京:教育科学出版社,2000.
3. 汪霞.小学课程与教学论[M].上海:华东师范大学出版社,2011.
4. [美]诺尔曼·E.格朗伦德.学业成就测评[M].译者:南京:江苏教育出版社,2008.
5. 李慧燕.教学评价[M].北京:北京师范大学出版社,2013.
6. [美]泰勒.课程与教学的基本原理[M].施良方,译.北京:人民教育出版社,1994.
7. 李定仁,徐继存.课程论研究二十年[M].北京:人民教育出版社,2004.
8. 钟启泉,汪霞,王文静.课程与教学论[M].上海:华东师范大学出版社,2008.
9. 李雁冰.课程评价论[M].上海:上海教育出版社,2002.

第七章　课程与教学管理

学习目标

1. 理解课程与教学管理的内涵及基本要素。
2. 掌握课堂教学管理的价值取向和主要内容。
3. 理解和运用课堂教学管理的基本方法。

课程与教学管理是课程与教学论的重要组成部分。它贯穿于学校课程与教学的全过程，从课程政策的制定、课程资源的分配、课程内容的选定、课程计划和课程标准的拟定、教材的编写与审定、课程的组织实施到课程的改革与评价都涉及管理问题，而且很多环节本身就是管理活动。本章将从探讨课程与教学管理的含义入手，对课程与教学管理的基本要素、课程管理的模式、课堂教学管理的内容等做较为全面的阐述。

第一节　课程与教学管理概述

案例 7-1

忙碌的校长

王某当选为一所学校的校长。真可谓"新官上任三把火"，血气方刚的他一上任就想要把多年积聚的力量一下子迸发出来，学校的空气一下子紧张了起来。开完校级领导会开中层干部会，开完中层干部会开职工大会，大会小会、长会短会接连不断；各项规章制度亲自拿办，补充了再补充，规范了再规范。下属领导操办起来得心应手；职工们也无懈可击。一年后，这所学校声名鹊起。王校长得到了上级领导的高度赞誉，经常被请去做经验报告，自然也就成了地地道道的"红人"。

殊不知，没过几年，学校发展进入了"高原期"，"圆满"的、模式化的管理让下属领导工作积极性"滑坡"了，按部就班的遵守规则让普通职工也兴趣"递减"了，上下级、干群关系也变得不太"和谐"了。

> 如此一来,"上管学校办学方向,下管厕所灯亮"的王校长时常在职工会上牢骚满腹,怨下级、怨职工。这究竟是为什么呢?
>
> 资料来源:谭亚西.校长管理要留个"缺口"[J].教育发展研究,2007(6):81.

课程与教学管理是课程与教学领域的重要内容,也是学校管理工作的核心。随着教育改革的不断推进,课程与教学实践变得越来越复杂,而且呈现出持续改革和全面创新的格局,这迫切要求加强课程与教学管理,以便更好地实现课程与教学的价值。

一、课程与教学管理的含义及基本要素

(一)课程与教学管理的含义

教学管理是教学管理者对教学工作进行决策、计划、组织、监督、检查和总结,最大限度地调动教师和学生的积极性,以实现教学目标,提高教学质量的活动。

对教学管理的研究由来已久,早在《学记》中就已经有关于教学管理的论述。《学记》中把教育的年限定为两段、五级、九年,即"比年入学,中年考校。一年视离经辨志,三年视敬业乐群,五年视博习亲师,七年视论学取友,谓之小成。九年知类通达,强立而不反,谓之大成。"德国教育家赫尔巴特同样重视教学过程中对孩子的管理,他认为人性本恶,儿童生来就有一种"盲目冲动的种子",表现出"不服从的烈性",因此,教学过程中应该对儿童的行为加以约束,进行管理,以便使教学成为可能。而与教学管理不同,我国对"课程管理"这一概念的使用并不多。20世纪80年代末以后,随着我国课程改革实践的丰富和发展,教学概念无法再包容所有的课程问题,课程概念便从教学概念中分化出来,课程管理的概念也便应运而生。

一般而言,我们认为课程管理是对课程的编制、实施、评价等活动进行计划、组织、指挥、协调和控制的过程。具体而言,课程管理可以分为宏观和微观两个层面的内容,宏观层面的课程管理是指国家和各级教育行政部门开展的课程管理活动,如国家课程政策的制定、区域性课程改革方案的制订等;微观层面的课程管理是指某一学校内部的课程管理活动,如学校对某一门课程开展的检查与评价活动等。

(二)课程管理与相关概念的辨析

与课程管理相关的概念是课程领导。关于对课程管理与课程领导的内涵及关系认识上,不同的人对它们的定位也存在着分歧。当然,对课程与教学关系的认识是与人们对课程与教学关系的认识分不开的,主要有以下几种观点。

(1)课程管理包含课程领导。廖哲勋、田慧生认为,课程领导是课程管理的一部分,是从课程管理中分离出来的,是课程管理的重要职能之一。课程管理的领导职能

是使整个管理过程中其他职能得以实现的起主导作用的推动力量。①

（2）课程管理与课程领导相互独立。钟启泉认为"课程管理"的术语其实是比较陈旧的，新近在美国多用"课程领导"。这个术语之所以"新"，主要表现为意在摆脱历来的"管理"思想：自上而下的官僚体制的"监控""管制"。亦即，改变学校接受上级行政部门的指令之后才开始围绕学校的课程展开活动和运作的认识；改变行政和管理是从学校的上司和外部提供驱动力的观念。因此，要从根本上改变这种模式，就得从"经营"或是"领导"的功能出发，强调诉诸自身的创意与创造力，自律地、自主地驱动组织本身的含意和韵味。亦即，旨在实现从"课程管理"到"课程领导"的根本转型：学校本身要把日常的课程实践活动作为自身的东西加以自主地、创造性地实施。② 另外，郑先俐、靳玉乐等学者从组织学的视角分析了课程领导与课程管理的区别（见表 7-1）。

表 7-1　课程领导与课程管理的区别③

项目	课程领导	课程管理
主体	课程领导注重课程权力共享，课程管理人员、课程专家、教师、家长、社区代表和学生等与课程相关的组织和人员是课程领导的主体	课程的管理权力集中于上层教育管理机构和管理者手中，学校和教师不具有相应权力
实施	依靠课程领导的法定权力和自身个人权威，以后者为主	依靠课程领导的法定权力和自身个人权威，以前者为主
决策	提倡课程权力共享、民主参与，在决策过程中，所有与课程相关的组织和个人都可以广泛发表意见	课程管理是一种集权式的管理，只有上层教育管理机构和管理者才有权参与到课程决策过程中
模式	上下级之间不仅存在着纵向的决策—执行关系，而且还存在着横向、斜向的沟通与协作，沟通模式趋向网络化	上级和下级之间的交流以纵向的行政命令为主，上级作出的决策，以行政命令的方式自上而下推行
动力	上级机构采用多种方式引导下级机构自主作出决策及进行自我管理	采用行政命令、规章制度等限制性手段控制下级机构

（3）课程领导取代课程管理。邓先俐、靳玉乐等学者认为，课程领导是一种新的管理观。它的"新"主要体现在以下几个方面：其一，新的管理理念。课程管理是以泰勒的科学管理理论、法约尔的行政管理理论以及韦伯的科层组织理论等古典管理学派为依据；课程领导体现的则是后现代主义哲学理念和以人为本的管理理念。其二，新的组织观。课程管理奉行科层组织观，即坚持上级对下级的监管。课程领导体现的是

---

① 廖哲勋，田慧生.课程新论[M].北京：教育科学出版社，2003：306.
② 钟启泉.从"课程管理"到"课程领导"[J].全球教育展望，2002(12)：24.
③ 郑先俐，靳玉乐.论课程领导与学校角色转变[J].河北师范大学学报：教育科学版，2004(3)：100.

人力资源组织观,这种组织系统是一个合作的系统。其三,新的系统观。传统的课程管理是一个封闭的系统,课程领导则是一个开放的系统。[①] 笔者从当前对课程管理和课程领导的研究文献分析可知,课程领导取代课程管理已经成为课程发展的趋势。

(三)课程与教学管理的基本要素

课程与教学管理的基本要素包括课程与教学管理主体、课程与教学管理客体、课程与教学管理手段以及课程与教学管理目标四个方面(如表 7-2 所示)。

表 7-2　课程与教学管理的基本要素

课程与教学管理的基本要素	课程与教学管理主体	课程与教学管理主体是多层级的,既包括从中央到地方各级教育行政部门,又包括负责课程实施的学校管理人员如校长、教导主任、教师等,不同层级的管理主体各有其职责
	课程与教学管理客体	课程与教学管理客体主要包括被管理的人、财、物、信息等因素。人指的是课程设计者、实施者、评价者等有关人员;财指的是课程建设的财政投入;物指的是课程建设所需的仪器设备、图书资料、场所等;信息指的是课程建设实施中产生的各种信息
	课程与教学管理手段	课程与教学管理手段是连接课程与教学管理主体和课程与教学管理客体的纽带,指的是课程与教学管理的方法、技术以及对课程与教学客体所施加的决策、组织、协调、控制、领导等职能
	课程与教学管理目标	课程与教学管理目标是课程与教学活动所要达到的理想状态,它处于课程与教学管理活动的中心地位,即课程与教学管理主体围绕如何实现课程与教学管理目标,运用一定的管理手段和方法,对课程与教学管理客体进行有效管理,以达到既定的课程与教学管理目标

二、课程与教学管理的意义

(一)课程与教学管理有助于稳定课程与教学秩序

首先,课程与教学管理就在于建立稳定的课程与教学秩序,以指导课程顺利实施。三级课程管理体制的实行标志着我国从中央集权型课程管理模式向实行国家、地方、学校多层次的课程管理模式转变,有利于学校依据国家颁布的课程标准,设置符合学生实际的、结构合理的课程。通过使用规定的教材,采取合理的教学组织形式,使学生经过一定的修业年限,通过考试达到毕业标准,从而保障了教学的有序进行。

其次,课程与教学管理在指导课程实践的过程中有利于追求教育效益的最大化。人类的管理活动自产生之日起就包涵效益因素,管理的效益就是力求用最少的人力、财力、物力因素培养出更多的合格人才。由此,我们认为,学校课程与教学管理是在教育各因素的相互作用中,充分发挥每一位师生的积极性、主动性和创造性,以达到课程

---

① 郑先俐,靳玉乐.论课程领导与学校角色转变[J].河北师范大学学报:教育科学版,2004(3):99.

与教学管理效益的最大化。

(二)课程与教学管理有助于提升教师专业水平

无论什么样的课程实施,都需要经过教师的安排、运作,都需要教师的思想、理念和能力才能完成。没有教师的专业发展,就没有课程的发展,因为课程改革最重要的就是通过教师把一个好的课程构想转化为学生的实际经验。从这个意义上说,课程与教学管理的成效如何,关键在于调动广大教师的积极性和主动性。为此,课程与教学管理中,要满足教师的多层次需要,包括物质需要、尊重、信任需要、自我实现需要等。心理学研究表明,任何人从事工作并非为了纯粹谋生,最重要的是争取到他人尊重和人格平等。因此,学校管理者应在满足教师低层次需要的同时运用多种手段尊重人,使教师感受到自我价值的实现。

另外,教师只有参与课程与教学管理的决策,才能更好地指导实践。因为学校的课程管理状况决定了教师参与课程发展与决策的程度,呆板、机械的学校课程管理模式必定束缚教师的手脚,限制他们教学主动性和创造性的发挥,从一定程度上剥夺了教师的专业自主权。长期以来,我国中小学教师没有参与课程发展与决策的传统,缺乏必要的专业自主权,这是造成他们专业化水平不高的原因之一。加强学校的课程管理,提高学校的课程管理水平,能够最大限度地为教师专业自主提供条件和保障,从而激发教师参与课程发展与决策的热情,充分发挥其主体作用和创造性。在此过程中教师加深了对课程的理解、丰富了专业知识、提高了研究能力、增强了专业自信心,有利于专业化水平的提高。①

知识卡片 7-1

落实教师参与课程发展的对策

第一,权力的再放——在课程发展中赋予教师充分参与的权力。

第二,角色的转换——教师角色由单一化向多元化转变。

第三,知识的建构——在教师教育中注重对课程知识的建构。

第四,职责的履行——让教师由课程外围走进课程中心,成为真正的课程发展研究者。

第五,多方面的合作——加强一线教师与课程专家、学者的合作。

---

① 杨中枢.我国中小学学校课程管理:意义、问题与对策[J].课程·教材·教法,2003(7):16.

> 第六,加大学校的支持——给教师参与课程发展以更广阔的空间。
> 资料来源:靳玉,张丽.教师参与课程发展:问题与对策[J].当代教育科学,2003(23):12-13.

(三)课程与教学管理有助于提高学生学习的主动性

课程与教学管理的目的是为了学生的发展,有效的管理效果能够提高学生学习的积极性和主动性,而非压制学生的个性。传统的课程与教学管理是为了保证课程与教学秩序的正常运行,忽视了学生本身的生活意义,学生除了接受知识外,就是服从学校的管理条例。为改变这一局面,课程与教学管理者应尽可能地满足学生的合理要求,如图书资料的购置、实验设备的添置、学习环境的优化等。另外,让师生参与部分课程与教学管理工作,增强师生的主人翁感,调动师生的积极性。如课程计划的修订及其他教学管理文件的制定,征求师生的意见,这对调动师生的积极性有重要作用。[①]

第二节 课程与教学管理模式

> **案例 7-2**
>
> **教学回避法:教学管理人性化又何妨**
>
> 2003年2月21日《钱江晚报》报道,杭州市天地实验小学在2003年2月出台了该校首部关于"教学回避"的规章制度。该校出台的《教学回避办法》明确规定,教师因家庭突发事件或受外来刺激而情绪失控,可以申请教学回避,暂不上课;教师因在日常生活中遇到难以排解的矛盾而情绪失控,可以暂不上课;教师在处理与教师、家长的矛盾中因矛盾激化而情绪失控,可以暂不上课;教师在教学过程中若受各种因素干扰而情绪失控等,可暂不上课。

---

① 李方.课程与教学基本理论[M].广州:广东高等教育出版社,2006:316.

情绪失控程度较轻的,可暂时回避教学现场,时间一般不超过半小时;如果其情绪过于低落或激动,学校可放假半天,让其用听音乐、看书、喝饮料、外出散步、找人倾诉等方法积极调控心态,等情绪调适后再及时进行教学工作。校方不追究回避人的回避责任。当教师不愿主动申请回避时,学校也可视具体情况劝说其回避。

资料来源:冯青来.教育教学管理案例选粹[M].武汉:华中科技大学出版社,2010:67.

教学回避制度是随着人们对教学管理理解的深入而出台的,它是为了保证教师在良好的状态下进行教学活动,避免不良情绪干扰教学过程,减少教学的负面效应,从而确保师生身心健康,提高教育的整体效益。当然,教育的改革不仅仅是在教学管理方面,世界各国的课程管理同样在发生着演变。

一、课程管理模式的演变

随着对课程本质理解的不断深化,人们对课程改革问题的思考也越发凸显出对现实的尊重,人们越来越认识到,固守某种单一的模式已不能适应现实,世界各国中小学课程管理正努力变革单一型的课程管理体制,向中间型、综合型发展。例如,美国实行国家统一课程、统一课程标准,将国家的统一性与地方的灵活性统一起来。中国等开始向实行国家、地方、学校多层次的课程管理模式转变。

(一)中央集权型课程管理模式

中央集权型的课程管理模式是由中央制定统一的课程标准,拟定统一的教学计划和教学大纲,确定统一的课程评价标准等。它强调课程的同一性和统一性,强调所有地区、所有学校都设置相同的学科,运用相同的评价标准,甚至有的国家要求使用相同的教材,使用相同的课程表。中央集权型课程管理模式的主要特征及优缺点如表7-3所示。法国是率先实行这种管理模式的国家,自拿破仑统治时期开始,就由中央政府颁布指令性的教学方案(教学计划)与课程标准。俄国则在1917年"十月革命"以前,参照法国先例,实施集中统一的中央集权型课程管理模式。

表 7-3　中央集权型课程管理模式

名　称	代表国家	特　征	优　点	缺　点
中央集权型课程管理模式	中国、俄国、法国、韩国、日本、瑞典	·制定和颁行全国统一的课程标准、课程计划 ·统一编订教科书 ·根据统一的标准和要求进行全国性和区域性的考试	·利于保证教育质量，提高教育的整体水平 ·利于实现相对的教育平等 ·利于保证文化的统一，培养学生的文化认同感 ·利于中央对教育全局的控制 ·利于课程权利的再分配	·不能照顾不同地区之间经济文化上的差异 ·不利于调动地方和学校的积极性 ·不利于教育民主化、科学化、多样化的进程 ·削弱了教育为当地经济和社会发展服务的功能 ·不利于学生个性的发展，也不利于教师教学创造性的发挥，使教育趋于应试化

随着教育的不断发展及人们对教育现象与规律越来越深入的认识和把握，中央集权型的课程管理模式在复杂的教育现象面前显现出了越来越多的缺点。为了克服中央集权型课程管理模式的缺点，从 20 世纪 60 年代开始，苏联、法国、中国、日本等实行中央集权型课程管理模式的国家，都先后不同程度地进行了中小学课程管理改革，逐步实行中央、地方、学校三级管理模式。

苏联是典型的中央集权制国家，最初，教育的相关重大问题都由中共中央决定，都经最高苏维埃政府审议，并要求教育行政机关执行。教育部统一制定教育的指导原则、管理制度、发展规划、教学计划以及编写审定教科书。

直至 1991 年，苏联解体，俄罗斯联邦教育部发表了《转型期共和国教育的安定化和发展计划》，提出了实施多样化的课程体系，为此制定的教育标准不再仅仅体现国家要求，还体现出地区要求和学校要求。

1993 年颁行的《俄罗斯联邦普通教育学校基础教学计划》由不可变部分和可变部分构成，不变部分是指国家统一规定的必修的教学科目，如俄语、语言和艺术、社会学科、自然学科、体育、工艺等，不但规定了不变学科的教学时间，还规定了可变部分的教学时间和课时比例。另外，此教学计划还附有 15 个适应不同地区、不同特点学校的教学计划，体现出教学计划统一性和多方案性相结合的特点。例如，莫斯科州就设计了 16 个不同的计划，以适应不同特点学校的需要，针对性、灵活性较强，有利于学校办出特色，有利于学生发展个性。

（二）地方分权型课程管理模式

地方分权型的课程管理模式是与中央集权型的课程管理模式相对的一种管理模式。地方分权型的课程管理模式强调社会需求多样化，强调学校自身的独特性，强调人的个别差异，强调发展人的个性，实质上是强调以人的发展为本。这种管理模式下，各地区没有统一的课程计划、课程标准，不同的地区和学校可以有上百种备选教材。

地方分权型课程管理模式的主要特征及优缺点如表 7-4 所示。世界上比较典型的使用地方分权型课程管理模式的国家有美国、英国、德国、加拿大等。

表 7-4 地方分权型课程管理模式

名称	代表国家	特征	优点	缺点
地方分权型课程管理模式	美国 英国 德国 瑞士 加拿大	・没有统一的课程计划和课程设置,课程管理的主体是地方和学校 ・没有统一的课程标准和教科书,地方和学校可自由选择和确定教材 ・没有全国性的统一考试,地方和学校可自行组织	・有利于发挥地方优势,为满足本地的个性化需求服务 ・有利于调动地方和学校的积极性,发挥地方和学校的创造性 ・体现了教育的民主化、科学化 ・有利于制度创新,使之更好地满足学校要求 ・能保证教育实际上的平等	・由于没有统一的标准,各地各校培养的学生水平参差不齐,教育质量难以保证 ・不利于国家对教育的宏观上的统一控制和管理 ・易造成课程管理失控和教育上的混乱

随着教育的发展,许多原来长期实行地方分权的国家,如美国、英国、德国、加拿大、瑞士等国家,都在逐步加大中央政府对地方和学校课程管理的干预力度,审定了相对统一的国家课程,制定了国家课程标准,使中央和地方对课程管理的权限分配逐步走向合理。

美国的课程管理是典型的地方分权型管理模式。以美国为例,美国从一开始就没有统一的全国性教育领导机构,南北战争后,各州在州政府领导监督之下成立州教育委员会,作为教育决策机关。州教育委员会依照州教育法来确立教育政策的制定与实施。州下面分设学区作为地方教育行政机关。

20 世纪 80 年代后期,美国的课程管理模式发生了变化。从过去的以地方分权为主的课程管理模式变为国家、地方和学校相结合的课程管理模式。这种管理模式是:联邦政府对学校的课程只作宏观的要求和原则性的指导,具体执行的课程标准大多数是由州来制定的(有极少数州将制定课程标准的权力下放到地方学区),学区则有把州制定的标准进一步具体化、具体编制教育计划、指导纲要和课程标准等的权限;学校教师也在一定的范围内参与课程决策,主要包括参与课程委员会,与其他教师一起分享课程经验,或是在课堂层次上与学生一起制订教学计划和实施教学计划。与此同时,各州负责的专家也常常与各学区的教师一起讨论研究,组织编写州的课程指导书,或对教学标准、教育计划进行修改补充。

(三)混合型课程管理模式

混合型课程管理模式,就是中央集权型和地方分权型管理模式相结合的管理模式。这种管理模式试图避开集权与分权管理模式的缺点,集合两种模式的优点,对课程系统进行最优化调控。其特点是在国家统一要求的前提下实现多样化、灵活化和弹性化,通过统一性保证国家的教育基本质量水平,而通过灵活性和弹性化满足当地人和学校的实际需要。由于混合型课程管理模式集合了两种模式,所以在实施过程中难免有所偏重。

英国和日本的课程管理模式是混合型。但它们也有区别,英国的管理模式就是偏向于分权的混合型,而日本则是偏向于集权型的混合型。以英国偏向于分权的混合型课程管理模式为例:英国的课程管理体制与美国的完全地方分权有着相似点也有着区别。首先,英国与美国的地方都有着较大的课程权力。美国五十个州在课程管理方面较为独立,课程计划、内容等方面的规定都由各州自行制定,而各州又进一步将某些权力下放。而英国的课程决定权也保留给地方,地方教育当局直接设置管理学校,制定课程标准,选用教科书。其次,英国与美国中央的课程权力稍有不同。美国一直都没有管理全国教育的联邦教育机构,即使后来成立了联邦教育部,其职责权能非常有限。而英国在中央设立了教育科学部,1944年的教育法案及其修正案和有关法律规定,教育科学部有权制定国家政策,颁布法令、规则等并监督地方贯彻执行。另外英国的课程管理体制与法国的高度中央集权又有着较大的区别。法国不仅有对全国教育进行全面直接领导的中央权力机构——教育部,而且有一套组织严密、完全受教育部垂直领导和监督的地方教育行政机构,教育部的权限相当大,一切教育方面的有关法令、政策、课程等均由中央决定,地方只负责执行,中央和地方的关系是垂直领导关系。而英国中央与地方的关系不存在严格的领导与被领导的关系,它们只是一种松散的合作伙伴关系,地方的权力要大于中央。

当然,混合型课程管理的国家也都在不断改革。比如,法国实行10%的自由支配课程,扩大学校的权力;日本教科书制度由国定到审定,且逐步放宽审定标准。在此基础上,有学者提出了一种理想的课程管理模式——融合型课程管理模式。这种模式不同于混合型,它不是集权与分权的简单相加,而是集权与分权有机结合,是一个整体系统。但是,如何把集权与分权融合为一个有机整体,目前还在探索中。

实践表明,世界上任何一个国家都不可能采用单一的集权型或分权型的课程管理模式,而是趋于把二者融合在一起,寻求其最佳平衡点与结合点。因此,只有结合本国国情对各种管理模式进行深入研究,才能找到符合本国的最佳管理模式,才能实现教育优化运行,最大限度地推动教育事业的发展。

知识卡片 7-2

表 7-5　四种课程管理模式比较

	实践模式			理想模式
	中央集权型	地方分权型	混合型	融合型
课程管理机构	不健全	不健全	不健全	既有整体的,又有分项的
课程计划	国家统一制定、颁布,各地方必须遵循	地方各自制定,学校或必须执行或仅做参考	国家统一制定,各地方有一小部分课程规划权	统一制定,有指导性,地方以此为参考;地方可制定地方性课程
教学大纲	国家统一大纲	国家核心大纲	国家统一大纲	统一制定(层次性)
教科书制度	国家统一编写、发行,学校必用	自由编写、发行,学校自选	国家审定或地方审定,学校自选	国家和地方审定,各负其责,学校自选

资料来源:刘彦文,袁桂林.当前世界课程管理的基本特征[J].外国中小学教育,2000(1).

二、三级课程管理模式

(一)三级课程管理模式的确立

中华人民共和国成立以来,我国受苏联影响,实行高度集中的中央集权型课程管理模式。但是,随着我国政治经济体制的不断深化,过分强调整齐划一的中央集权制课程管理模式日益暴露出它存在的缺陷。因此,1978 年,教育部颁发了《全日制十年制中小学教学大纲(试行草案)》,对中小学课程设置及主要目标提出了新要求,主张课程内容必须以基础知识为主,应该把训练学生的基本技能、开发学生的智力、培养学生的能力作为重点。此后,从 1981—1984 年教育部又分别颁发了《五年制中学教学计划修订草案》《五年制小学教学计划修订草案》和《六年制小学教学计划草案》,进一步规范了中小学的课程设置和教学。1985 年,《中共中央关于教育体制改革的决定》首次提出,"把发展基础教育的责任交给地方""实行基础教育由地方负责、分级管理的原则,是发展我国教育事业、改革我国教育体制的基础一环"。

1986 年的《中华人民共和国义务教育法》第八条规定:"义务教育事业,在国务院领导下,实行地方负责,分级管理。"虽然这些法规主要针对的是教育行政管理体制而言的,但实际上也使我国长期以来高度集中统一的课程管理模式开始向地方下放权责。1986年,全国中小学教材审定委员会成立,决定改革统一的教材体制,在统一要求、统一审定的前提下实行教材的多样化,改变了一套教材"统一"大半个中国的局面。

1999年6月,第三次全国教育工作会议之后发表的《中共中央国务院关于深化教育改革　全面推进素质教育的决定》指出:"调整和改革课程体系、结构、内容,建立新的课程体系,试行国家课程、地方课程和学校课程。"

2001年,国务院和教育部先后颁发《国务院关于基础教育改革与发展的决定》和《基础教育课程改革纲要(试行)》,明确提出:实行国家、地方、学校三级课程管理。这样,国家、地方、学校三级课程管理体制被正式确立下来。

知识卡片7-3

我国有关三级课程管理的规定

为保障和促进课程对不同地区、学校、学生的要求,实行国家、地方和学校三级课程管理。

教育部总体规划基础教育课程,制定基础教育课程管理政策,确定国家课程门类和课时。制定国家课程标准,积极试行新的课程评价制度。

省级教育行政部门依据国家课程管理政策和本地实际情况,制订本省(自治区、直辖市)实施国家课程的计划,规划地方课程,报教育部备案并组织实施。经教育部批准,省级教育行政部门可单独制订本省(自治区、直辖市)范围内使用的课程计划和课程标准。

学校在执行国家课程和地方课程的同时,应视当地社会、经济发展的具体情况,结合本校的传统和优势、学生的兴趣和需要,开发或选用适合本校的课程。各级教育行政部门要对课程的实施和开发进行指导和监督,学校有权力和责任反映在实施国家课程和地方课程中所遇到的问题。

资料来源:中华人民共和国教育部.基础教育课程改革纲要(试行)。

(二)三级课程管理的内涵、目标及权责分配

1. 三级课程管理的内涵、目标

国家课程管理,就是制定国家基础教育各个阶段的培养目标、课程计划框架、课程标准的实施与评价等宏观课程政策,由教育部负责实施,具有一个国家的法律或行政

权威,在一个国家的任何地方和教育机构里都是有效的。它的目标主要有五个:第一,传达国家课程政策的理想;第二,影响地方及学校层级课程实施的情形;第三,整合地方课程资源;第四,掌握各级课程实施及改革成效;第五,落实课程政策的意图和成效。

地方课程管理,就是由省、地、县各级教育行政部门执行上级教育行政部门颁布的课程政策,监督下级对课程政策的执行,结合本地的实际情况,制定相应的指导性课程文件。它的目标主要有四个:第一,整合、运用中央、地方、学校的相关资源;第二,扶持学校课程实践与改革;第三,提升地方课程实施成效;第四,发展地方课程的特色。

学校课程管理,就是学校在"三级课程管理"的总体框架下,根据上级教育行政部门有关基础教育课程的政策规定,结合本校实际情况,为实现学校培养目标而进行的课程设计、实施与评价的一系列组织活动。

2. 三级课程管理的权责分配

国家一级课程管理的权利主体是国家教育行政部门的最高机构——教育部。它的主要职能是总体规划基础教育课程,制定国家基础教育培养目标、课程计划框架和课程标准等宏观的政策,并指导和监控地方、学校贯彻执行。

地方一级课程管理的权利主体是地方教育行政部门。它依据国家课程管理政策和本地实际情况,制订本省(自治区、直辖市)实施国家课程的计划,规划地方课程,报教育部备案并组织实施。经教育部批准,省级教育行政部门可单独制订本省范围内使用的课程计划和课程标准,在我国教育行政体系中处于承上启下的地位,发挥着中央难以替代的作用。

学校一级课程管理的权利主体包括校长、教师、学生、家长等。其中,校长是学校课程的主要决定者和责任人;教师、学生、家长是学校一级课程管理权利主体的重要成员。学校在执行国家课程和地方课程的同时,应视当地社会、经济发展的具体情况,结合本校的传统和优势、学生的兴趣和需要,开发或选用适合本校的课程。各级教育行政部门要对课程的实施和开发进行指导和监督,学校有权利和责任反映在实施国家课程和地方课程中遇到的问题。

三级课程管理的权责分配如表7-6所示。

表 7-6　国家、地方和学校三级课程权责分配框架①

国家一级	地方一级	学校一级
・制订课程计划和国家课程标准 ・指定教材编写、审查和选用政策,编写教材 ・制定地方和学校的课程管理指南 ・负责审议地方课程的开发方案 ・确定基础教育课程的评价制度 ・监督国家有关政策的执行,组织全国性水平测验 ・根据教育改革和发展需要,修订课程文件	・制订本地课程计划和实施方案 ・开发地方课程 ・为学校课程实施与开发提供服务,帮助学校解决教育中的问题 ・对本地课程实施、评价与考试等情况进行监控 ・整合社会的课程资源,引导各种课程力量参与课程开发与管理 ・组织教师培训	・制订学校课程方案 ・选用经审查通过的教材 ・开发校本课程 ・对课程计划实施、教学、评价与考试、课程资源开发与利用等方面进行自我监控 ・建立教师、学生、家长及社区代表参与学校课程管理的机制 ・组织校本培训,建立以校为本的教研制度 ・为教师教学、学生学习等提供服务

由此可见,国家层面课程管理的基本权力职责集中体现在以下两大方面:一是为课程改革的合理有序进行提供基本的公共性保障和服务;二是确保权力下放到地方和学校层面时能够不被其滥用,以保证国家的课程政策推行畅通无阻。而地方政府需要结合本地区的实际特征,有效地利用手中的课程管理权力,上承国家政策,下启地方资源,构筑国家与地方的连通渠道。学校层面课程管理的基本权力首先是保证国家规定的基本课程能够得以顺利实施;在此基础上,再根据本校的实际情况,适时适量地开设一些具有校本特色的课程。

知识卡片 7-4

三级课程双向管理机制

实现国家的课程理想,需要相应的课程管理。一方面,要自上而下采取多种管理举措,包括为地方、学校的课程管理和开发提供课程指南、课程审议等方面的指导和服务,以确保国家的课程计划在地方、学校能逐级落实,维护其严肃性;另一方面,在使各方承担相应的课程责任的同时,也要构筑下情上达的渠道,地方和学校有权力向上级有关教育部门就课程实施过程中出现的问题提出意见或建议,实现自上而下与自下而上相结合的双向管理机制。

---

① 钟启泉.课程论[M].北京:教育科学出版社,2007:251.

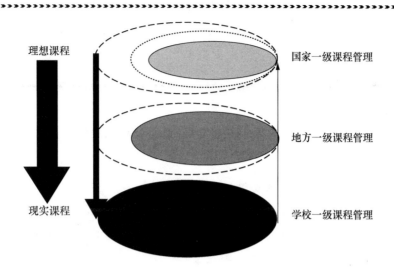

图 7-1 三级课程双向管理示意图

随着国家课程、地方课程和校本课程的有效开发和逐级落实,学校课程就从国家层面的理想形态的课程转变为学校层面的现实形态的课程。由于课程开发、实施方面的问题,"现实课程"不可能完全等同于"理想课程",但课程管理要努力缩小两者之间的差距。虽然国家课程、地方课程、校本课程的开发主体各不相同,但国家基础教育课程体系的建设,实际上是国家、地方和学校三级权力主体共同完成的,只不过它们各自承担的职责各有侧重,范围有所不同罢了,不存在哪一级课程只是哪一"家"之事的问题。

资料来源:钟启泉.新课程的理念与创新[M].北京:高等教育出版社,2003:190-191.

(三)三级课程管理的目标

1. 国家课程管理目标

国家课程是一个国家基础教育课程方案的主体部分,对于基础教育的发展,特别是人才培养的质量和规格具有决定性作用。国家课程的目标主要有以下几个方面。

第一,确保所有学生学习的权利。国家课程是面向全体学生的,因此国家课程将保证所有学生都享有在一定领域内的学习权利和获得知识、发展智力的权利。一般来说,国家课程的标准的难度在中等偏下,这样就可以保证绝大多数学生都能达到国家课程标准,从而避免因标准过高而将那些处境不利的学生排除在外。这是国家课程最显著的特征。

第二,明确规定学生在接受学校教育期间应达到的标准。国家课程实际上也是一个质量标准,它为学校和社会各界提供了清楚、具体的教育质量标准。国家课程向学生、家长、教师、地方政府、用人部门和公众清楚地界定了期望学生学习达到的成就标准,规定了所有科目的学习应达到的国家标准。

知识卡片 7-5

第一学段(1—2年级)语文课程标准

(一)识字与写字

1. 喜欢学习汉字,有主动识字的愿望。

2. 认识常用汉字 1600~1800 个左右,其中 800~1000 个左右会写。

3. 掌握汉字的基本笔画和常用的偏旁部首,能按笔顺规则用硬笔写字,注意间架结构。初步感受汉字的形体美。

4. 写字姿势要正确,字要写得规范、端正、整洁,努力养成良好的写字习惯。

5. 学会汉语拼音。能读准声母、韵母、声调和整体认读音节。能准确地拼读音节,正确书写声母、韵母和音节。认识大写字母,熟记《汉语拼音字母表》。

6. 学习独立识字。能借助汉语拼音认读汉字,用音序检字法查字典。

(二)阅读

1. 喜欢阅读,感受阅读的乐趣。初步养成爱护图书的习惯。

2. 学习用普通话正确、流利、有感情地朗读课文。学习默读。

3. 结合上下文和生活实际了解课文中词句的意思,在阅读中积累词语。借助读物中的图画阅读。

4. 阅读浅显的童话、寓言、故事,向往美好的情境,关心自然和生命,对感兴趣的人物和事件有自己的感受和想法,并乐于与人交流。

5. 诵读儿歌、童谣和浅显的古诗,展开想象,获得初步的情感体验,感受语言的优美。

6. 认识课文中出现的常用标点符号。在阅读中,体会句号、问号、感叹号所表达的不同语气。

7. 积累自己喜欢的成语和格言警句。背诵优秀诗文 50 篇(段)。课外阅读总量不少于 5 万字。

（三）写话

1. 对写话有兴趣，写自己想说的话。（写想象中的事物，写出自己对周围事物的认识和感想。）

2. 在写话中乐于运用阅读和生活中学到的词语。

3. 学习使用逗号、句号、问号、感叹号。

（四）口语交际

1. 学讲普通话，逐步养成讲普通话的习惯。

2. 能认真听别人讲话，努力了解讲话的主要内容。

3. 听故事、看音像作品，能复述大意和自己感兴趣的情节。

4. 能较完整地讲述小故事，能简要讲述自己感兴趣的见闻。

5. 与别人交谈，态度自然大方，有礼貌。

6. 有表达的自信心。积极参加讨论，敢于发表自己的意见。

（五）综合性学习

1. 对周围事物有好奇心，能就感兴趣的内容提出问题，结合课内外阅读，共同讨论。

2. 结合语文学习，观察大自然，用口头或图文等方式表达自己的观察所得。

3. 热心参加校园、社区活动。结合活动，用口头或图文等方式表达自己的见闻和想法。

第三，提高学生在接受学校教育期间的连续性和连贯性。国家课程从总体上规定了不同学段的教育目标，这种目标虽然是基本的、较低要求的，但具有强制性和统一性，这就有助于在国家层次上形成一个连续的课程框架，从而使不同学段之间具有较强的连贯性，并为学生的学习进步留有充分的灵活余地。因此，国家课程有利于学生在学段之间顺利过渡，并为终身学习打好基础。

2. 地方课程管理目标

第一，促进国家课程的有效实施。地方课程是在国家课程的基本精神的指导下而进行的，并在联系地方实际中满足学生多样化的发展需要，更好地达到或实现国家课程所确定的目标。因此，地方课程与国家课程在主要的目标上是一致的。地方课程与国家课程不同之处在于，地方课程具有较强的针对性，它充分利用本地的课程资源，紧密结合本地的社会、经济和文化发展现状，促进课程的有效实施。

第二，可以弥补国家课程的空缺。国家课程是面向全国的，它具有普适性，确保了大多数学生甚至所有的学生都能接受。但实际上，国家课程很难满足全国不同地区、不同学校、不同学生的需要，也很难适应不同地区的实际。因此，国家课程只是规定了最低标准和基本要求，对于国家课程所没有涵盖的、不能满足的、无法考虑周全的内容，地方课程正好可以弥补。

第三，调动地方参与课程改革与课程实施的积极性。无论是地方课程的管理还是地方课程的开发，都对地方提出很高的要求。地方要在掌握国家课程政策和国家课程标准的前提下进行课程管理和课程开发，这就有利于调动地方参与课程改革和课程实施、课程开发的积极性和主动性，这不仅有利于国家课程的有效实施，而且也有利于培养地方的课程开发能力，从而促进课程改革的可持续发展。

3. 学校课程管理目标

第一，确保国家课程的有效实施。学校课程的实施，从根本上说，它必须是在国家宏观课程政策和国家课程标准的框架内进行的，要与国家的教育方针、教育目标特别是人才培养目标相一致。因此，学校课程可以是国家课程的创新，比如杭州市拱墅区贾家弄小学是一所百年老校，书画教育是学校的办学特色之一。为使特色更有内涵、更具有人文性，他们把特色教育与学校深厚的历史文化积淀融合起来，开发以"书画人生"为题的校本课程，着力培养学生的文化素质。课程以"学书画，学做人"为书画人文的活动主题，提出了五大主题，即我们眼中的世界、让童眸映五彩、书画与生活、心灵的成长、插上想象的翅膀，以活动为主线，让学生在书画飘香中文雅地成长。因此学校课程是国家课程和地方课程实施的催化剂和助推器。

第二，照顾学生的个别差异，满足学生多样化的需要。国家课程注重的是普适性，很难考虑学生的个别差异，无法照顾不同学生的不同需要，即使地方课程也难以考虑不同学生的不同需要。而学校课程是以学校为开发和实施单位的，广泛征求学生自己的意见，可以更好地了解学生不同需要。

第三，促进教师专业能力的持续发展。教师参与学校课程开发，不仅有利于国家课程、地方课程的有效实施，也有利于其专业的发展。当然，学校课程的开发，要求教师要成为课程与教学的领导者，这就要在一定的教育理论和课程与教学理论的指导下，在掌握国家课程政策和课程标准的前提下，在充分了解学生的发展特长和现实需要基础上参与课程改革。这对促进教师的专业发展具有十分重要的意义，是实现教师持续性的专业发展的有效途径。

知识卡片 7-6

教师参与学校课程发展的职责

教师是学校课程设计与决策的主角。在学校课程的设计和决策中,教师要做到:第一,研究学校环境(包括内部和外部环境),分析学生的兴趣、能力、需求等各方面的特点,从而确立学校课程的目标,选择、组织学校课程内容,使课程符合学校实际和学生的需要;第二,与课程专家共同研究,以保证学校课程的科学性;第三,决定需要哪些资源来维持学校课程。

资料来源:谢艺泉.教师参与课程发展:权与责[J].比较教育研究,2003(2):73.

三、我国现行课程管理模式的改革趋势

随着我国教育改革的推进,课程的管理模式也处在深刻的变革中,呈现出许多新的发展趋势,如人本化趋势、民主化趋势、弹性化趋势等。

我国现行课程管理模式之所以出现这样的发展趋势,与现代教育环境有关。首先,从世界范围看,各国积极进行课程改革的过程中,在进行了大量关于课程设计与课程评价的研究后,发现课程管理是整体改革中的关键一环,如果课程管理跟不上,则整体课程设计的预期目标就不能很好达成,课程评价也不能理想地进行,于是人们开始重视课程管理,力图从管理这一"软件"入手提高课程改革的质量和效益。其次,我国新一轮基础教育课程改革不是对课程内容的简单调整,也不是新旧教材的替换,而是一次以课程为核心的波及整个教育领域乃至全社会的教育范式的根本改变,它是一场课程文化的革新,是教育观念与价值的转变,涉及从课程与教学理念到教材、教学目标、教学方法、课程管理、课程与教学评价等一系列变革。改革的具体目标包括倡导全面发展的教育、重建新的课程结构、体现内容的现代化、倡导建构性的学习、确立正确的评价观、促进课程的民主化与适应性等。这必然要求重建学校课程与教学管理体系,课程管理模式也就出现了新的发展趋势。

1. 人本化趋势

人本化趋势,即以人为本的管理趋势。"以人为本"的管理就是从关注人的整体发展出发去尊重师生的个性,把尊重、发展师生的个性作为课程管理的一个基本理念,把教师主体的发展与学生主体的发展有机地在教育过程中统一起来,充分发挥他们的积极性与创造性,并让他们体验到学习的价值与快乐,促进其发展等。以人为本的"人",

不仅指的是管理客体,也包括管理主体,它要求两者融为一体。

> **案例 7-3**
>
> **"以人为本"的课程与教学管理**
>
> 　　为了进一步提高办学质量,某校一方面制定了《教师工作量化考核标准》(以下简称《考核标准》),另一方面积极开展教研活动。但在实践中部分教职工参与的主动性、积极性不高。通过深入访谈我们了解到,教职工积极性不高的原因是他们认为机会不均等。如《考核标准》中的有些项目不是人人都能参与的,教研也只是部分教师的专利。如在"统考成绩"这项量化考核中,音乐、美术等学科的教师就得不到分;而教研活动,尤其是层次高一些的教研活动确实总是那么几个教师参与。
>
> 　　针对这种情况,学校及时修订了《考核标准》,将部分教职工无法得分的项目,修订为依据其他涉及教学成绩的教学过程性项目得分情况按一定比例给分;对于教研活动,学校确定了"'读教研写'并举,'备教说评'带动"的校本教研思路,坚持以课堂为主,尝试以"备教说评"为载体,带动"读教研写"的全面开展。所谓"备教说评",是指一学年内,每位教师就同一教学内容写一份"备教说评"的专用教案,上一节公开课,写一份说课稿并说课,听别人评自己一节课。同时,我们要求以"备教说评"带动校本教研活动的开展。
>
> 　　经过修订、完善制度规则,教师有了均等机会,享有了应有的权利,积极性提高了。
>
> 资料来源:翟光法."以人为本"管理三例[J].中小学管理,2007(5):41-42.

　　课程与教学管理的人本化趋势要求我们必须树立以人为本的管理理念。学校的人本理念包括以教师为本和以学生为本,把人放在主体位置上。具体而言,一是管理要依靠人,依靠全体师生;二是要尊重人,管理制度的执行要人性化。

2. 民主化趋势

　　课程发展的民主化趋势是指课程与教学管理要依靠教育行政部门、专家、广大教职工和学生等民主管理学校,动员社会力量参与民主管理,使"人人参与管理"成为一种制度性事实。它主要表现在中央与地方的关系、管理的参与主体、学生的主体性发展等几个方面。在中央与地方的关系上,如上文所述,我国从实行集中管理经过不断改革,实现了国家、地方、学校三级课程管理,在改革中努力寻求一种中央与地方管理权的平衡,体现出一种民主化趋势;在管理的参与主体上,参与人员、队伍正趋于多元,不管是在制订课程计划、教学大纲等课程标准时,还是教科书的编订、选用及课程管理机构的人员构成上,都注意吸引各方面的代表参与。比如,我国吸纳了许多专家、学者、教师参与了制订《基础教育课程改革纲要(试行)》的工作,保证了从多角度分析问题和解决问题,力图使课程管理科学化;在学生主体性发展方面,主要体现为学生对课程选择权力的扩大。学生拥有越来越多的选择,对适合自己的课程具有了较大的决策权,这是课程管理民主化的最重要体现,也是课程管理民主化要实现的最终目标之一。民主化趋势虽然已经显现出来,但其中许多细节性问题还有待深入研究,如中央与地方权力的平衡点到底定在何处,各课程管理参与主体的素质如何保证,学生是否具有自主选择课程的能力等,只有把这些细节性问题解决好,才能真正地实现课程管理民主化。

课程发展的民主化趋势要求在管理中要集思广益,所做出的重大决策、制定的规章制度必须具有代表性。因此,在思想观念上,行政人员应具有习惯化的民主意识,乐于并善于听取专家、教师、学生等人的意见和建议,主动接受监督;在实践工作中,学校应该充分尊重一线教师的意见,反映师生呼声,还要善于吸收、贯彻他们的意见;在保障形式上,重要决策和改革要召开相关会议,创造更好的、多样化的参与条件。

课程管理的民主化趋势,并不意味着课程管理只要民主不要权威。从社会主义民主与权威之间的关系看,它们具有相互依存的紧密联系。在社会主义社会,如果民主没有权威化,民主的原则观念和人民的民主权利就得不到确认和保护,民主活动就无法在有序的轨道上运行。而如果权威不民主化,权威就缺乏广泛而正当的存在基础,就得不到广大人民群众真诚的支持和拥护,而且权威有可能走上个人崇拜、独断专行的歧途,成为某些人阻碍甚至破坏民主的工具和力量。所以,在社会主义条件下,忽略民主与权威的区别,把民主与权威混为一谈,或把民主与权威完全等同起来是错误的;但割裂民主与权威的有机联系,把民主与权威对立起来也是有害的。只要民主不要权威,就会导致无政府主义;只要权威不要民主,就会产生专制主义。① 这就要求在课程与教学管理中,坚持民主与权威的有机统一;在做决策时,要充分听取相关人员的意见;在执行决策时,要调动他们的积极性,但要注意统一指挥,确保决策的严肃性。

3. 弹性化趋势

课程管理的弹性化趋势是指教师与学生管理课程权限扩大的趋势。而学生对课程的选择权加大是课程管理弹性化的最重要体现。课程管理富有弹性,趋于灵活,不仅是我国课程管理趋势,也是当前各国的特点和趋势。各国课程管理越来越摒弃划一、僵化的体制,而遵循课程管理的针对性原则,针对性就是弹性、科学化。针对性就

---

① 高民政,刘胜题.民主权威化与权威民主化[J].南京社会科学,2001(5):33.

是哲学上所讲的"具体问题具体分析",因"地"制宜。课程管理的弹性化主要表现在两个方面:对不同层次的学生和不同年龄段的学生的课程要求上。① 针对不同层次的学生,我国《九年义务教育全日制小学、初级中学课程计划(试行)》规定:农村复式教学点(班)、简易小学和非全日制小学,按本课程计划全面开设各学科尚有困难的,可适当减少学科门类,或只开设思想品德、语文、数学、常识,或只开设语文、数学,但都必须加强德育,积极创造条件开展文娱、体育活动。针对不同年龄段学生身心发展特征的差异,我国在各级教育中的课程设置也具有差异性。总的趋势是:在小学、初中阶段基本实行强调统一的(以必修为主)管理办法,而在高中大力推行选修制、学分制的管理措施。这样做,有利于在低年级打下扎实的基础,而在高年级,尤其是在高中阶段,能充分提高学生的兴趣及能力倾向。

案例 7-4

弹性教学

弹性教学的实施是一个系统工程,涉及学校的教、学、考、评、管等方方面面,其健康运行维系于三个子系统——动力系统、功能系统和保障系统的优化与协调(见图7-2)。

弹性教学的实施有以下几个途径:(1) 改变课程构成,增强课程弹性,增设多元化的选修课、活动课。(2) 试行学分制度,创建管理弹性。① 以学时学分确保基本教学质量。② 以奖励学分促使学生主动、个性化发展。这是弹性教育得以实现、学校特色得以形成的保障。③ 有效防止弹性教育进入纯智育误区。(3) 改革教学方式,推进过程弹性。① 教学进度弹性化。② 学生作业弹性化。我们设计了这样一些弹性作业模式:分层模式,基本+附加模式,程序练习模式,一题多解模式,自主作业模式等。③ 课堂教学弹性化。在课堂留有充分的自学时间,并为促成学生自学设计了"学案"和"学件"(网络环境下运用),有些学科运用"任务型"教学方式,促使学生有目标地自主学习。(4) 多元评价套叠,实施弹性评价。① 对传统测验评价的弹性化改良。传统测验的诊断性、公平性、高效率是不言而喻的,但往往不能顾及学生的个性化差异。我们的弹性化考试模式有以下几种:基本题+附加题,选做题,A、B卷,开卷+闭卷。② 建立一个激励学生的纵向评价方式。所谓"纵向评价"是指把学生个体的成绩放在一个较长的时间段(如一个学期或一个学年)内进

---

① 刘彦文,袁桂林.当前世界课程管理的基本特征[J].外国中小学教育,2000(1):34.

行考查。学生某次的"纵向评价"成绩指学生这次的"横向评价"成绩与上一次的"横向评价"成绩之差。对学生的进步情况给予关注,主要是通过"纵向评价"来实现的。③ 尝试使用新的评价方法。如终结评价+过程评价、展示性评价、先考后学评价、重过程的评价。(5)关注个体成长,进行弹性辅导。弹性教育必须充分认识学生的差异,对各类学生进行分类研究。

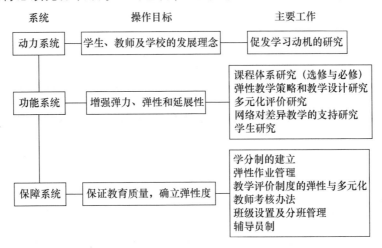

图 7-2　弹性教学系统示意图

资料来源:任继长,杜持红,倪子元.弹性教学:实施途径与管理方式[J].中小学管理,2006(1):29-31.

第三节　课堂教学管理

案例 7-5

毫无效果的课堂教学管理

张某毕业后在一所学校工作了两年,一直在某班教数学。两年来,他整天与同学们在一起,也常在下课后与学生讨论各种问题,有时放学后还与同学们一起打球。他与学生们相处得很好,学生们也喜欢和他一起玩。但是,每到上数学课时,同学们不是东倒西歪,就是吵吵嚷嚷。无论张老师怎样努力,都不能引起同学们学习数学的兴趣。同学们的数学成绩也一直排在年组的末位。同学们抱怨说:"上数学课毫无乐趣。""张老师一上课就啰啰唆唆一大堆,讲了半天也不知道他究竟要讲什么。""张老师像个老太婆,讲课一点节奏感都没有。""张老师是个地地道道的好人,但确实不适合做老师,因为他上课没有一点激情。"两年多来,张老师费尽心力,却没有取得丝毫的效果。[①]

案例中的张老师在课堂管理中存在什么问题使得张老师付出了那么多的努力却不能让他的学生学好数学呢?为了让学生学好数学,张老师应该怎么办呢?带着这个问题,让我们走进课堂教学管理这一节。

课堂教学管理以课堂教学的全过程为对象,遵循课堂教学活动的规律,运用现代科学管理的理论、原则和方法,对课堂教学活动进行实施、监控、维持、促进和提高,最大限度地调动教师和学生的积极性,使课堂总是持续着有意义的教与学的活动,以保证课堂教学目标的有效实现,它是学校管理的基础。

实施课堂教学管理的主要目的就是通过教师以教学内容为载体,从学生的需要出发,结合管理学的知识、技能和各种组织管理方法,调整好教学和学生的学习方法,激发学生学习主动性,从而为预定教学目标的达成提供保障。任何一所常规学校,从学前教育、初等教育和中等教育、高等教育到成人后续教育,都主要依靠课堂教学对受教育者实施教育。因而,课堂教学管理应该是学校管理的基础,是整个学校管理的第一级台阶。

一、课堂教学管理的价值取向

课堂教学活动中,教师、学生和教材三个要素是交互影响的(如图7-3所示)。但长期以来,对于教师、学生和教材这三个要素在教学活动中所处的地位,人们的认识不尽相同。因此,课堂教学管理也就有了不同的价值取向,即"教师中心的课堂教学管理""知识中心的课堂教学管理"和"学生中心的课堂教学管理"。

图7-3 教师、学生、教材交互影响图

(一)教师中心的课堂教学管理

教师中心的课堂教学管理,认为教师是教学活动的权威,是学生的标准,应该维护教师在教学活动中的绝对尊严即所谓的"师道尊严"。教师俨然成了"真理的代言人",为师者借助他所拥有的知识,自认为是知识的绝对权威,在学生面前往往居高临下,一切由他说了算。学生在教师的这种"高压"之下,只能顺从、依附、接受。

---

① 李劲松.有效的课堂管理[M].长春:东北师范大学出版社,2006:15.

在以教师为中心的课堂上,教师的需要是占主导地位的,通常使用外部控制的方法,教师是权威,是学生行为的规范。再加上人们总认为学生不懂事需要大人来管,认为教师对学生的严格管束有利于学生的成长,从而使得人们往往期望教师能成为一个严格的管理者,"严师出高徒"的古训便说明了人们对教师作为严格管理者的行为期望。相应的,教师也仅把学生视为被管理或被管制的对象,并认为服从管理的是好学生,不听话的是坏学生。师生之间的交流是典型的单向式,学生依赖于教师的纪律指导,教师的目标是学生服从。而在这一管理过程中教师是否尊重学生、学生的心理是否受到伤害,则被人们有意或无意地忽视了(可以用图7-4简单表示教师、学生和教材三者的关系)。

图7-4 教师中心的课堂教学管理

 知识卡片7-7

专制性纪律

专制性纪律是由李·坎特发明的以教师为中心的课堂管理方法。专制性纪律即是以教师的权力来建立课堂学习环境的方法。这种方法得到家长和教育管理者的支持。李·坎特强调教师有权利在没有干扰的情况下进行教学。因此,使用权威性纪律的教师认为,作为教师,他们有责任保证课堂教学不受不良行为影响。李·坎特还提出了几项帮助教师对学生行为做出反应、管理课堂的方法。另外,李还强调了教学行为的重要性。

资料来源:[美]Lynda Fielstein,Patricia Phelps. 教师新概念——教师教育理论与实践[M]. 王建平,等译. 北京:中国轻工业出版社,2002:184.

(二)知识中心的课堂教学管理

知识中心的课堂教学管理既可以说是受传统教育派风气的影响,如对书本的迷信、死记硬背等,又受知识发展的影响,特别是工业革命以来科学知识价值显现的影响。科学知识的飞速发展使人们认识到知识的重要性,"知识就是力量",教材是学生获得知识的源泉,管理要为学生获得知识服务,知识顺理成章地成了教学的中心。

以知识为中心的课堂教学管理,将教师仅仅视为知识的传授者,教师只有选择"怎样教"的权利而没有选择"教什么"的权利,教师主要考虑的是怎样将规定的内容有效地教给学生。因此在教学过程中,教师常常机械地"照本宣科",对着文本宣读。教学过程成为单行线式的、就范式的和接受式的单向传递知识的过程(可以用图7-5简单表示教师、学生和教材三者的关系)。

(三)学生中心的课堂教学管理

学生中心的课堂教学管理认为学生应该是教学活动的中心,一切教学要素都应围绕学生展开。一般,在学生为中心的课堂上,教师作为学生学习和发展的促进者、引导者,教师在课堂教学中要发挥一种帮助、服务的作用,而不是主宰、代替的作用。因此,教师要时刻关注学生的需求,调动学生学习的积极性,让学生意识到自己是学习的主人,并帮助学生明确学习和发展的目标,指导学生掌握科学的学习方法,帮助学生发现自己的潜能,使每一个学生都能获得适合他们各自特点的教学帮助,使每一个学生的潜能都能得到最大的发挥,从而实现个性化的发展。

图 7-5 知识中心课堂教学管理

图 7-6 学生中心的课堂教学管理

教师重视内在的方式来管理学生的行为,并把不良行为看做是教给他们更好的行为方式的时机,强调学生自我教育以及自我管理。著名教育家苏霍姆林斯基指出:"我深信,促进自我教育的教育才是真正的教育。"而联合国教科文组织在《学会生存》的报告中也指出:"未来的学校必须把教育的对象变成自己教育的主体,受教育的人必须成为教育他自己的人;别人的教育必须成为这个人自己的教育。"作为自我管理者,学生应该是活生生的能动个体,具有发展自身的动力机能,他不是消极被动地接受他人的塑造和改造,而是清醒地意识到这一过程,从而有可能自觉地参与其中(可以用图7-6简单表示教师、学生和教材三者的关系)。

 知识卡片 7-8

合作性纪律

合作性纪律是以学生为中心的课堂管理方法。与专制性纪律相比,他认为教师和学生为行为的改进负有共同的责任。杰奥梅建议教师建立以人为中心的课堂环境。他的方法就是帮助学生感受到自己是班级的一员而不是匆匆过客,他要为自己的行为负责任。因此,管理的功能就演变成教师和学生共同承担责任。

资料来源:[美]Lynda Fielstein,Patricia Phelps. 教师新概念——教师教育理论与实践[M]. 王建平等译. 北京:中国轻工业出版社,2002:185.

案例 7-6

学生主体的课堂教学改革

洋思中学创造出了"先学后教,当堂训练"教学模式,其教学过程分为先学、后教、当堂训练三个基本步骤。

先学,就是教师用简洁的语言或投影片来揭示本节课的教学目标,然后提出自学的内容、要求、方法及自学的时间,接着让学生自学。自学的形式较多,可以学例题、读课文、看注释、做实验,发现问题及时做上记号、做与例题相类似的习题等。后教,并不是完全由老师讲解,而是将遇到的疑难问题先让学生通过相互讨论,相互交流,自己来解决,学生实在解决不了的老师再作出点拨,适当讲解。当堂训练,实际上是分两次训练,但两次的要求不一样。第一次训练在学生自学例题或课文后进行,主要是模仿练习,只要求学生基本会做,不会做的可以再看例题或课文。第二次训练就是课堂作业,也就是达标检测,要求学生在课堂上完全独立地、快节奏地完成。

由此可见,洋思中学在实施教学过程中真正承认和尊重学生的主体地位和主体人格,培育和提高学生的自主性、能动性和创造性。洋思中学的课堂教学明确规定,课堂讲授不能超过 5 分钟,学生自主学习的时间不能少于 30 分钟,这样,学生动手、动脑、动嘴的时间得到了保证。

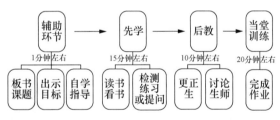

图 7-7 "先学后教 当堂训练"教学法示意图

资料来源:http://sylnnw.blog.163.com/blog/static/50978994201022710059585/.

二、课堂教学管理的主要内容

教育家赫尔巴特曾说:"如果不坚强而温和地抓住管理的缰绳,任何功课的教学都是不可能的。"课堂是教学的基本场所,课堂中集结、交织着各种教学因素以及这些因素相互间形成的各种关系,课堂教学管理的主要内容即协调、控制、整合这些教学因素及其关系,也就是对这些因素及关系进行有效的管理,使之形成一个有序的整体,从而保证课堂教学活动的顺利进行。

（一）课堂教学计划管理

课堂教学计划管理就是通过对未来教学工作和活动的设计,控制和指导整个课堂教学过程,从而使教学活动处于最佳状态,并取得最好教学效果。课堂教学计划的制订应在开学初提出,经教研组长同意后,交教导主任或主管校长审查批准后执行。

表 7-7　L 小学二年级下册数学教学计划

时　　间	内　　容
2014.2.17—2014.2.24	第一单元:数据收集整理
2014.2.24—2014.3.10	第二单元:表内除法(一)
2014.3.10—2014.3.24	第三单元:图形的运动
2014.3.24—2014.3.31	第四单元:表内除法(二)
2014.3.31—2014.4.14	第五单元:混合运算
2014.4.14—2014.4.30	第六单元:有余数的除法
2014.5.4—2014.5.19	第七单元:万以内数的认识
2014.5.19—2014.5.26	第八单元:克和千克
2014.5.26—2014.6.2	第九单元:数学广角——推理
2014.6.2—2014.6.16	第十单元:整理与复习
2014.6.16—2014.6.30	期末复习

1. 制定课堂规则

课堂规则是为维护正常的课堂秩序,保证课堂教学效果,要求课堂成员遵守的基本行为要求和准则。它是建立可接受的学生行为标准,是预防学生违规行为的重要基础。

课堂规则具有规范课堂行为、维持课堂秩序、培育良好行为、促进课堂学习的功能。一方面,它具有维持良好课堂秩序的效力,使课堂成员明确正确行为的价值标准,知道应该做什么,不应该做什么,从而保障课堂秩序的稳定。另

一方面,课堂规则的建立促进了学生行为的规范发展,课堂规则一旦被学生认同和接受,就会逐渐内化为学生的自觉行为,并唤起学生自主管理和自我评价的动机和欲望,促进学生养成良好的行为习惯,从而保证和促进课堂教学的效率。制定规则要遵循以下几个准则。

第一,规则条目应少而精。这是最基本的、最适宜的,使学生易记易行。资深教师认为,因为规则典型地表明一般性的期望与标准,所以少量的规则即可有效管理一个班级,一般而言,4~5 个规则就能设置出学生的积极行为和对学生行为的期望。

第二,学生参与。只有学生参与了课堂教学规则的制定,他们才会对规则有拥有感,才能增加学生遵守规则的可能性。另外,学生参与规则的制定有助于学生了解班规背后所蕴涵的道理,从而强调学生的自我控制和个人责任。就参与方式而言,特别是小学低年级的学生,教师可以提出一个暂时的决定,然后根据学生的意见修改;或者教师提出一系列选项,让学生选择。对于高年级的学生而言,教师还可以提出一个问题,广泛征求学生的建议。

第三,一起考虑不遵守规则的结果。当有人违反规则时,教师一时不知道回应也是常见的事。因此,最好在制定规则时就说清楚违反规则的成果,这对正在养成习惯的年纪较小的孩子来说更显重要。

知识卡片 7-9

通常,设置的课堂规则有:

(1) 按时上课,不迟到、不早退,不随意缺课;

(2) 因特殊原因迟到者要向教师报告,因事因病无法上课者应请假;

(3) 听到上课铃响,立即进教室,准备好书籍用具,静待上课;

(4) 按规定的座次入座,不可私自随意调换座位;

(5) 上课和下课时随班长或值日生的口令而起立、问候敬意;

(6) 提问和回答问题要先举手;

(7) 课前要预习,课后要复习;

(8) 上课专心听讲,勤于思考,有事情经允许后才能起立发言,语言要清楚;

(9) 按时完成作业,做到独立思考、书写整洁;

(10) 离开座位时走动要轻声,不妨碍他人;

(11) 保持正确的看书写字姿势,注意用眼卫生;

(12) 保持教室内外整洁,不乱丢纸屑杂物,不随地吐痰;

(13) 课前课后,值日生做好教室清洁卫生,要擦净黑板;

(14) 尊敬教师,注意礼貌,关心同学,相互帮助;

(15) 进出课堂要依照秩序,保持安静,不影响他人学习。

资料来源:李耀新.课堂教学的组织与管理[M].广州:暨南大学出版社,2005:165-166.

2. 制定课堂常规

常规是完成常规工作和其他课堂频繁出现的重复发生的具体活动的方法。常规建立后，就是例行的工作，它能够节约时间，让师生更有效地利用一节课的时间来学习。

常规与教学规则不同，它的规则有很多。例如，讨论时的小组怎样分？交作业的小组怎样分？互动时怎么办等。一般来说，可以分为几大类，如表7-8所示。

表 7-8 课堂常规的类别[①]

类 别	适 用
教室和学校中的各种场合	1.学生的课桌和储物柜 2.学习中心 3.材料分发与收集 4.讲桌 5.办公室、餐厅 6.排队
一堂课的开始和结束	1.点名、收作业 2.迟到和早退 3.材料的存储和分发
全班和小组教学	1.互动 2.集中注意的信号 3.材料 4.室内活动
活动转换	1.科目间的转换 2.对嘈杂局面的管理 3.计划外的空暇时间
学生作业	1.未完成的作业 2.收交作业时间 3.检查作业 4.交试卷 5.发作业
其他	1.灾难应急训练 2.紧急情况（学生受伤）3.校内活动

（二）课堂教学组织管理

课堂教学组织管理所要研究和解决的是，教师如何把学生组织起来进行教学活动、如何分配教学时间、如何利用教学空间（教学设备、场所）等。因此，课堂教学组织管理涉及的内容主要包括以下几个方面。

1. 课前准备

课前准备是教师上好课的前提。准备充分不一定能上好课，但准备不充分教学质量就得不到保证。教师在课前应该做好以下工作。

（1）钻研教材

首先，要研究课程标准或教学大纲，理解课程的基本理念和总目标，把握本学科单元、课题的具体目标，领会教学的基本要求、教学内容的深度等。其次，要研究课本，能够熟悉课本的基本原理与知识体系，准确把握各章节的重点、难点及课本的前后联系。再次，要广泛阅读教学参考资料，选取合适材料来充实教学内容。另外，还要考虑改革创新，在条件成熟的情况下，编写有特色的补充材料。

[①] 汪霞.小学课程与教学论[M].上海：华东师范大学出版社，2011：235.

(2) 了解学生

教学的目标是为了学生的发展,因此,教学活动应切合学生的实际认知。所以,教师应该全面了解学生的知识基础、认知能力、学习态度、思想特点和个性特征。在此基础上对学生的接受情况进行分类,了解不同学生的起点与教学目标的差距,增强教学的预见性与针对性。

只有在充分了解教材和学生的基础上,教师再根据学科特点、教学目标、任务要求及学生的情况,才能设计出符合学生实际的教学方法、教学手段、教学活动序列以及教学策略等。例如,在教授小学六年级数学"圆柱的体积"前,要先分析学生已有的知识基础:首先,学生已经掌握了长方体体积的计算公式是 $v=sh$;其次,学生还知道圆面积公式是怎样推导出来的,即把一个圆平均分成数个扇形,拼成一个近似的长方形,长方形的长相当于圆周长的一半,宽相当于圆的半径,从而得到圆面积公式。在此基础上,可以引导学生把圆柱体底面分成许多相等的扇形,然后把圆柱切开,拼成一个近似长方体,在操作的过程中,让学生自己发现拼成的长方体的体积相当于圆柱的体积,长方体的底面积相当于圆柱体的底面积,长方体的高相当于圆柱体的高,最终得出圆柱体体积的计算公式,即 $V=Sh$。

2. 课堂管理

课堂中的教学管理是指教师对课堂推进中的几个阶段的管理,它主要包括以下三个方面。[①]

(1) 导入

导入是一堂课、一个新单元或一个新段落的开端,它主要起着集中注意、酝酿情绪和带入情境的作用。导入一般安排在上课之初,而且导入不宜占用过长时间,实践经验表明,2~5分钟内完成导入任务,将学生的注意力吸引到特定的教学任务中是完全可以做到的。在导入部分,教师需要把握住课堂导入技术的几项重要内容:① 引起学生注意。这是导入的最重要目的,即要把学生的注意力集中在教学任务上,同时使其他与教学任务无关的活动迅速得到抑制。如,精致的彩色图片、物质燃烧的强光、爆炸的巨响、鲜明的对比实验、教师声音、动作的变化等类型的导入,都可使导入环节新颖,抓住学生的注意力。② 激发学生的学习兴趣和学习动机。教师只有激起学生的求知欲,新的教学任务才能在学生自觉主动的学习过程中得以完成。教师在导入阶段可以通过提供典型问题、创设问题情境、说明新学内容的重要性等方法激发学生的学习动机。

[①] 田慧生,李如密.教学论[M].石家庄:河北教育出版社,1996:341-343.

（2）展开

这一环节是课堂教学的主体，是实现课堂教学目标的根本载体，在这一环节中，教师需要把握住的几项重要内容有：① 控制课堂教学秩序。课堂教学秩序关乎学生参与课堂教学活动的程度，关乎学生注意兴奋点所在，关乎学生学习积极性和主动性。学生的课堂注意状态直接影响着课堂活动效率和课堂纪律状况。基础教育新课程改革以来，要求课堂教学重心由教师转向学生，强调学生的主体性、教师的主导性，强调课堂教学中的合作学习、探究学习、自主学习，因此，课堂教学秩序的把握显得尤为重要。② 处理课堂教学过程中的偶发事件。课堂教学中，各种不期而至的"偶发事件"常令教师头痛不已。例如，安静的课堂中一学生突发怪叫；讨论问题时两个学生突然扭打在一起；有学生作鬼脸引起全班哄笑……这些偶发的事件及其他各种类型的课堂问题行为如处理不当，都会引起课堂内混乱，从而严重影响正常的教学活动。因此，认真应付各种课堂"偶发事件"，处理好课堂中学生的各种问题行为，是教师在课堂教学过程中的重要管理任务之一。

（3）结课

这一环节是课堂教学的最后环节，主要目的是完成课堂教学的"有序解散"。结束的技巧主要有：① 系统归纳。课临结束时，教师或学生对所学内容进行精要归纳总结，明确关键，以达到画龙点睛的效果。② 比较异同。将新学概念与原有概念，或者将并列、对立、近似的概念放在一起对比，找出异同，有利于理解新概念，巩固旧概念。③ 巩固练习。在结束部分恰当地安排学生的实践活动，既可使学生所学的新知得到巩固，又可使教学效果及时得到反馈。

3. 课后管理

课后管理主要是对课堂教学管理的评价与反思。即教师按现代课堂教学管理评价标准对课堂教学进行自我评价与学生评价。通过评价发现问题，反馈调控，总结经验，写出教学反思。

对教学管理评价进行检验，要通过课堂教学管理目标完成程度、课后学生情绪变化、心理变化、作业情况、个别辅导情况、他人意见等信息收集整理，及时总结心得体会。根据现代课堂教学管理的要求，审视教学管理思想、管理行为和管理效果，写出阶段教学管理小结。对不足之处采取有效措施及时补救，不断改进教学管理，提高教学管理水平。课堂教学评价指标及等级见表7-9。

表 7-9　课堂教学评价指标及等级①

评价指标	很好	较好	一般	较差
教学目标	符合大纲要求与学生特点，并能体现于教学过程	基本上符合大纲要求与学生特点，在一定程度上能体现于教学过程	反映大纲要求与考虑学生特点不够	教学目标不明
教学内容	无科学性方面的错误	偶有科学性方面错误，但能及时纠正	有一定的科学性方面的错误，能较及时或事后纠正	常有科学性方面错误
教学环节	环节多样，学生学得生动，能力得到均衡发展	环节基本能适应各种能力发展需要	环节不常变化，部分学生主要精力在于应付作业	环节单一，学生只能应付书面作业
教学方法	课堂讲授逻辑性强，易于学生接受与理解，并具有很强的启发性，能促进学生思考，举一反三	课堂讲授逻辑性较强，大部分情况下，学生能顺利接受与理解，教学有一定启发性，大部分学生思维经常处在活跃状态	课堂讲授逻辑性一般，学生理解较费力，启发性较弱，有一定数量的学生被动听讲	课堂讲授逻辑混乱，学生难于接受与理解，部分学生只能教师讲什么就记什么
教学绩效	试卷设计科学，从内容到形式都能反映教学大纲要求。各类教学目标都能得到反映	试卷设计能较好地反映教学大纲要求，但部分教学目标未能很好得到反映	试卷设计有偏离大纲的情况	试卷设计随意性较大，与大纲脱节

三、加强课堂教学管理的方法

课堂教学过程是一个动态的过程。在课堂教学过程中，教师、学生、教学环境发生相互作用，以此来实现教学目标。在课堂教学中，教师运用各种教学方法，调动学生学习的积极性，激发学生学习的动机，促使教师与学生、学生与学生之间的相互作用，从而促进学生发展。

（一）目光示意法

目光，指眼睛的神采和眼神的流动。它是心灵的表露，很易被人察觉，随人的精神状态和情绪起伏而改变。教师的目光，是课堂上有效的非语言信息传递手段。它可以表示赞同，也可以表示制止；可以表示赞许，也可以表示批评；可以是慈祥的，也可以是严厉的。例如，常见到这样的现象：老师在讲课，学生也在小声讲话。这时，老师停下

---

① 陈玉琨.教育评价学[M].北京：人民教育出版社，1999：198-199.

来,用目光扫视全班一周,有时甚至紧盯调皮、讲话的学生,教室顿时就会一片寂静。这样就把学生的注意力及时吸引到课堂上来。又如,一名小学生在日记中写道:"上课的铃声响了,可我的小说正看在兴头上。管它呢,低着头,悄悄地看,我边看小说又边故意抬头望着老师听课。一抬头,老师正专注地看着我,微笑地轻轻摆了摆头。我的脸刷地一下红了,赶紧把小说塞进桌子里专心地听课了。老师没有批评我,可她那饱含深意的眼神更使我惭愧……"

(二)人际距离法

在课堂中,教师可通过调整与学生之间的距离更好地组织教学。有时教师可站在讲台上;有时可走到学生中去;有时发现个别学生做小动作,或看小说等,可在讲课的同时在教室中走动,似乎是无意地走到他座位前,轻轻地拍一下他的肩膀或者用目光和表情告诉他不能这样做,都能收到良好的课堂管理效果。例如,讨论课上,教室后面一组的学生明显借着讨论的时间在说些与讨论内容无关的话题,还不时地抡胳膊比划几下。某教师没有让课堂安静下来批评他们,而是走到学生中间倾听他们的讨论,并慢慢地移向教室后面,后面一组的学生看到老师过来,在经过了片刻的安静后,也加入了讨论问题的行列……

(三)动作暗示法

教师的各种动作同样具有传递管理信息的功能。例如,上课时,某教师提问一学生后,让其坐下,没想到该生一下子坐在地上。很显然,是他旁边那名同学悄悄移走了凳子。面对这一偶发事件,怎么办？这名教师马上走上前,扶起摔倒的那名同学,一边关心地问:"摔疼了吗?"一边掏出手绢给他擦身上的灰尘。然后拍了拍旁边的那名同学的肩膀,继续上课。下课后,教师把那名移凳子的同学叫到了办公室,说:"你想对我说什么吗?"那名同学不语。过了好一会儿,老师又把刚才的话说了一遍,如此这般,那名同学终于开口了,承认了自己的错误,而且说以后多关心同学。又如,一名教师正在上课,发现坐在后排的一名男同学照着镜子,用手摸胡子,该教师并没有停止讲课,只是对该同学微笑一下,并做了一个摸胡子的动作,该同学就立即放下镜子,一本正经地听讲,一个动作,看起来简单,却具有其他方法不可替代的作用。

本章小结

课程与教学管理是教育管理的具体体现,两者既相互联系又有区别。课程管理是对课程的编制、实施、评价等活动进行计划、组织、指挥、协调和控制的过程,可以分为宏观和微观两个层面,宏观层面的课程管理是指国家和各级教育行政部门开展的课程管理活动,微观层面的课程管理是指某一学校内部的课程管理活动。教学管理一般是指教学管理者对教学工作进行决策、计划、组织、监督、检查和总结,最大限度地调动教师和学生的积极性,以实现教学目标,提高教学质量的活动。课程与教学管理具有稳定课程与教学秩序、提升教师专业水平、提高学生学习主动性的意义。从世界范围来看,各国中小学课程管理正努力变革单一型的课程管理体制,向中间型、综合型转型。我国也由原来的国家统一管理课程,转变成由国家、地方、学校三级管理。课堂教学管理是课程与教学管理的具体体现,主要包括课堂教学计划管理、课堂教学组织管理两个层面。了解和掌握课堂教学管理的方法,有利于教师顺利、有效地完成课堂教学的任务,保证课堂教学质量。

 思考与练习

1. 如何理解课程管理与课程领导的关系?
2. 谈一谈你对课程管理模式的认识以及我国课程管理模式的发展趋势。
3. 你认为课程与教学管理中如何充分发挥教师的积极性和创造性?
4. 如何上一节好课?面对上课捣乱的孩子你应该怎么办?
5. 案例分析:根据我国课程管理模式的发展趋势,请分析以下案例。

无意中的课程与教学管理变革

某校为推进课堂教学改革,决定举办课堂教学大赛。具体方式是由各个教研组通过集体研究,推出本组的公开课,向全校教师展示,最后由学校评奖。可是,当课堂教学大赛开始后,管理者却发现,在热热闹闹的教学展示背后,还存在着很多隐忧。主要问题有:(1)课型选择惊人相同,无一例外,教师不约而同地都选用了活动类教学内容,如购物中的数学、旅游路线设计等。可见,在教师眼中,似乎只有活动类教学内容才能体现新课程的理念。(2)组织形式华而不实。课堂中,教师只会通过学生的学习活动组织教学。虽然学习活动一个接一个,但教学效果却不能令人满意。例如:语文课《田忌赛马》的教学,教师一会儿用评书的形式让学生"说",一会儿改编成故事形式让学生"讲",一会儿又改编成剧本让学生"演"……结果,看上去课堂气氛很热闹,学生情绪也高涨,可课后细细一想,整节课变成了几位文娱骨干的表演,语文教学的基本目标却被抛到了九霄云外。(3)溢美之词轻易送上。学生无论有什么样的表现,教师都表扬;教师应有的点拨和指导,不是羞羞答答,就是干脆没有。(4)课堂缺乏基本约束。学生在如此宽松的环境中,完全放开了手脚。他们在合作学习时,对学习材料你争我夺;在交流发言时,只顾争着自己发言;在向老师表达想法时,恨不得站到课桌上,或把手伸到老师的鼻子底下……教室里的热闹景象着实让人兴奋。但事实上,表面的热闹掩盖了教学质量的低下,课后作业中的错误率最能说明问题。应该怎么办?活动一结束,教导处的几位管理者就坐在了一起。

大家怀着同样的心情:这样的局面必须马上扭转,否则势必影响教学质量,继而影响教师参与新课改的积极性,也会影响家长对新课改的支持。按照以往的习惯,针对这种状况,教导处应该先制订出改进课堂教学的方案。可是几经磋商,几位管理者怎么也拿不出明确的方案来解决这些问题。最终,在不得已的情况下,教导处决定,把管理者意识到的问题抛给全体教师进行反思和讨论。他们提出了诸如"你在新课程实施过程中遇到的问题是什么"等问题。

经过几番讨论,教师们逐步感觉到:教师对新课程的内涵、学生的学习水平和学习的规则意识等理解不到位,因而限制了课堂教学改革的推进。在此基础上,教导处有关领导又向全体教师作了"自由而严格、快乐而刻苦——构建适应新课程的课堂学习规则"的专题发言。发言从这次课堂教学大赛说起,结合教师的感受与困惑,分析了构建适应新课程课堂规则的意义、构建原则、构建步骤等,并号召备课组根据自己的情况,提出构建的项目、实施的策略和评价建议。最后宣布,学校决定于下学期期中和期末分别再进行交流与展示。原本只是教导处的难题,这么一来,却变成了广大教师的课题。

半学期很快过去了,当教导处按计划安排全体教师进行第一次交流时,展示结果令他们大感意外。首先,教师的展示方式各式各样。有的把自己的做法制成幻灯片,有的提供案例,有的则干脆呈现课堂教学的过程……其次,教师的探索成果让人无比激动和兴奋。在构建新的课堂教学规则的过程中,他们有的把构建过程当作学生自己建构的过程;有的把构建过程与班队活动有机结合,把课堂延伸到课外;有的争取家长的支持与配合,展示了家校合力;有的实行人性化管理,对学生采取"友情提示"的方式,让学生共同参与制定规则;有的将形成新的课堂学习规则与推进课堂学习内容有机结合……同时,教师在交流中也形成了良好的学习氛围。最后,很多备课组都撰写出了高质量的论文。其中,有的教师的论文还获得了省级二、三等奖,并公开发表。

通过一学期的努力,课堂教学发生了明显的变化,课堂教学的效率明显提高。

资料来源:潘小福.无意中的管理变革[J].中小学管理,2004(12):52-53.

参考文献

1. 廖哲勋,田慧生.课程新论[M].北京:教育科学出版社,2003.

2. 李方. 课程与教学基本理论[M]. 广州:广东高等教育出版社,2006.

3. 钟启泉. 课程论[M]. 北京:教育科学出版社,2007.

4. 田慧生,李如密. 教学论[M]. 石家庄:河北教育出版社,1996.

5. 刘学利,等. 课程与教学论[M]. 北京:中国人民大学出版社,2012.

第八章 课程与教学改革

学习目标

1. 理解课程与教学改革的动因。
2. 了解国外课程与教学改革的现状及发展趋势。
3. 熟知我国新一轮基础教育课程与教学改革的内容及特点。
4. 能理性分析课程与教学改革的成绩与问题。

当今社会,科学技术迅猛发展、国际竞争日趋激烈,均对新时期的人才提出了更高的标准,因而对培养人才的教育提出了巨大的挑战。为培养高质量的创新人才以适应社会发展的需要,教育改革势在必行。课程与教学是教育的核心,课程与教学改革自然成为教育改革的重中之重。因此,优化课程结构、提高教学质量,建立起符合时代要求的课程与教学体系,是世界各国面临的共同课题,也是我国教育努力的方向。

第一节 课程与教学改革的动因

> **案例 8-1**
>
> 20世纪50年代至60年代,在剑拔弩张的冷战环境中,危机意识弥漫于美国教育界,激发了美国的科技竞争和人才竞争心理。心理学、生物学等学科的发展为这一时期课程改革提供了基础。更重要的是,其背后是科学主义至上的终极追求目标,对科学、理论与智慧的成果推崇备至。政府也前所未有地将教育同军备竞争、经济发展联系起来,发起了由政府、专家、教育家通力合作的科学课程改革。
>
> 资料来源:杨明全.课程概论[M].北京:北京师范大学出版社,2010:299.

我国南宋哲学家和教育学家朱熹说过:"天地之化,往者过,来者续,无一息之停。"战国时期庄周也说过:"物之生也,若骤若驰,无动而不变,无时而不移。"马克思主义哲学也指出,世界上唯一不变的是变化。世界总是处于运动之中,万物处于变化之中,静止不变的事物是不存在的。而课程与教学作为一种动态的社会现象,也经常处于改革、变革、发展之中,亘古不变的课程与教学是没有的,它总要随着时代、社会的发展而不断得到变革和改进。

一、课程与教学改革的含义

改革(reform)通常是指改变旧的制度、旧的事物,制定与社会发展要求相适应的新目标、新政策。课程改革(curriculum reform)是以一定理论为基础,按照某种观点对课程与教学进行的集中一段时间的有目的、有计划的改造,往往涉及学校体制的变化和课程的全面修正等,其核心是价值观念的重大变化或方向调整,而且常常先在制度层面展开。[①] 教学改革(teaching reform)是指对不合理的教学状况或是教学思想、教学理论进行有计划、有目的的变革或更新,使之不断获得进步与发展,以更好地促进学生身心发展的过程。[②]

课程改革的最终落脚点是课程实施,而课程实施则要通过教学来实现,所以教学改革往往是课程改革的重头戏,总是如同影子一般紧随课程改革的步伐。课程改革若得不到教学改革的支持,也难于走向实施,没有教学改革的课程改革,最终的结果充其量只能局限于教科书的更替。[③] 而教学改革若没有课程改革的前提,只不过是"套路里的有限反馈"。所以,从二者对于彼此意义的角度而言,课程改革与教学改革就如同一对连体婴儿,彼此不能分离,难以割舍。

二、课程与教学改革的因素

进入20世纪以来,世界各国都基于自身的发展和现实需要进行了相应的课程与教学改革。其中,涉及面甚广,可以被称为世界性教育改革浪潮的就有三次。在这三次世界性的教育改革期间,为了使改革达到预期目的,各国在教育方面所做的其规模或大或小的调整、完善更是难以胜数。20世纪中国的教育也始终处于不断变革的历史进程之中。仅自1949年中华人民共和国成立以后的六十多年时间里,已经进行了包括新一轮基础教育课程改革在内的八次课程与教学改革。显然,近一个世纪以来,课程与教学改革受到了世界各国的青睐。那么,到底是什么推动了课程与教学改革的车轮不断前进呢?

---

① 钟启全,汪霞,王文静.课程与教学论[M].上海:华东师范大学出版社,2008:204.
② 刘学利,傅义赣,张继瑜.课程与教学论[M].北京:中国人民大学出版社,2013:201.
③ 崔允漷.新课程"新"在何处?[J].教育发展研究,2001(9).

(一) 政治因素的影响

政治对课程改革的影响是多层面的、深刻的、更为直接的,任何国家的课程和教学都不免受到社会政治体制变迁、社会政治气候和社会政治集团的影响、控制。当然,这方面的影响既可能是积极的,推动课程与教学的进步和发展,也可能是消极的,抑制课程与教学改革的进程,影响课程与教学的发展。

首先,政治体制的变化是对于课程与教学改革最有影响力的政治因素。政治体制一般指一个国家政府的组织结构和管理体制及相关法律的制度,简称政体。政体是一个国家中掌握国家权力的阶级形成和表现国家意志的方式。教育作为一个国家上层建筑的重要组成,其目标主要是为国家培养所需的人才,是一个国家意志的重要体现。而课程与教学又是实现教育目标的载体和途径,因而任何一种课程与教学都是一定政治体制下所追求的"国民素养"的最集中、最具体的反映。所以,政治体制的变化一般都会带来课程与教学的改革。

其次,一定社会环境下的政治波动也会促进课程与教学的改革。

再次,国际竞争是推动一个国家课程与教学改革的又一因素。已过去的20世纪,人类经历过两次惨烈的世界大战。第二次世界大战以后的所谓"冷战"时期,发生过150余场战争。"冷战"结束后,被"冷战"长期掩盖的国与国之间、民族与民族之间,以及宗教团体之间长期潜在的矛盾、冲突日益凸显出来,国际的竞争空前激烈。各国都力求在激烈的国际政治竞争中维护自己的权益,获得应有的话语权。而要想在国际竞争中立于不败之地,必须提高自己的综合国力,综合国力的竞争归根到底是人才的竞争。所以,愈演愈烈的国际竞争推动了各国对教育的关注,各国都希望通过课程与教学的改革培养出具有国际竞争力的高素质人才。20世纪50年代正是美、苏两国争霸的时期,而1957年苏联卫星的上天,使美国人惶恐万分,美国1958年的课程改革就是在这样的背景下展开的。

(二) 经济体制的变化

经济体制是指一定区域内(通常为一个国家)资源配置的具体方式或制度模式。不同的经济体制对劳动者的素质都有特定的要求,经济体制的变化必然带来对劳动者素质要求的改变,而教育的任务就是为国家培养合格人才,其中,适应经济的发展便是其中重要的一点。所以,经济体制的改变往往带来学校教育的改革。从历史发展来看,课程与教学的发展与经济体制的改革总体上是一致的。学校的课程与教学必须紧跟经济体制变化的步伐,培养的人才必须能够满足新的经济体制的需要。

以我国为例,随着经济体制改革的深化,社会主义市场经济体制逐步建立。"市场靠产品,产品靠质量,质量靠技术,技术靠人才,人才靠培养,培养靠教育。"市场经济的发展对现有的学校课程与教学产生了直接的冲击和影响,所以必须按照市场经济的发展要求改革学校课程,更新课程与教学观念,调整课程结构,完善课程内容,重视学生的个性发展,培养学生的主体意识、创新能力,全面提高学生的综合素质以适应社会主义市场经济发展的需要。

(三) 社会生产的需要

教育就其作为培养人的活动而言是一个动态的过程,而就教育的历史发展来说亦是动态的发展过程。在这个过程中,教育必须适应并促进社会生产力的发展。一旦教育不能适应并促进社会生产力发展,就必须进行改革。因此,从根本上讲,课程与教学改革的最终动力就是教育同生产力发展之间的矛盾。

当社会生产还处于农业和手工业阶段,也就是在奴隶社会和封建社会,生产依靠的主要是经验的知识,科学技术还很不发达,生产者可以把生产经验父子相传或师徒授受,学校的课程与教学是同生产脱节的。随着生产的发展,社会进入机器工业阶段,人类进入资本主义社会,生产者要有读、写、算的能力,才能应付劳动的需要。学校课程与教学为了适应社会生产的需要增设了数学、物理、化学、生物等学科。社会生产力在不断发展,人类社会的生产从蒸汽时代进入电力时代,又从电力时代进入核能时代,又进入电子时代。假如说,在蒸汽时代,劳动者只要有小学的文化程度就能从事生产劳动的话,现在已远远不够了。工业发达国家不断延长普及义务教育的年限,改革课程与教学,就是因为从事现代生产的劳动者没有中等教育程度,早已难以胜任了。总之,越是现代化的生产,对课程与教学的要求就越高,而这就推动着课程与教学不断改革以满足社会生产的需要。

知识卡片 8-1

知识经济时代

1996年,联合国经济合作与发展组织(OECD)在其发表的《科学、技术和产业展望》的报告中,正式使用了"知识经济"这一概念。知识经济是相对于人类曾经经历过的农业经济、工业经济而言的,是人类生产方式的又一次重大变革。由于从20世纪90年代起,知识已成为最重要的生产要素,其对于经济增长的贡献率已经超过其他生产要素贡献率的总和,因此,人们把21世纪称为知识经济时代。

资料来源:朱慕菊.走进新课程与课程实施者对话[M].北京:北京师范大学出版社,2002:4.

(四) 科技的革新

课程与教学是时代的产物,它总是最敏感地反映时代对教育的要求和社会前进的步伐,与科学技术的发展息息相关。随着人类社会的发展,科技的进步与革新对学校的课程与教学影响日益加剧,尤其是当代新技术革命,对学校课程和教学的改革起着直接的推动作用。

首先,随着新科技的发展,现代社会的进步与发展依靠的主要是人的智力和所掌握的科学技术,而不是人的体力。这一变化将有力地促进学校课程与教学目标的改革,学校既要为培养各种技术专家和专业研究人员奠定基础,也要为培养大批熟练的普通劳动者普及科学技术、提高劳动效率服务。

其次,当代科学技术革命的突出特点是既高度分化又高度综合,高度分化意味着大量分支学科的涌现,高度综合表现为学科的交叉、融合,出现了许多边缘性、综合性学科。这一趋势要求学校调整课程结构,改革原有的单一的分科课程设计,加强课程的整体化和综合化。

再次,科技的革新促进课程与教学内容更加完善、充实。自20世纪以来,一系列科学发现、技术发明被相继写进教科书。例如,地学中的大陆漂移学说、板块构造学说;工程技术中的电子管、晶体管、计算机、软件以及信息论、控制论、系统论等新兴学科。

最后,科技的发展还促进教学手段的改革。以美国为例,自20世纪60年代美国就把电视、录像等用于教学活动中。1967年,美国的学校基本普及了语言实验室。20世纪90年代初,美国实施的国家基础设施计划是集电脑、电话、电视为一体的多媒体。

(五) 文化知识的发展

知识的增长是影响课程与教学改革的一个主要因素。一方面,新知识的发展要求人们必须与时俱进,在最快的时间里掌握和了解最新知识和获取知识的方式,而这就促进课程与教学不断更新,推动课程与教学重点的转移和课程结构与教学方式的完善。另一方面,随着知识的激增,知识量之大、信息之多,使得任何一个人都不可能用头脑把它们完全储藏起来。英国技术预测专家詹姆斯·马丁的测算结果表明,人类知识总量在19世纪,50年增加一倍;20世纪初期,30年增加一倍;20世纪50年代,10年增加一倍;20世纪70年代,5年增加一倍;20世纪80年代,3年增加一倍;20世纪90年代更快。而据联合国教科文组织的统计:人类近30年来所积累的科学知识,占有史以来积累的科学知识总量的90%,在此之前的几千年中所积累的科学知识只占10%。显然,知识总量在以爆炸式的速度急剧增长,学生们就算是具有"头悬梁,锥刺股"的刻苦精神,面对知识的海洋也只能是望洋兴叹。因此,知识的爆炸式增长就要求改变传统的课程与教学目标、实施途径和方法等,培养学生获取知识的能力,丰富他们获取知识的途径。课程与教学设计不仅需要在精选内容和基本学科上下工夫,而且应该广泛采取选修课的形式,为广博、精深的知识进入课程领域创造条件。

知识卡片 8-2

美国未来学家阿尔文·托夫勒(A. Toffler)认为,就知识增长的速度而言,今天出生的小孩到大学毕业时,世界上的知识总量将增加4倍,当这个小孩到50岁时,知识总量将是他出生时的32倍,而且全世界97%的知识都是在他出生以后才出现的。又据德国学者哈根·拜因豪尔统计:"今天一个科学家,即使夜以继日地工作,也只能预览有关他自己这个专业的世界全部出版物的5%。"由此可见,在人类浩如烟海的知识中,学生"可学的"总比他"能学的"多,这种现象在当今知识经济时代更为突出。

资料来源:刘学利,傅义赣,张继瑜.课程与教学论[M].北京:中国人民大学出版社,2013:66.

(六) 新的研究成果的出现

毫无疑问,理论对实践具有巨大的指导作用。课程与教学改革受一定的教育思想或观点的指导,这一点并不难理解。课程与教学改革若没有科学的理论指导,就会成为盲目的改革,最终会迷失方向,改革也不会取得预期成效。而对课程与教学改革影响最直接、最关键的思想或观点是教育研究的新成果——新的理论,此外,对于人的研究成果有时也会对课程与教学产生重要影响。

关于理论的重要指导作用,古今中外的课程与教学改革实践都证明了这一点。20世纪20年代,桑代克的"共同要素说"就曾推动人们对以官能心理学为基础的训练迁移理论进行批判,并促使人们探求课程与当代生活的关联。杜威的实用主义教育理论曾引发了几乎波及全球的进步主义课程与教学改革运动。20世纪50年代末期,布鲁纳的课程论思想,更是直接影响了美国60年代的课程与教学改革。

知识卡片 8-3

多元智能理论

1983年,加德纳在《心智的结构》一书中明确提出了"多元智能"这一概念,这标志着多元智能理论的正式诞生。出乎意料的是,该理论并没有在心理科学领域内引起人们的普遍关注,甚至招致了一些心理学专家的反对和批评。然而,这一理论却在教育领域受到人们的热切关注,不仅在其发源地美国得到人们的广泛接受和欢迎,而且在英国、澳大利亚、日本、韩国等国家也得到了认同与发展,在世界范围内引发了教育理论与实践的"革命性"变革,掀起了一股教育改革的浪潮。

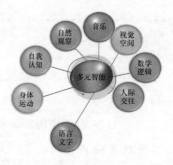

资料来源:http://wenku.baidu.com/view/bdbd6e5777232f60ddcca1de.html.

第二节　国外课程与教学改革

案例 8-2

在英国,自1997年5月布莱尔政府上台后,就十分重视基础教育改革,希望全面提高中小学生的素质,增强综合国力,以迎接新世纪的挑战。但在过去的几年里,英国因频频强调减轻中小学学生负担,尊重学生的独立性,提倡"快乐教育",使得基础教育质量出现滑坡现象。英国1997年的一份报告指出,47%的8~16岁的中小学生不能在空白的英国地图上准确地指出伦敦的位置,13%的中小学生不能在空白的地图上指出英国的位置。为提高教育质量,布莱尔政府拉开了新一轮课程与教学改革的序幕。

资料来源:饶玲.课程与教学论[M].北京:中国时代经济出版社,2004:385.

课程与教学改革是永恒的主题,社会不断变革,要求教育也必须作出相应的变革。从世界范围来看,自第二次世界大战后,社会各领域都发生了一系列变革,各国都经历了极为迅猛的环境变化,能够改变课程结构与教学本质的源泉也空前增多了。这一切对课程与教学都产生着巨大的影响,各国因此掀起了不同程度和不同层面的课程与教学改革。其中,美国、英国、日本的课程与教学改革颇具代表性。

一、国外课程与教学改革及现状

我国的课程与教学改革是世界课程与教学改革的有机组成部分,梳理国外课程与教学改革的历程,借鉴和吸取国外课程与教学改革的经验与教训,以期做到"洋为中用"。同时,探求世界课程与教学改革的整体趋势,可以为我国的课程与教学改革带来方向性的引领和启示。

(一) 美国课程与教学改革及现状

1. 20 世纪 60、70 年代美国课程与教学改革

1957 年 10 月 4 日,苏联成功发射了第一颗人造地球卫星,开启了人类进入太空的新纪元。美国《纽约时报》发表评论说,该卫星的发射不亚于原始人第一次学会直立行走。《时代》周刊则评论说,一颗红色的月亮使美国人黯然失色,突然间在全国出现了强烈的沮丧情绪。这一科技领域的"珍珠港事件"使美国朝野为之震动,并将其在苏、美军事竞争中所处的劣势归于教育,随后掀起了一场以"教学内容现代化"为中心的课程改革。

这次课程改革主张采用学科主义课程,强调课程现代化,着眼于充分反映现代科学的成就,强调科学的基本概念与掌握科学的方法的课程设计。布鲁纳的结构主义心理学观点作为本次课程改革的主要理论依据,主张按照"学科结构"来设计课程,还要求学生用探究法来从事学习。

 知识卡片 8-4

布鲁纳与结构主义课程

1959 年年底,在马萨诸塞州的伍兹霍尔,全美科学院召开了 35 位各领域专家参加的会议,布鲁纳担任主席,《教育过程》一书就是布鲁纳在大会结束时的总结报告,其中心问题是,教育课程的编制中如何有效地组织教学内容,促进学生智力的发展。它是围绕课程改革的中心论题阐述教学理论的,因此又称为结构课程理论。结构课程理论的主要观点:① 课程内容是让学生掌握学科的基本结构。② 学习准备观念的转变,提倡早期学习。③ 提倡发现法。布鲁纳认为,学习是主体认识结构的构造,基本结构要靠学习者对它的主动

作用获得,所以布鲁纳提倡学生要像科学家那样去思考、探索未知,最终达到对所学知识的理解和掌握。

资料来源:李令令.试论结构主义课程理论对战后美国基础教育改革的影响[J].考试周刊,2011(61).

20世纪60年代末至70年代,学科主义课程因被认为具有驯服性、强制性、分离性而使学生"非人性化",妨碍了学生"完整人格"的实现而遭抨击。因此,自20世纪70年代开始,一场强烈关注个人价值、注重个人目的及需要的课程改革运动在美国全面展开。这次课程改革关注为每一个学习者提供令人满意的、完全的经验及增进学生自己认为正确的经验,经验的内容是新一轮课程改革的中心。基于此,在20世纪80年代,学科主义课程又重新复活并呈现出新的态势,形成了新学科主义课程改革运动,而这次课程与教学改革运动同样对美国教育产生了重要影响。

2. 20世纪80年代美国课程与教学改革

1983年美国国家教育优异委员会发表了一份著名的报告,即《国家在危难中:教育改革势在必行》,这份报告的主题聚焦于提高所有学生的学术成就,并列举了大量教育质量下滑的事例。报告提出了一套改革中小学课程的具体方案,强调要加强学术教育并制定了"新基础课程",即英语、数学、科学、社会研究和计算机,指出现代课程的核心便是这五项课程。

1989年美国科学促进会推出了另一个具有影响力的改革报告,即《普及科学——美国2061计划》。这项计划试图通过勾画美国教育改革的蓝图引起人们尤其是国家和地方政府对未来教育发展的关注,并借此为美国培养一批能够适应21世纪将要发生的科学技术和社会生活巨大变化的人才。

知识卡片8-5

《2061计划》

1985年,美国促进科学协会、科学院、教育部等机构,联合启动了一项面向21世纪、致力于科学知识普及的中小学课程改革工程。1989年2月23日出版了《2061计划:为了全体美国人的科学》,简称《2061计划》。该计划始于哈雷彗星接近地球的1985年,止于哈雷彗星再次接近地球的2061年,这一计划又是为了使美国青少年能够适应未来,适应到2061年哈雷彗星再现时那个时期科学技术和社会生活的急剧变化,所以取名为《2061计划》。

资料来源:饶玲.课程与教学论[M].北京:中国时代经济出版社,2004:392.

3. 20世纪90年代至今美国课程与教学改革

美国 20 世纪 80 年代的"高质量教育"改革与逐步推进的《2061 计划》使美国的中小学教育水平相对于以往有了一定的提高,但仍未从根本上消除学生学业能力和水平低下的顽疾。人们担忧在 21 世纪到来之时美国会因为人才的短缺而丧失国际竞争力,国家将再次处于危机之中。于是,自称为"教育总统"的老布什总统于 1989 年召集各州州长讨论教育问题,并于 1990 年签署了《国家教育目标》的报告,拉开了美国 20 世纪 90 年代基础教育课程与教学改革的帷幕。

表 8-1　美国 20 世纪 90 年代基础教育课程与教学改革

时　　间	标志性文件	主要改革内容
1990 年	《国家教育目标》	① 为每个孩子做好学前准备;② 降低中学辍学率,提高高中生毕业率;③ 学生在四、八、十二年级结束时在英语、数学、科学、历史和地理中显示出应有的能力;④ 学生的科学、数学成绩将是世界一流的;⑤ 每个成人都将精于读、写、算;⑥ 学校没有吸毒现象和暴力事件
1991 年	《2000 年的美国——一种教育战略》	该改革文件是为了进一步保障面向新世纪美国教育目标的实现。要求将英语、数学、自然科学、历史和地理五门学科确定为核心学科,并确定例如考核五门核心学科的"新的国家标准",以此标准对四、八和十二年级的学生进行全国统一考试
1993 年	《2000 年目标:美国教育法》	该方案推出了八项国家教育目标,新推出的国家教育目标增加了公民和政府、经济、艺术三门课程,使国家界定的核心课程增加到八门,此改革项目的重中之重是编订全国性的课程标准
1997 年	—	克林顿总统在教育改革、课程改革方面提出了新世纪要达到的三大目标以及要采取的十大措施
2002 年	《不让一个孩子掉队法》	① 建立中小学教育责任制;② 给地方和学校更大的自主权;③ 给孩子父母更多的选择;④ 保证每一个孩子都能阅读;⑤ 提高教师质量;⑥ 检查各州学生的课程学习成绩;⑦ 提高移民儿童的英语水平

(二)英国课程与教学改革及现状

1. 20 世纪 80 年代英国课程与教学改革

20 世纪六七十年代,英国中小学课程始终存在这样几个问题:课程范围较窄,过于专门化;课程具有不平衡性;学校控制课程。20 世纪 80 年代的课程改革正是针对上述问题展开的。

英国于1988年7月29日通过了《1988年教育改革法》，标志着战后自《1944年教育法》之后英国历史上最大的一次教育改革拉开序幕。法案规定从1989年起全国所有公立小学实施统一的国家课程，国家课程主要由基础学科、成绩目标、学习计划、国际评定与考试四方面组成。英国国家课程的颁布使得中央获得了许多课程决策权，削弱了地方教育当局的权限，取消了教师的课程自主权。但国家课程颁布之后，由于其本身存在的不足而使实施工作的开展并不顺利。

知识卡片8-6

《欧洲统一条例》与英国国家课程的设立

英国教育从发展的历史来看，有一个显著的特点，即中小学没有全国统一的课程设置要求。学校和教师可以自主地决定课程的设置、教材的选择及教学方法的选择，因此，课程呈现出复杂性和多样性。英国国家课程的设立源于人们对于教育机会均等、教育质量平等的追求以及对教育质量的不满等诸多原因，但促使英国最终实施全国统一课程的最后动力，是1987年欧共体通过的《欧洲统一条例》。该条例制定了对测试制度、证书发放和技术标准确定等一系列统一规定。这就表示当人们从一国迁到另一国后，他们所接受的教育、职业培训以及所获得的各类证书都将受到承认。英国没有全国统一实施的课程，显然不利于与欧洲各国的协调。于是英国从20世纪80年代开始了全国公立中小学的课程改革，并设立了统一的国家课程。

资料来源：饶玲.课程与教学论[M].北京：中国时代经济出版社，2004：384.

2. 20世纪90年代至今英国课程与教学改革

自1997年5月布莱尔政府上台后，就十分重视基础教育改革。1997年10月1日，根据新通过的《1997年教育法》，英国成立了一个统一的具有法令权威性的新机构——课程与资格局（QCA）。1998年3月，教育大臣布伦基特给课程与资格局写了一封题为"通过国家课程实现卓越"的信件，提出了对21世纪国家课程的见解，并要求课程与资格局就国家课程的改革进行广泛的咨询。1998年，课程与资格局与1000多所学校和机构共同研究中小学全国性课程的改革，并向全社会咨询。1999年7月，国家课程改革方案出台，1999年9月9日，布伦基特宣布，英国中小学从2000年9月开

始实施新的国家课程。英国的新国家课程以公立学校的适龄儿童为对象,由英语、数学、科学、设计和技术、信息和交流技术、历史、地理、现代外语、艺术和设计、音乐、体育、公民 12 门必修学科组成。同时,学校还有义务对学生进行宗教教育、性教育、升学与就业指导、人格培养、社会性的形成及健康教育,将这些作为横跨各门学科的学习主题。此外,社区活动、劳动体验等活动课程也被纳入学校课程体系,诸类课程的统整构成实际的学校课程。此次改革特别强调课程的精神价值,并着眼于迎接新世纪挑战的重要问题,为学生的未来生存做准备。

对英国中小学而言,2007—2008 学年可被称作是新的"改革年":历时两个月的 11~14 岁阶段课程改革草案咨询于 2007 年 4 月底结束,随后英国颁布了课程改革的正式方案,并拟于 2008 年 9 月开始实施新课程,这是英国对中学课程进行的较大规模的改革。英国 2007 年掀起的新一轮课程改革的特点是:加强课程内容与儿童生活的联系,强调让学校课程适应社会需要,特别重视儿童的"生活技能",要求学校培养出适应知识经济需求的"候选人"。

(三) 日本课程与教学改革及现状

1. 20 世纪 80 年代日本课程与教学改革

随着国际化、信息化、知识经济时代的到来,日本和其他国家一样,面临着新的发展机遇和挑战。曾以"教育兴国"而著称的日本,面对新的发展环境,期望着建设一个具有国际竞争力、新的文化价值体系和有着丰富精神生活的社会。

日本于 1984 年开启了新一轮的课程与教学改革,中曾根首相成立的临时教育审议会于三年中提交了四次咨询报告,确立了课程改革的基本目标:培养具有丰富心灵和坚强意志的人;培养主动适应社会变化的人;重视作为国民所必需的基础性和基本性素养,并充实个性化教育;加深国际理解,养成尊重本国文化和传统的态度。以课程目标为指导思想,日本于 1989 年修订了中小学教学大纲——《学习指导要领》。修订后的《学习指导要领》强调了构建终身学习基础和重视个性发展两个基本观点。新教学大纲颁布后,通过一段时间的过渡性措施,小学于 1992 年 4 月,初中于 1993 年 4 月,高中于 1994 年 4 月开始实施。

2. 20 世纪 90 年代至今日本课程与教学改革

1995 年 4 月,日本中央教育审议会接受了文部大臣"关于面向 21 世纪我国教育的发展方向"的咨询,并于 1996 年 7 月发表了第一次审议报告,把在"轻松宽裕"中培养孩子们的"生存能力"作为今后教育的根本出发点。

经过教育课程审议会的审议,文部省于 1998 年 11 月公布了《幼儿及小学、初中课程标准方案》,1999 年 4 月公布了《高中课程标准方案》,并颁布了新的学习指导要领。

新课程标准具体修订的内容有:(1)大幅度削减教育内容、削减课时,真正给予学生实践上和精神上的"轻松宽裕",使他们能够充分进行独立思考、自主学习;(2)强调因人而异的教学;(3)加强综合学习;(4)扩大科目设置和选修的自由度;(5)增加国际化和信息化方面的内容;(6)加强道德教育。对于新的课程标准,小学和初中从2002年开始实行,高中从2003年开始实行。

这次课程改革是20世纪80年代课程改革的继续和深化,它在改革理念上的最大特点是"把儿童作为一个活生生的自我发展的人,从人性的角度来看待学校教育的职能和教师的作用,这就是'扶助儿童的自我发展'"。这是日本自明治维新经历近代公共教育制度后,教育理念上的彻底变革,标志着日本教育从以国家为中心向以人为中心、从统一化向个性化的真正开始。

知识卡片 8-7

日本的"宽松教育"

按照新课程方案,日本的小学不再学习四位数的减法,小数也仅要求算到小数点后一位数,圆周率以3代替3.14。批评者指出,圆周率按3计算,画出来的根本不是一个圆而是一个正六边形。一年级删除带分数的计算。初中阶段3年学生必学的英语单词从原来的500个猛减为100个,平均每月仅3个单词。小学、初中教学内容约被削减30%,并把部分内容调后。年教学时数  减少70课时,平均每周减少2课时。课程标准实施以后,日本民众担心:"全世界小学生都会的知识,只有日本学生不会。"

资料来源:马德益.新世界日本中小学课程改革阻力及调整[J].外国中小学教育,2010(2).

然而,这次改革在减轻学生负担、营造宽松教育氛围的同时也导致了学生学业质量的严重下降。在2000年举行的PISA测试中,日本学生在数学应用和科学能力方面的排名都位居榜首,可是在2003年却下滑到第六位,到了2006年居然下降到第十位。日本民众要求停止新《学习指导要领》的呼声越来越高。于是,日本从2002年开始酝酿新的课程改革,先后历经补救修正(2002年至2007年)与调整转向(2008年至今)两个阶段。

表 8-2　日本自 2002 年的课程与教学改革

时间	改革内容
2002 年	把作为最高上限标准的《学习指导要领》变为必须达到的最低标准
2004 年	自 2004 年开始,"宽松"一词从文部省的文件里消失
2005 年	2005 年恢复大部分在 1998 年被削减的教学内容
2007 年	2007 年 4 月 24 日,恢复全国统一学历测试
2009 年	颁布新修订的《学习指导要领》,对中小学课程改革目标、内容、指导方法、课时安排及教学评价等政策进行重大调整

知识卡片 8-8

PISA

PISA(Programme for International Student Assessment)(国际学生评估项目的缩写)是一项由经济合作与发展组织(Organization for Economic Co-operation and Development,OECD)统筹的学生能力国际评估计划。主要对接近完成

基础教育的 15 岁学生进行评估,测试学生们能否掌握参与社会所需要的知识与技能。第一次 PISA 评估于 2000 年举办,此后每 3 年举行一次。评估主要分为 3 个领域:阅读素养、数学素养及科学素养,由这 3 项组成评估循环核心,在每一个评核周期里,有 2/3 的时间会对其中一个领域进行深入评估,其他两项则进行综合评测。PISA 会在各个国家中抽取 4500 到 10000 名初三与高一为主的 15 岁学生作为调查对象,以测试学生是否能够掌握社会所需的知识与技能,因此试题着重于应用及情境化。受测学生必须灵活运用学科知识与认知技能,针对情境化的问题自行建构答案,因此能深入检视学生的基础素养。

资料来源:杨岩岩,李永波."国家学生评估项目"(上海 PISA)对我国基础教育改革的启示[J].商品与质量,2012(3).

二、国外课程与教学改革的发展趋势

进入 20 世纪 90 年代,基础教育课程与教学改革已是一场全球性的改革运动,它不仅重塑了今天各国新的课程体系,也将影响到明天各国的教育水平和民族素质。虽

然各国的国情不同、教育体制各异、课程传统也不尽相同,但在课程与教学改革的总体方向、基本原则、体系结构等方面仍呈现出某些共同的特点或趋势,它们代表着也预示着世界各国课程与教学改革的基本方向。

(一) 课程与教学目标的发展趋势

1. 注重加强学生对基础知识的掌握

中小学教育是基础教育,学习社会的来临,更需要提高儿童的基础学力。各国课程与教学改革达成的一条重要共识是,读、写、算能力和信息素养等是未来公民所不可或缺的,基础学力是儿童适应未来发展的前提,是开展终身教育、促进自我完善的基础。所以,各国都将发展学生的基础学力列为改革的重点。例如,英国的《2006教育计划》中明确提出了对中小学生在英语、数学、科学等学科的学习上要达到的目的以及测试中合格率、优秀率的百分比。美国也吸取了以往课程改革的经验教训,力主各校恢复严格的学术课程;还史无前例地推出了由国家界定的八门基础核心课程,统一国家课程标准;提出大力推行"识字计划",帮助所有儿童提高阅读能力。另外,还要求加强学生的计算能力,使学生的数学成绩达到世界一流。

知识卡片 8-9

美国从1980年代以来的30多年中,基础教育改革极其关注基础学科,把英语、数学、科学等作为核心课程,强调这些课程的价值,为了保证课程质量,政府还对小学四年级学生进行全国统一的考试。2002年,布什总统签署的《不让一个孩子掉队法》中强调指出:保证每一个孩子都能阅读;检查各州小学生的课程学习成绩等。

资料来源:汪霞.小学课程与教学论[M].上海:华东师范大学出版社,2011.249.

2. 重视学生的价值观、态度和道德教育

在现代社会,物质生活的丰富并不能代表精神世界的充实,经济的发展并不能避免价值观的失落与道德沦丧。1989年联合国教科文组织在北京召开题为"面向21世纪的教育"国际研讨会,会上19个国家的80多位代表在分析讨论21世纪人类面临哪些挑战时,被列在第一位的是道德、伦理和价值观的挑战,并且因此将会议的主题确定为:"学会关心:21世纪的教育"。近几十年,各国在课程与教学改革中都十分关注精神、道德等方面的问题,强调学生价值观的培养和促进学生精神、态度和道德发展。

日本在1989年年初颁布的教学大纲将原来的"智、仁、勇"改为"仁、智、勇",把道德教育放到了一个更为突出的位置,并且对德育目标进行了改革,把学生培养成"拥有自主

性的日本人",使他们拥有不屈不挠的精神和丰富的精神世界是德育的主要目标。英国新的国家课程改革,其诸目标中最基本的是传递国家政治形态的核心价值观,而居于中心地位的是自我确定的价值。

> **知识卡片 8-10**
>
> 　　2009 年,日本文部省重新修订了《学习指导要领》,新《要领》对于传统文化及道德教育给予了较多的关注,如要求国语科重视古文教学,社会科加强文化遗产、日本历史等方面的教育,音乐科要加强传统音乐、传统乐器的传授等。在道德科中也强调要培养基本的生活习惯、道德意识以及遵纪守法意识。
> 资料来源:谭建川. 困顿中的摸索:解读日本新一轮《学习指导要领》的修订[J]. 比较教育研究,2010.2.

(二) 课程与教学内容的发展趋势

1. 加强信息素养教育,促进课程的现代化

21 世纪是一个信息技术的时代,社会的发展要求人们能够掌握信息技术,并灵活应用信息技术。所以,20 世纪 90 年代以后,世界各国都积极地将信息技术教育引入课程,努力提高受教者的信息素养,使之能够与时代保持同步,并且运用信息技术不断实现教学方法的发展。

表 8-3　英、美、法、德四国在促进课程现代化方面所做的改革

国家	改革内容
英国	1998 年以立法的形式规定了中学信息技术课评价的九项标准,保证 6% 的教育经费用于购买计算机等设备,以保证英国 20% 的学校的每一台电脑和因特网连接
美国	自 20 世纪 80 年代开始了信息技术教育,1997 年克林顿政纲中提出"12 岁的少年必须掌握计算机"。美国中学除了设有专门的计算机课程外,数学课程的大多数都有使用计算机的要求
法国	法国政府于 1998 年宣布制定三年教育信息化发展方案,从小学四年级开始,在"科学技术"课程中设"计算机入门"作为必修课
德国	德国议会于 1996 年 12 月通过了世界上第一部《多媒体法》,从 1998 年 1 月 1 日开始开放信息网,政府和企业联合实施"中小学联网计划"

2. 加强教育与生活的联系,促进课程的综合化

如何处理生活世界和科学世界的关系,一直是世界各国课程与教学改革的重要论题之一。联合国教科文组织发表的一系列报告中把教育回归生活世界、培养社会实践能力作为强调的重点之一。而回归生活也就成为世界课程与教学改革的重要趋势。回归生活的课程在内容上意味着要突破狭隘的科学世界的约束,生活世界尽管离不开

科学世界,但却不只是科学世界,因此,除了科学以外,艺术、道德、个人世界、日常交往等都是重要的课程资源。在课程设置上要打破学科之间的界限,促进课程结构的综合化。

日本教育审议会于 1998 年 6 月公布的《中小学课程审议(草案)》就增设了综合学习这门新课程。此外,法国小学的"启发活动"、美国的"VSMES 理科"等均是适应课程综合化的一种尝试。美国在《普及科学——美国 2061 计划》中提出,课程改革要注意自然科学、社会科学和数学知识的综合,并增加必要的技能训练。每门课程自成开放性的体系,在同一个单元里将多学科综合起来进行教学。如"水——自然环境"这一单元教学,就涉及理科调查、社会的"自然环境"的教学、数学的用水量计算和语文的写作四门学科的综合。

(三) 课程与教学实施的发展趋势

1. 尊重学生的主体地位,实施个性化课程

学校不是工厂,学生更不是流水线上无思想、无差别的复制品。当人类社会进入 20 世纪 90 年代以后,全球经济、科技、社会和文化的根本性变化,使人们感受到,现在的时代是注重个性的多样化时代。为积极应对信息化社会与知识经济的挑战,世界各国越来越重视教学中对于个性的培养,也越来越清楚地意识到,教育是儿童的教育、课程是儿童的课程、学习是儿童的学习。课程的实施必须考虑学生个体的情况,因材施教,力求达到个性化教学,让每个学生都能得到最大限度的发展。

日本的教育由于一直以来渗透过多集体主义的思想,忽视学生个性的发展而受到批判。所以,日本在新一轮的教育改革方案中提出了尊重个性,重视个性发展的教育原则,强调因人而异的教学和体验学习。而在教育传统上一直比较强调一致性、统一性的新加坡,为了发展学生的个性,也实施了个别化的学习,提出了六条改革措施:(1) 允许课程要求有差异;(2) 学生学习的年限不强求一致;(3) 采用多样化的考试和自我评估方式;(4) 对差生实施辅导和指导计划;(5) 为学习能力强的学生开设特别课程;(6) 组织各种课外活动,发挥学生的个性特长。

2. 促进教学方法的多样化

教学方法的改革历来是各国教学改革的重点之一,各国在改革课程的同时往往也进行教学方法的改革,使二者相互促进,从而提高教学质量。而在先进理论成果的推动下,为更好地实现教学目标,各国都表现出教学方法多样化的趋势。

美国早在 19 世纪后期在引进欧洲教学理论的基础上就开始进行教学方法的改革。经过漫长的探索,教学方法从陈旧落后走向繁荣与多样化,从效仿欧洲而一跃成为世界的样板。美国教学方法突破性的改革始于杜威,杜威认为学校中求知的真正目的,不在于知识本身,而在于如何应用知识来满足需求,因而主张"从做中学"。20 世纪

60年代,为有力地推进课程改革,美国又相应进行了教学方法的改革,推广"发现法"或"探究学习""程序教学"。20世纪80年代以后,科学技术日益发达,推动了教学技术的改善,个别化教学、个性化教学、个别处方教学等倍受美国教育的青睐。与此同时,其他国家在进一步改善传统教学方法的同时,也纷纷采用了一些新的教学方法。如,范例教学法、问题发展性教学法、暗示教学法、问题解决法、分组教学法、个别教学法、计算机辅助教学法、研究性学习等。

(四) 课程与教学管理的发展趋势

从整个世界来看,各国的课程行政管理体制存在两种倾向:中央集权制(如苏联、中国、日本等)和地方分权制(如美国、英国、澳大利亚等)。这两种管理体制无所谓优劣,各有优缺点。而为获得更好的教育发展,世界各国大都根据自己的教育背景及实际情况,在课程管理上表现出"均权化"的整体发展趋势。课程管理的"均权化",是指课程管理的权利在中央、地方、学校三方之间的重新分配(但并非指三方之间平均分配),力求课程管理权力分配的均衡化。均权化主要有两种模式:一种是权力下放,另一种是权力上收。

权力下放,是指课程管理的权力由高度集权向权力下放、非集权化的方向发展。如法国,从1973年就在中等教育中尝试下放课程管理权限,给学校10%的课时自由支配,到1985年颁布《分权法》,进一步明确中央学区、省、市、镇各级教育管理的职权范围。韩国第六次教育改革的特点之一就是:"实行教育课程决定分权化——改变过去的中央集权型课程为地方分权课程。"日本在新的课程改革方案中也致力于推进学校特色课程的开发。

权力上收,是指课程管理权力由高度分权向一定程度的统一的方向发展。如美国,由于历史原因,一直没有全国统一规定的学校课程。但1991年和1993年颁布的《美国2000年教育战略》和《2000年目标:美国教育法》都提出建立国家统一的课程标准。英国课程的主要影响力是教师、学校,但这一传统从颁布《1988年教育改革法》开始有所变化。该法规定了包括核心课程和基础课程的国家课程,作为中小学的必修课。

(五) 课程与教学评价的发展趋势

评价的目的不仅仅是为了诊断,它还可以促进发展,并且提供前进的方向和动力。随着对课程与教学评价在课程改革中重要地位认识的日益加深,越来越多的国家开始探索与实践着与其课程与教学改革相适应的评价体系、评价模式与方法,而从整个世界来看,课程与教学评价的发展表现出多元化的趋势。

课程评价多元化是应社会、经济的进步,教育理论、评价理论、心理学理论的发展与变化而产生的,是世界各国课程与教学评价的发展趋势。(1)评价标准的多元:考虑不同地区、不同学校的发展水平和实际情况,使评价更具有适应性和灵活性。此外,考虑不同学生间的个体差异,使课程与教学评价真正起到促进学生学业水平提高和更好发展的作用。(2)评价内容的多元:将学生的态度、价值观和人生观、情感、审美素养、身体素质、创新精神、分析问题和解决问题的能力等各个方面全部列入评价范围,而不只是注重对学生的知识与技能的掌握进行评价。(3)评价主体的多元:实现行政管理者、学校管理人员、教师、学生、家长、社区及专家在评价过程中的参与,强调评价主体间的互动,自评与他评相结合,促进评价的民主化。(4)评价方法的多元:不仅有定量评价,还要有定性评价,例如,档案袋评价法、实践作业法、表现性评价等。总之,在课程与教学的评价实践中,人们趋向于把定性评价作为量化评价的指导,同时把定量评价作为定性评价的基础,两者取长补短,共同发挥各自的优势。①

第三节　我国课程与教学改革

> **案例 8-3**
>
> **问题情境:一堂"乱糟糟"的自然常识课**
>
> 一位美国教师教小学生《蚯蚓》一课时,先对课文进行了简要讲解,然后叫同学们各自准备一张纸到讲台上领取老师课前准备好的蚯蚓。许多蚯蚓从纸片上滑落下来,学生们便推桌子、挪椅子地弯腰抓蚯蚓,教室里乱成一团,教师却一言不发,站在讲台上冷眼旁观。课后老师回答旁听的教师对此情境的质疑说:"上了一节'蚯蚓'课后,假如学生连蚯蚓也抓不住,那么这节课还有什么意义?"
>
> 案例中的课堂,看似"荒谬",却让孩子于乱糟糟的课堂中通过自己的努力而获得了真知。敢于想象、敢于实践、敢于创造,这是新时代课堂教学所召唤且不断追求的,也是我国基础教育的课堂教学改革的着重点。历史的车轮在不断前进,社会的发展、教育学科的发展、新时期对人才培养的要求,都使得课程与教学改革势在必行。
>
> 资料来源:李自璋.从一堂外教课谈我国的课程与教学改革[J].中小学教师培训,2006(9).

我国是一个人口大国,面对日趋激烈的国际竞争,人口素质的高低决定了我国在

---

① 冯增俊.当代国际教育发展[M].上海:华东师范大学出版社,2002:231.

国际事务中地位的高低,并直接关系到整个中华民族的繁荣昌盛。因此,不管在什么时期,承担着人才培养重担的教育改革都处于无可替代的重要地位。

一、我国课程与教学改革的回顾及现状

中华人民共和国成立以来,我国共进行了八次基础教育课程改革,而正式开启于2001年秋季的第八次基础教育课程改革,其步伐之大、速度之快、难度之大,都是前七次改革所不可比拟的。表8-4展示了新中国成立以来我国的前七次基础教育课程改革的标志性文件及主要改革内容。

表8-4 新中国成立以来我国的前七次基础教育课程改革

时间(年)	标志性文件	主要改革内容
1949—1952	《小学各科课程暂行标准(草案)》《中学暂行教学计划(草案)》《关于改革学制的决定》《小学暂行规程》《中学暂行规程》	这次课程改革,主要完成了改造旧中国中小学课程体系的任务,实现了教学计划、教学大纲、教科书的统一
1953—1957	《关于整顿和改进小学教育的指示》《关于改进和发展中学教育的指示》《中小学各科教学大纲(修订草案)》	这次改革着眼于建设比较系统的课程体系。中小学课程变动比较频繁,国家先后颁布了五个中学教学计划,变化表现在课程的时数和内容逐步精简
1958—1965	《关于教育工作的指示》《全日制中、小学暂行工作条例(草案)》《全日制中小学新教学计划(草案)》	1958—1960:下放课程管理权力;缩短学制,自编教材,自请教师;组织参加生产劳动,建设生产劳动课程;强化思想政治教育和对教师的思想改造
		1961—1965:(1)统一管理基础教育课程;(2)制订新教学计划;(3)制订新教学大纲,编写新教材
1966—1976	《关于调整和精简中小学课程的通知》	正常教学秩序遭到破坏,中小学教学片面强调突出政治,大幅度削弱基础知识
1977—1985	《全日制十年制中小学教学计划(试行草案)》《全日制五年制小学教学计划(修订草案)》《全日制六年制重点中学教学计划(试行草案)》《中共中央关于教育体制改革的决定》	1977—1980:拨乱反正,恢复中小学的课程秩序。(1)统一规定全日制中小学学制十年;(2)恢复了"文化大革命"前实施的主要课程;(3)编写新的教材
		1981—1985:(1)修订颁布五年制中、小学教学计划,调整课程和课时;(2)制定了一些课程的教学大纲;(3)人教社组织编写第六套全国通用教材
1986—1991	《义务教育法》《义务教育全日制小学、初级中学教学计划(试行草案)》	国家教委公布了义务教育教学计划初稿,突出了新型教育方针的具体要求,适当增加了基础学科的教学时数,在教学计划中给课外活动留出固定的足够的空间

续表

时间(年)	标志性文件	主要改革内容
1992—2000	《九年义务教育全日制小学、初级中学课程方案(试行)》《全日制普通高中课程计划(试验稿)》	1992年国家教委第一次将"教学计划"改为"课程计划"。1993年,新的计划突出了以德育为首,德智体美劳五育并举的全面发展的教育方针。掀起了国家课程、地方课程、校本课程以及活动课程、研究性学习课程研究的热潮

1998年,教育部颁发了《面向21世纪教育振兴计划》,要求在2000年初步形成现代化基础教育课程框架和课程标准,并改革教育内容和教学方法等,由此拉开了新一轮基础教育课程改革的帷幕。1999年6月,党中央召开了改革开放以来的第三次全国教育工作会议,公布了《中共中央国务院关于深化教育改革 全面推进素质教育的决定》,指明了基础教育课程改革的方向。2001年,《国务院关于基础教育改革与发展的决定》发布,为了贯彻《中共中央-国务院关于深化教育改革-全面推进素质教育的决定》和《国务院关于基础教育改革与发展的决定》,通过各方的反复协商、讨论,在充分调查研究的基础上,2001年6月教育部颁布了《基础教育课程改革纲要(试行)》,我国新一轮基础教育课程改革于2001年秋季正式启动(见表8-5、表8-6)。

表8-5 我国新一轮义务教育课程改革实验推进进程

时间	推进情况
2001年	义务教育新课程在38个国家级实验区开始实验
2002年	2002年全国共启动520个省级实验区,有18%的县(区)使用新课程
2003年	又有910多个省级实验区启动课程实验,占全国县(区)的32%
2004年	到2004年,全国已有90%的县(区)的起始年级使用新课程
2005年	除个别地方外,在小学和初中起始年级全面使用新课程

表8-6 我国新一轮普通高中课程改革的实施进程[①]

时间	进入普通高中课程改革的省、市、自治区
2004年	山东、广东、宁夏、海南
2005年	江苏
2006年	福建、天津、辽宁、浙江、安徽
2007年	北京、黑龙江、吉林、陕西、湖南

① 注:全国34个省级行政区中,上海市的高中课程改革步伐走在全国高中课程改革之前,香港、澳门和台湾省的高中课程不参与此次中国大陆的高中课程改革。

续表

时　　间	进入普通高中课程改革的省、市、自治区
2008 年	山西、江西、河南、新疆
2009 年	河北、湖北、云南、内蒙古
2010 年	贵州、四川、重庆、甘肃、西藏、青海……
2012 年	广西

新课程的培养目标应体现现代化要求。要使学生具有爱国主义、集体主义精神,热爱社会主义,继承和发扬中华民族的优秀传统和革命传统;具有社会主义民主法制意识,遵守国家法律和社会公德;逐步形成正确的世界观、人生观、价值观;具有社会责任感,努力为人民服务;具有初步的创新精神、实践能力、科学和人文素养以及环境意识;具有适应终身学习的基础知识、基本技能和方法;具有健壮的体魄和良好的心理素质,养成健康的审美情趣和生活方式,成为有理想、有道德、有文化、有纪律的一代新人。

二、我国新一轮基础教育课程与教学改革的特点

始于世纪之初的这次基础教育改革,被称为是以课程改革为核心的全方位教育改革。而且,这次改革在课程与教学的各方面都表现出不同于前七次改革的一些显著特点。

(一)实现课程功能的转变

当前,世界各国的课程改革都将课程功能的转变作为首要的目标,力争使新一代的国民具有适应 21 世纪社会、科技、经济发展所必备的素质。在对我国基础教育现状进行深刻反思、对国际课程改革趋势进行深入比较、对未来人才需求进行认真分析后,本次教育改革在《纲要》中首先确立了改革的核心目标即课程功能的转变:改变课程过于注重知识传授的倾向,强调形成积极主动的学习态度,使获得基础知识与基本技能的过程同时成为学会学习和形成正确价值观的过程。即从单纯注重传授知识转变为引导学生学会学习,学会合作,学会生存,学会做人,打破传统的基于精英主义思想和升学取向的过于狭窄的课程定位,而关注学生"全人"的发展。通俗点说,如果传统教育关注的仅仅是学生有没有"鱼",那么新课改则关注学生愿不愿意"钓鱼"、会不会"钓鱼"、享不享受"钓鱼"过程、"钓到鱼"愿不愿意与人分享等多方面。

(二)体现课程结构的均衡性、综合性和选择性

《纲要》中明确提出,课程设置必须"体现课程结构的均衡性、综合性和选择性"。均衡性、综合性和选择性既是本次课程结构调整的三条基本原则,又是新课程结构区别于以前课程结构的三个基本特征。

均衡性是指学校课程体系中的各种课程类型、具体科目和课程内容能够保持一种

恰当、合理的比重。根据新课程的培养目标,新课程结构整体设置了九年一贯制课程门类和课时比例,同时通过课时比例调整,使其保持适当的比重关系。

综合性是针对过分强调学科本位、科目过多和缺乏整合的状况而提出的。主要体现在三个方面:第一,加强学科的综合性。就一门学科而言,注重联系儿童经验和生活实际;就不同学科而言,提倡和追求彼此关联,相互补充。第二,设置综合课程。此次课程改革不仅开设了与分科课程相对应的综合课程,而且规定:小学阶段以综合课程为主,初中阶段设置分科与综合相结合的课程,高中以分科课程为主。第三,增设综合实践活动。综合实践活动是一门高度综合的课程,是本次课程改革的一个亮点。其内容主要包括:信息技术教育、研究性学习、社区服务与社会实践,以及劳动与技术教育等。

选择性是针对地方、学校与学生的差异而提出的,它要求学校课程以充分的灵活性适应于地方社会发展的现实需要,以显著的特色性适应于学校的办学宗旨和方向,以选择性适应于学生的个性发展。选择性的集中体现的是新课程减少了国家课程在学校课程体系中所占的比重,在义务教育阶段,将10%~12%的课时量给予了地方和校本课程的开发与实施(见表8-7)。

表8-7 义务教育课程设置表[①]

年级										
	一	二	三	四	五	六	七	八	九	
课程门类							思想品德	思想品德	思想品德	
	品德与生活		品德与社会				历史与社会(或选用历史、地理)			
			科学				科学(或选用生物、物理、化学)			
	语文	语文	语文	语文	语文	语文	语文	语文	语文	
	数学	数学	数学	数学	数学	数学	数学	数学	数学	
			外语	外语	外语	外语	外语	外语	外语	
	体育	体育	体育	体育	体育	体育	体育	体育	体育	
	艺术(或选择音乐、美术)									
	综合实践活动									
	地方与学校编制的课程									

(三)密切课程内容与生活和时代的联系

新课改对课程与教学内容转变所提出的要求,是为了力争使课程反映现代科技发

---

① 朱慕菊.走进新课程与课程实施者对话[M].北京:北京师范大学出版社,2002:23.

展的新成果,使课程具有时代精神。此外,不再单纯以学科为中心组织教学内容,不再刻意追求学科体系的严密性、完整性、逻辑性,注重与学生的经验结合在一起,使新知识、新概念的形成建立在学生现实生活的基础上。课程内容切实反映学生生活经验,努力体现时代特点,将会有效地改变学生学习生活和现实世界相脱节的状况,极大地调动学生学习的主动性和积极性。

以数学为例,新课程中删除了许多与学生生活隔离的内容,如枯燥的四则混合运算、繁难的算术应用题、复杂的多项式恒等变形以及纯公理体系的几何。在删减的同时,增加了一些与学生生活息息相关的内容,如统计、抽样、数据分析、运筹及空间与图形等知识。除此之外,在具体内容的安排和设计中也特别考虑与学生生活的联系。如在"学习生活中的数据"这一节,主要让学生统计一个调查表,记录自己家庭一周内每天丢弃的塑料袋数量,统计本小组一周内每个家庭每天丢弃的塑料袋的总数量,根据统计数据制作统计图,并根据收集的数据,估计全校同学家庭一周内丢弃的塑料袋数量,并让学生计算,如果将全班同学的家庭在一周内丢弃的塑料袋全部铺开,大约占多大面积?如此设计,贴近学生生活,使学生感到处处有数学、处处有学问。

> **案例 8-4**
>
> **改头换面,让教材新起来**
>
> 人教版义务教育六年制第九册数学教材第47页例题:一个服装厂计划做660套衣服,已经做了5天,平均每天做75套。剩下的要3天做完,平均每天做多少套?
>
> 多数学生对做衣服、烧煤之事都不太感兴趣,如果教师还有要求学生预习的习惯,上课再用这个例子就更索然乏味!当时因为全国上下正受到突如其来的"非典"袭击,我教学时为谈话引入:同学们,"非典"期间,人们最需要的是什么?学生说口罩、消毒水……我接着说:是呀,口罩、消毒液简直脱销啦!请看,光明厂计划要生产500万瓶消毒液,实际每个月生产40万瓶消毒液,生产3个月后,发现已严重脱销,剩下的要在5个月内完成,请你帮厂长算算每个月得完成多少万瓶。等我说完,同学们都已跃跃欲试。你看,巧妙的设计就可以激发学生解决问题的浓厚兴趣……
>
> 资料来源:张雪清.活用小学数学教材让教学资源更有效[J].中小学教材教学,2006(7).

(四) 改善学生的学习方式

以往长期的灌输式学习使学生变得被动、缺少自信、恭顺……自然也就窒息了人的创造性。而第八次课程改革区别于前七次课程改革的分水岭,就是从课程总体设计到课堂教学设计,始终把学生的发展置于中心地位。《纲要》明确指出,改变课程实施过于强调接受学习、死记硬背、机械训练的现状,倡导学生主动参与、乐于探究、勤于动手,培养学生搜集和处理信息的能力、获取新知识的能力、分析和解决问题的能力以及交流和合作的能力。

为了使学生的学习方式发生根本改变,保证学生自主性、探索性的学习落到实处,本次课程改革首先通过课程结构的调整,使学生活动时间和空间在课程中获得有效的保障,并在新课程标准中倡导通过改变学习内容的呈现方式,确立学生的主体地位,促使学生积极主动地学习。同时倡导学习过程转变成学生不断提出问题、解决问题的探索过程。学生学习方式的转变还意味着关注学生的学习过程和学习方法,关注学生是用什么样的手段和方法、通过什么样的途径获得知识的。由于获得知识的过程和方法不一样,由此带给学生真正意义上的收获也可能不一样,对学生终身发展的影响也就有可能不同。

(五) 建立与素质教育理念相一致的评价与考试制度

一是要建立促进学生全面发展的评价体系,使评价不仅要关注学生在语言和数理逻辑方面的发展,而且要发展学生多方面的潜能,促进学生在已有水平上的发展,发挥评价的教育功能。如表8-8为《人与自然》单元结束后的评价报告单。

表8-8 《人与自然》单元结束后的评价报告单[①]

评价的内容	学生自我评价	教师的评价
通过到教室外面欣赏自然风景,你对自然的感受有什么变化吗?	有了变化,感觉很亲切	从你的发言和档案袋中的作品看,你确实有了进步
你与同学运用多种艺术形式和多种材料表现"风",传达出你对风的感受了吗?	我尽力去做了	看得出来,你在努力掌握各种艺术表现方式,注意它们之间的连接,作品恰当地表现了你的感受,请继续努力
《印象·日出》这个作品,哪一点最打动你?	模模糊糊看不清的感觉,艺术家强调了光和色彩	你的感觉很好
平时你们经常能够看到山水画,你每次见到都认真看吗?	总是不注意	山水画很值得欣赏和学习,它会教会你亲近自然

---

① 朱慕菊.走进新课程与课程实施者对话[M].北京:北京师范大学出版社,2002:153.

续表

评价的内容	学生自我评价	教师的评价
通过临摹莫奈的《干草堆》,你觉得油画棒这种材料与彩色水笔的最大区别在哪儿?	使用油画棒作画时,可以有轻有重,适合表现光的色彩。水笔适合平涂颜色	很有见地
你与同学合作,感觉愉快吗?	我注意了合作,尽量和同学商量	你能与同学配合
我们是中国人,有必要欣赏外国的风景画吗?	很有必要	很好,只有比较才有进步
欣赏《印象·日出》时,你很用心吗?	我专心致志	你学习很用心
你能否较好地运用本单元所学的艺术知识技能?	我还没有很好掌握	经过努力,你会学会的

二是要建立促进教师不断提高的评价体系,以强调教师对自己教学行为的分析与反思,建立以教师自评为主,校长、教师、学生、家长共同参与的评价制度,使教师从多渠道获得信息,不断提高教学水平。

三是要将评价看做是一个系统,从形成多元的评价目标、制定多样的评价工具,到广泛地收集各种资料,形成建设性的改进意见和建议,每一个环节都是通过评价促进发展的不可或缺的部分。

(六) 实行三级课程管理制度

本次课程改革从我国的国情出发,妥善处理课程的统一性与多样性的关系,建立国家、地方、学校三级课程管理体制,实现了集权与放权的结合。三级课程管理制度的确立,有助于教材的多样化,有利于满足地方经济、文化发展的需要和学生发展的需要。为了实现上述目标,本次课程改革重新划分了国家、地方、学校在基础教育课程管理中的职责分工,调整了国家课程在整个课程计划中所占的比重,在课程内容和课时安排上增加了一定的弹性,让地方和学校拥有相应的选择余地。

三级课程管理具体是指:教育部总体规划基础教育课程,制定基础教育课程管理政策,确定国家课程门类和课时。制定国家课程标准,积极试行新的课程评价制度。省级教育行政部门依据国家课程管理政策和本地实际情况,制订本省(自治区、直辖市)实施国家课程的计划,规划地方课程,报教育部备案并组织实施。经教育部批准,省级教育行政部门可单独制定本省范围内使用的课程计划和课程标准。学校在执行国家课程和地方课程的同时,应视当地社会、经济发展的具体情况,结合本校的传统和优势、学生的兴趣和需要,开发或选用适合本校的课程。各级教育行政部门要对课程的实施和开发进行指导和监督,学校有权利和责任反映在实施国家课程和地方课程中所遇到的问题。

三、新课程与教学改革的成绩与问题反思

课堂教学改革作为课程改革的落脚点和最直接体现,是我们评价课程改革成效的核心和焦点,其实施情况直接影响课程改革的效果。十余年的改革实践表明,新一轮课程与教学改革一方面取得了可喜的成果,另一方面也出现了不容忽视的问题。对于成绩,必须给予肯定;当然,对于问题,也必须给予正视。

(一) 三维目标确立与教学目标虚化

新课程确立了知识与技能、过程与方法、情感态度与价值观三维一体的课程与教学目标,这是发展教学的核心内涵,也是新课程推进素质教育的集中体现。新课改中实验教师们都有了这样的意识和追求,用他们自己的话说:"现在的课堂不能只有知识的授受,还要关心学生是怎么学会的,他们学的过程有什么样的体验。"这实在是了不起的进步。然而,由于对三维目标的设计和操作缺乏理论指导和实践经验,在实施层面上便出现了教学目标的虚化现象。

知识与技能目标,该实的不实。一直以来,知识与技能都是课堂教学的一项极其重要的常规性任务,也是新课改三维目标中的基础性目标。但由于认识上的片面和观念上的偏差,不少课堂上出现了"双基"目标变得缺失或者模糊的现象。例如,新课改实施以来,传统的英语课堂中只讲语法的教学方式逐渐受到了批判。英语是一门语言,对于语言的学习光有语法的讲解肯定是歪曲了语言学习的意义。然而,现实中很多英语教师却由此走向了另一个极端——不讲语法。试问,没有语法的英语教学就能让学生掌握好这门语言了吗?

过程与方法目标的形式化。由于过程与方法这一目标是传统教学中所忽视的,所以很多一线教师在新课改的大环境下都有意识地加强了对这方面的教学设计,但在具体实施过程中,出现了为过程而过程,为方法而方法的现象,使过程与方法完全与教学内容和教学任务,甚至是学生的发展相脱离。

案例 8-5

我想要一个简单的"菜"

师:小朋友,怎样记"菜"字? 生:菜,上下结构,上面草字头,下面是采字,合起来是"菜"字。师:还有其他方法吗? 生:菜,上面草字头,下面彩色的彩去掉三撇,合起来是"菜"。师:很好,还有其他方法吗? 生:菜,上面是辛苦的苦去掉古,下面是彩色的彩去掉三撇,合起来是"菜"字。师:很好,还有其他

> 方法吗?生:菜,上面是花字去掉化,下面是彩色的彩去掉三撇,合起来是"菜"字。师:很好,还有其他方法吗……
>
> 资料来源:余文森,连榕,洪明.课程与教学论[M].福州:福建教育出版社,2011:292.

"贴标签"的情感态度与价值观。从教书育人的机制来看,情感态度与价值观教育应该是"随风潜入夜,润物细无声"式的。而在当前的课堂上,一些教师却脱离具体内容和特定情境,孤立地、人为地、机械生硬地进行情感态度与价值观教育,甚至是像讲解知识点一样,通过讲解的办法,把情感态度与价值观直接"教"给学生。这种教育显然是空洞的、无力的,因而也是低效或无效的。

(二)课程资源开发与教学内容泛化

课程资源开发是本次课程改革的一个亮点。课程意识的确立和课程资源的开发使教学从内涵到外延都发生了实质性的变化。教师们不再仅仅把教材当成学生学习的唯一对象,而是以教材为平台和依据,充分地挖掘、开发和利用各种课程资源,并注重教材与社会生活和学生经验的联系和融合。著名教育家陶行知先生说得好:"花草是活书,树木是活书,飞禽走兽小虫微生物是活书。山川湖海,风云雷雨,天体运行都是活书。活的人,活的问题,活的文化……活的世界,活的宇宙,活的变化,都是活的知识宝库,都是活的书。"

但是,由于对课程资源的开发和利用缺乏有效把握的经验,在实施层面上便出现了教学内容的泛化现象。

第一,教材受到了冷落。超越教材的前提是基于教材,但不少教师在课堂教学中却忽视了学生对文本的阅读理解,过早、过多地补充内容,海阔天空,甚至偏离文本,大谈从网上查阅到的资料,使教材受到了冷落,教学活动失去了认知的停靠点。

第二,搜集和处理信息的形式主义。一是动不动就让学生搜集资料,一些很简单明了的问题也让搜集资料,好像唯有每节课都有搜集资料的任务才是新课程。这对于学生而言就造成了另一种形式的学习负担。二是只重搜集而不重处理、利用,不能挖掘材料的应有价值,出现了为搜集材料而搜集材料的形式主义。

第三,联系实际变成了一种装饰。教学内容所联系的实际,必须是真正的实际,而不是给知识教学所穿的一件"外衣"。一些课堂上,教师牵强附会地联系实际,反而妨碍了学生对知识的真正理解。

(三)学生主体性的凸显与教师使命的缺失

本次课程改革坚持以人为本的指导思想,以弘扬人的主体性为宗旨,将实现学生充分的、有个性化的发展放到了突出的地位,尊重每一个学生做人的尊严和价值,关注每一个学生的个性差异,鼓励学生多样化、个性化的学习。应该说,无论从理念还是从实践角度,这都是很了不起的进步。但是,对这个过程中出现的问题也不容忽视。

强调了学生的独特见解,却忽视了对文本的基本尊重。教师在教学过程中,充分尊重学生在学习过程中的独特体验,鼓励学生自由地、创造性地、个性化地解读文本,这是培养学生创新精神和促进学生个性化发展的重要策略。但是由于学生自身认识的局限性,从而不可避免地出现了各种主观性偏差:《狐狸和乌鸦》——"狐狸真聪明!你看,它为了得到肉,很会动脑子";《秦兵马俑》——"我觉得应该感谢秦始皇,如果秦始皇不为自己建造陵墓,就不会留有举世无双的兵马俑了";《虎门销烟》——"林则徐没有环保意识,几百万斤烟渣冲入大海会造成多么严重的污染!"这些脱离文本主旨的个性解读是对文本的误解,不仅偏离、曲解了课文原意,而且还出现了价值观的偏离,从根本上扭曲了学习的方向和实质。

一千个读者就有一千个哈姆雷特,但哈姆雷特绝不会变成彼拉多。教师既要激励学生进行多元体验和多元理解,又要引导学生尊重人文主旨并追求共同见解,正确处理一元标准与多元解释、个性解读与文本原旨、独特认识与共性认识、多元文化与普遍价值的关系。

> **案例 8-6**
>
> ### 躺着"中枪"的司马光
>
> 师:你觉得司马光砸缸救人的做法好吗?
>
> 生1:大家都慌了,有的找大人,有的哭起来,只有司马光的办法又快又好。
>
> 生2:我觉得司马光的办法不好,砸坏了公园的缸,还有可能把缸里的小朋友砸死。
>
> 师:你们觉得第二位同学说得有道理吗?
>
>
>
> 生3:对,小石头都会砸伤人,这么大的石头真的会把缸里的小朋友砸死。
>
> 生4:缸片飞出来,还会把外面的小朋友砸伤。这办法危险!
>
> 师:这几位小朋友真会动脑筋!
>
> 资料来源:余文森,连榕,洪明.课程与教学论[M].福州:福建教育出版社,2011:297.

强调了学生的自主性,却忽视了教师的引导性。"你喜欢读哪一段就读哪一段""你想先学什么就学什么""你想怎么学就怎么学""不要紧,你想说什么就说什么"已成为当下课堂教学中的常用语。这看似充分体现了学生的主体性,但实际上因为教师作用的丧失,学生主体性的发挥受到他们自身水平的限制,致使他们的认识水平仍在原有的水平上徘徊。

教学过程是学生自主建构和教师价值引领相统一的过程。就算学生具备了一定的自主学习能力,教师也应该该出手时就出手,对学生进行必要的引领。当学生遇到疑难时,教师要引导他们去想;当学生的思路狭窄时,教师要启发他们拓宽;当学生迷路时,教师要把他们引上正路;当学生无路时,教师要引导他们铺路架桥;当学生"山重水复疑无路"时,教师要引导他们步入"柳暗花明又一村"的佳境。

(四)教学方式多样化与教学过程形式化

学习方式的变革是本次课程改革的一个亮点。为了促进学生学习方式转变,引导学生主动地、富有个性地学习,教师在教学过程中大胆改革传统教学方式,尝试新的教学方式,教学方式出现了多样化的景观。但不可否认的是,在多样化的背后,透露出浮躁、盲从和形式化倾向,学生内在的情感和思维并没有真正被激活。

"对话"变成"问答"。对话是时代精神的反映,既是一种精神,又是一种方法。新课程所提倡的对话教学是对传统独白式教学的超越。但是有不少教师把对话等同于师生问答,认为对话即教师说一句,学生说一句,并没有真正理解对话的含义。虽然对话在形式上大多是师生间言语的"你来我往",但就如同骑白马的不一定就是王子,还可能是唐僧,"你一言,我一语"的形式未必就是对话,还可能是问答。

合作有形式无实质。新课程强调学生学习方式的转变,倡导培养学生交流与合作的能力,这种新理念给课堂教学带来了清新的空气。然而,在实际教学过程中,一些教师却片面追求课堂小组合作学习这一形式,秉承着新课堂必须要有小组合作这一"原则",如同水果拼盘一样,生硬地将小组合作放入一节课中,对小组合作学习的目的、时间及过程都没有进行认真的设计。例如,有些教师根本不顾及内容的难易,适不适合小组讨论,只是"掐指一算",觉得这节课缺少了合作的环节,于是就让学生进行讨论。而对于时间的把控也不考虑学生讨论、合作的进程如何,只是如蜻蜓点水一般,认为只要有"合作"那便是真合作了。试问,这样的合作对于培养学生的合作意识和能力能起到真正意义上的作用吗?

有探究之形却无探求之实。在接受与探究的关系上,传统教学过分突出和强调接受和掌握,冷落和贬低发现和探究,使学生学习书本知识变成了仅仅是直接接受书本知识。新课程倡导和凸显探究学习。而探究学习作为一种学习方式强调探究的程序,也是探究的载体,它表明探究学习要经历一个什么样的过程,使得探究性学习和教学有章可循。但是,如果只是按照探究性学习的程序,安排探究路线,让学生按图索骥,将学生直接引向所要获得的结果,这种"探究"就会演变成对智力进行徒有形式的机械训练,而无法使学生体验探究学习的乐趣,迷失探究学习的方向,最终导致他们丧失学习科学的兴趣和热情。

新课程改革所取得的成绩,一方面体现了新课程理念的先进性、正确性,另一方面反映了教师的实践智慧和改革热情。而新课程改革所产生的问题,一方面是由于对新课程理念的理解、领会出现了偏差,另一方面则是由于实践经验和能力不足而导致的失误。

对改革中出现的问题,我们需要用科学理性的态度来审视,既不能把它绝对化,也不能置之不理。我们坚信,随着改革的不断深入,教师对新课程理念的把握将会越来越到位,越来越准确,与此同时,实施和驾驭新课程的能力和经验也会与日俱增,改革出现的问题将会随着改革的深入而得到有效解决。方向对了,总有到达目的地的一天。

本章小结

进入 20 世纪以来,世界各国都基于自身的发展和现实需要进行了相应的课程与教学改革。尽管不同的国家由于其政治、经济、科技、文化等影响因素的不同,在改革中表现出了不同的特点,但在课程与教学目标、课程与教学内容、课程与教学实施、课程与教学评价方面也呈现出一些共同的发展趋势。中华人民共和国成立以来,共进行了八次基础教育课程与教学改革,开启于 2001 年秋季的第八次基础教育课程与教学改革,范围之广、规模之大、对社会形成的冲击波之强都是前七次改革所不可比拟的。新一轮基础教育课程与教学改革所表现出的显著特点是:追求课程与教学功能的转变,体现课程结构的均衡性、综合性、选择性,密切课程与教学内容与生活和时代的联系,倡导教学方式的转变,实行三级课程管理,建立与素质教育理念相一致的考试评价制度等。但由于如此大规模的课程与教学改革属于"摸着石头过河",在改革的过程中出现了某些偏差和不理想,这意味着基础教育课程与教学改革是一项复杂的、艰巨的、长期的过程,任重而道远。

思考与练习

1. 简述国外课程改革的主要特点。
2. 分析我国新世纪课程改革的主要特点。
3. 如何理解"课程与教学改革只有起点,没有终点"这句话?

4. 在借鉴其他国家课程与教学改革经验时,我们应该如何做到"不迷失自我"?

5. 为什么说当前的基础教育课程改革是我国政治、经济发展的客观需要?

6. 谈谈对我国当前基础教育课程改革的认识。

7. 案例分析

请根据本章第三节相关内容,分析O太太的教学出现新老"大杂烩"状态的原因。

O太太是一位数学教师,在教学改革上颇为卖力。她报告说,在四年前刚开始工作的时候,她的数学教学完全是传统式的,学习数学意味着记住一系列公式和程序,她跟着课本亦步亦趋。但现在她的教学完全不同了,开始去关注学生对数学观念的理解,发现联系学生的数学概念和经验的途径。

然而,对O太太的课堂进行观察,发现她的教学并没有她自己认为的那样好。O太太确实采用了新的教学材料,发展了新的教学活动,所有这些材料和活动都是为了促进学生的数学理解。但是,她在处理这些材料的时候,却似乎仍把它们看做传统教学的一部分,仍然是教师处理数学概念,仍然是僵硬的课堂管理。结果,O太太的教学呈现出新老"大杂烩"的状态。你很难说O太太是不是已经实施了课程变革,你说她实施了,她可能只是采纳了一种符号和标志,你说她没有,她又已经做了一些。

资料来源:改编自夏雪梅.保守还是进步——对课程政策实施过程中"新旧交杂"现象的分析[J].当代教育科学,2008(18).

参考文献

1. 冯增俊.当代国际教育发展[M].上海:华东师范大学出版社,2002.
2. 钟启泉,汪霞,王文静.课程与教学论[M].上海:华东师范大学出版社,2008.
3. 刘学利,傅义赣,张继瑜.课程与教学论[M].北京:中国人民大学出版社,2013.
4. 钟启泉,崔允漷,张华.为了中华民族的复兴,为了每位学生的发展——《基础教育课程改革纲要(试行)》解读[M].上海:华东师范大学出版社,2001.

北京大学出版社
教育出版中心 精品图书

21世纪高校广播电视专业系列教材

电视节目策划教程	项仲平
电视导播教程（第二版）	程 晋
电视文艺创作教程	王建辉
广播剧创作教程	王国臣
电视导论	李 欣
电视纪录片教程	卢 炜
电视导演教程	袁立本
电视摄像教程	刘 荃
电视节目制作教程	张晓锋
视听语言	宋 杰
影视剪辑实务教程	李 琳
影视摄制导论	朱 怡
电影视听语言——视听元素与场面调度案例分析	李 骏
影视照明技术	张 兴
影视音乐	陈 斌
影视剪辑创作与技巧	张 拓
纪录片创作教程	潘志琪
影视拍摄实务	翟 臣

21世纪信息传播实验系列教材（徐福荫 黄慕雄 主编）

网络新闻实务	罗 昕
多媒体软件设计与开发	张新华
播音与主持艺术（第二版）	黄碧云 睢 凌
摄影基础（第二版）	张 红 钟日辉 王首农

21世纪数字媒体专业系列教材

视听语言	赵慧英
数字影视剪辑艺术	曾祥民
数字摄像与表现	王以宁
数字摄影基础	王朋娇
数字媒体设计与创意	陈卫东
数字视频创意设计与实现（第二版）	王 靖
大学摄影实用教程	朱小阳

21世纪教育技术学精品教材（张景中 主编）

教育技术学导论（第二版）	李芒 金林
远程教育原理与技术	王继新 张 屹
教学系统设计理论与实践	杨九民 梁林梅
信息技术教学论	雷体南 叶良明
信息技术与课程整合（第二版）	赵呈领 杨 琳 刘清堂
教育技术学研究方法（第三版）	张 屹 黄 磊

21世纪高校网络与新媒体专业系列教材

文化产业概论	尹章池
网络文化教程	李文明
网络与新媒体评论	杨 娟
新媒体概论	尹章池
新媒体视听节目制作（第二版）	周建青
融合新闻学导论（第二版）	石长顺
新媒体网页设计与制作	惠悲荷
网络新媒体实务	张合斌
突发新闻教程	李 军
视听新媒体节目制作	邓秀军
视听评论	何志武
出镜记者案例分析	刘 静 邓秀军
视听新媒体导论	郭小平
网络与新媒体广告	尚恒志 张合斌
网络与新媒体文学	唐东堰 雷 奕
全媒体新闻采访写作教程	李 军

21世纪特殊教育创新教材·理论与基础系列

特殊教育的哲学基础	方俊明
特殊教育的医学基础	张 婷
融合教育导论（第二版）	雷江华
特殊教育学（第二版）	雷江华 方俊明
特殊儿童心理学（第二版）	方俊明 雷江华
特殊教育史	朱宗顺
特殊教育研究方法（第二版）	杜晓新 宋永宁等
特殊教育发展模式	任颂羔

21世纪特殊教育创新教材·发展与教育系列

视觉障碍儿童的发展与教育	邓 猛
听觉障碍儿童的发展与教育（第二版）	贺荟中
智力障碍儿童的发展与教育（第二版）	刘春玲 马红英
学习困难儿童的发展与教育（第二版）	赵 微
自闭症谱系障碍儿童的发展与教育	周念丽
情绪与行为障碍儿童的发展与教育	李闻戈
超常儿童的发展与教育（第二版）	苏雪云 张 旭

21世纪特殊教育创新教材·康复与训练系列

特殊儿童应用行为分析（第二版）	李 芳 李 丹

特殊儿童的游戏治疗	周念丽
特殊儿童的美术治疗	孙 霞
特殊儿童的音乐治疗	胡世红
特殊儿童的心理治疗（第二版）	杨广学
特殊教育的辅具与康复	蒋建荣
特殊儿童的感觉统合训练（第二版）	王和平
孤独症儿童课程与教学设计	王 梅

21世纪特殊教育创新教材·融合教育系列

融合教育本土化实践与发展	邓 猛 等
融合教育理论反思与本土化探索	邓 猛
融合教育实践指南	邓 猛
融合教育理论指南	邓 猛
融合教育导论（第二版）	雷江华
学前融合教育	雷江华 刘慧丽

21世纪特殊教育创新教材（第二辑）

特殊儿童心理与教育（第二版）	杨广学 张巧明 王 芳
教育康复学导论	杜晓新 黄昭明
特殊儿童病理学	王和平 杨长江
特殊学校教师教育技能	昝 飞 马红英

自闭谱系障碍儿童早期干预丛书

如何发展自闭谱系障碍儿童的沟通能力	朱晓晨 苏雪云
如何理解自闭谱系障碍和早期干预	苏雪云
如何发展自闭谱系障碍儿童的社会交往能力	吕 梦 杨广学
如何发展自闭谱系障碍儿童的自我照料能力	倪萍萍 周 波
如何在游戏中干预自闭谱系障碍儿童	朱 瑞 周念丽
如何发展自闭谱系障碍儿童的感知和运动能力	韩文娟 徐 芳 王和平
如何发展自闭谱系障碍儿童的认知能力	潘前前 杨福义
自闭症谱系障碍儿童的发展与教育	周念丽
如何通过音乐干预自闭谱系障碍儿童	张正琴
如何通过画画干预自闭谱系障碍儿童	张正琴
如何运用ACC促进自闭谱系障碍儿童的发展	苏雪云
孤独症儿童的关键性技能训练法	李 丹
自闭症儿童家长辅导手册	雷江华
孤独症儿童课程与教学设计	王 梅
融合教育理论反思与本土化探索	邓 猛
自闭症谱系障碍儿童家庭支持系统	孙玉梅
自闭症谱系障碍儿童团体社交游戏干预	李 芳
孤独症儿童的教育与发展	王 梅 梁松梅

特殊学校教育·康复·职业训练丛书（黄建行 雷江华 主编）

信息技术在特殊教育中的应用	
智障学生职业教育模式	
特殊教育学校学生康复与训练	
特殊教育学校校本课程开发	
特殊教育学校特奥运动项目建设	

21世纪学前教育专业规划教材

学前教育概论	李生兰
学前教育管理学（第二版）	王 雯
幼儿园课程新论	李生兰
幼儿园歌曲钢琴伴奏教程	果旭伟
幼儿园舞蹈教学活动设计与指导	董 丽
实用乐理与视唱	代 苗
学前儿童美术教育	冯婉贞
学前儿童科学教育	洪秀敏
学前儿童游戏	范明丽
学前教育研究方法	郑福明
学前教育史	郭法奇
学前教育政策与法规	魏 真
学前心理学	涂艳国 蔡 艳
学前教育理论与实践教程	王 维 王维娅 孙 岩
学前儿童数学教育	赵振国
学前融合教育	雷江华 刘慧丽

大学之道丛书精装版

美国高等教育通史	［美］亚瑟·科恩
知识社会中的大学	［英］杰勒德·德兰迪
大学之用（第五版）	［美］克拉克·克尔
营利性大学的崛起	［美］理查德·鲁克
学术部落与学术领地：知识探索与学科文化	［英］托尼·比彻 保罗·特罗勒尔
美国现代大学的崛起	［美］劳伦斯·维赛
教育的终结——大学何以放弃了对人生意义的追求	［美］安东尼·T.克龙曼
世界一流大学的管理之道——大学管理研究导论	程 星
后现代大学来临？	［英］安东尼·史密斯 弗兰克·韦伯斯特

大学之道丛书

市场化的底限	［美］大卫·科伯
大学的理念	［英］亨利·纽曼
哈佛：谁说了算	［美］理查德·布瑞德利
麻省理工学院如何追求卓越	［美］查尔斯·维斯特
大学与市场的悖论	［美］罗杰·盖格

| 高等教育公司：营利性大学的崛起 　　　　　［美］理查德·鲁克
| 公司文化中的大学：大学如何应对市场化压力
　　　　　　　　　　　　　　　　［美］埃里克·古尔德
| 美国高等教育质量认证与评估
　　　　　　　　　　　　　［美］美国中部州高等教育委员会
| 现代大学及其图新　　　　　［美］谢尔顿·罗斯布莱特
| 美国文理学院的兴衰——凯尼恩学院纪实　［美］P.F.克鲁格
| 教育的终结：大学何以放弃了对人生意义的追求
　　　　　　　　　　　　　　　　［美］安东尼·T.克龙曼
| 大学的逻辑（第三版）　　　　　　　　　　　　　张维迎
| 我的科大十年（续集）　　　　　　　　　　　　　孔宪铎
| 高等教育理念　　　　　　　　［英］罗纳德·巴尼特
| 美国现代大学的崛起　　　　　［美］劳伦斯·维赛
| 美国大学时代的学术自由　　　［美］沃特·梅兹格
| 美国高等教育通史　　　　　　［美］亚瑟·科恩
| 美国高等教育史　　　　　　　［美］约翰·塞林
| 哈佛通识教育红皮书　　　　　　　　　　　哈佛委员会
| 高等教育何以为"高"——牛津导师制教学反思
　　　　　　　　　　　　　　　　　［英］大卫·帕尔菲曼
| 印度理工学院的精英们　　　　［印度］桑迪潘·德布
| 知识社会中的大学　　　　　　［英］杰勒德·德兰迪
| 高等教育的未来：浮言、现实与市场风险
　　　　　　　　　　　　　　　　　［美］弗兰克·纽曼等
| 后现代大学来临？　　　　　　［英］安东尼·史密斯等
| 美国大学之魂　　　　　　　　［美］乔治·M.马斯登
| 大学理念重审：与纽曼对话　　［美］雅罗斯拉夫·帕利坎
| 学术部落及其领地——当代学术界生态揭秘（第二版）
　　　　　　　　　　　　［英］托尼·比彻　保罗·特罗勒尔
| 德国古典大学观及其对中国大学的影响（第二版）　陈洪捷
| 转变中的大学：传统、议题与前景　　　　　　　郭为藩
| 学术资本主义：政治、政策和创业型大学
　　　　　　　　　　　［美］希拉·斯劳特　拉里·莱斯利
| 21世纪的大学　　　　　　　　［美］詹姆斯·杜德斯达
| 美国公立大学的未来
　　　　　　　　　［美］詹姆斯·杜德斯达　弗瑞斯·沃马克
| 东西象牙塔　　　　　　　　　　　　　　　　　孔宪铎
| 理性捍卫大学　　　　　　　　　　　　　　　　眭依凡

学术规范与研究方法系列

| 社会科学研究方法100问　　　　　　［美］萨尔金德
| 如何利用互联网做研究　　　　　　［爱尔兰］杜恰泰
| 如何撰写与发表社会科学论文：国际刊物指南　　蔡今忠
| 如何为学术刊物撰稿（第三版）　　［英］罗薇娜·莫瑞
| 如何查找文献（第二版）　　　　　［英］萨莉·拉姆齐
| 给研究生的学术建议（第二版）　　［英］玛丽安·彼得等
| 社会科学研究的基本规则（第四版）　［英］朱迪斯·贝尔
| 做好社会研究的10个关键　　　　　［英］马丁·丹斯考姆
| 如何写好科研项目申请书　　　　［美］安德鲁·弗里德兰德等
| 教育研究方法（第六版）　　　　　［美］梅瑞迪斯·高尔等
| 高等教育研究：进展与方法　　　　［英］马尔科姆·泰特
| 如何成为学术论文写作高手　　　　　　　［美］华乐丝
| 参加国际学术会议必须要做的那些事　　　［美］华乐丝
| 如何成为优秀的研究生　　　　　　　　　［美］布卢姆
| 结构方程模型及其应用　　　　　　易丹辉　李静萍
| 学位论文写作与学术规范（第二版）　李武　毛远逸　肖东发

21世纪高校教师职业发展读本

| 如何成为卓越的大学教师　　　　　　　　［美］肯·贝恩
| 给大学新教员的建议　　　　　　　　［美］罗伯特·博伊斯
| 如何提高学生学习质量　　　　　　　［英］迈克尔·普洛瑟等
| 学术界的生存智慧　　　　　　　　　［美］约翰·达利等
| 给研究生导师的建议（第2版）　　　［英］萨拉·德拉蒙特等

21世纪教师教育系列教材·物理教育系列

| 中学物理教学设计　　　　　　　　　　　　　　　王霞
| 中学物理微格教学教程（第三版）　张军朋　詹伟琴　王恬
| 中学物理科学探究学习评价与案例　　　　张军朋　许桂清
| 物理教学论　　　　　　　　　　　　　　　　　邢红军
| 中学物理教学法　　　　　　　　　　　　　　　邢红军
| 中学物理教学评价与案例分析　　　　　　王建中　孟红娟
| 中学物理课程与教学论　　　　　　　　　张军朋　许桂清

21世纪教育科学系列教材·学科学习心理学系列

| 数学学习心理学（第三版）　　　　　　　　　　　孔凡哲
| 语文学习心理学　　　　　　　　　　　　　　　董蓓菲

21世纪教师教育系列教材

| 教育心理学（第二版）　　　　　　　　　　　　　李晓东
| 教育学基础　　　　　　　　　　　　　　　　　庞守兴
| 教育学　　　　　　　　　　　　　　　　余文森　王晞
| 教育研究方法　　　　　　　　　　　　　　　　刘淑杰
| 教育心理学　　　　　　　　　　　　　　　　　王晓明
| 心理学导论　　　　　　　　　　　　　　　　　杨凤云
| 教育心理学概论　　　　　　　　　　　　连榕　罗丽芳
| 课程与教学论　　　　　　　　　　　　　　　　李允
| 教师专业发展导论　　　　　　　　　　　　　　于胜刚
| 学校教育概论　　　　　　　　　　　　　　　　李清雁
| 现代教育评价教程（第二版）　　　　　　　　　吴钢
| 教师礼仪实务　　　　　　　　　　　　　　　　刘霄
| 家庭教育新论　　　　　　　　　　　　　闫旭蕾　杨萍
| 中学班级管理　　　　　　　　　　　　　　　　张宝书
| 教育职业道德　　　　　　　　　　　　　　　　刘亭亭

教师心理健康	张怀春
现代教育技术	冯玲玉
青少年发展与教育心理学	张 清
课程与教学论	李 允
课堂与教学艺术（第二版）	孙菊如 陈春荣
教育学原理	靳淑梅 许红花

21世纪教师教育系列教材·初等教育系列

小学教育学	田友谊
小学教育学基础	张永明 曾 碧
小学班级管理	张永明 宋彩琴
初等教育课程与教学论	罗祖兵
小学教育研究方法	王红艳
新理念小学数学教学论	刘京莉
新理念小学音乐教学论（第二版）	吴跃跃

教师资格认定及师范类毕业生上岗考试辅导教材

教育学	余文森 王 晞
教育心理学概论	连 榕 罗丽芳

21世纪教师教育系列教材·学科教育心理学系列

语文教育心理学	董蓓菲
生物教育心理学	胡继飞

21世纪教师教育系列教材·学科教学论系列

新理念化学教学论（第二版）	王后雄
新理念科学教学论（第二版）	崔 鸿 张海珠
新理念生物教学论（第二版）	崔 鸿 郑晓慧
新理念地理教学论（第二版）	李家清
新理念历史教学论（第二版）	杜 芳
新理念思想政治（品德）教学论（第三版）	胡田庚
新理念信息技术教学论（第二版）	吴军其
新理念数学教学论	冯 虹

21世纪教师教育系列教材·语文教育系列

语文文本解读实用教程	荣维东
语文课程教师专业技能训练	张学凯 刘丽丽
语文课程与教学发展简史	武玉鹏 王从华 黄修志
语文课程学与教的心理学基础	韩雪屏 王朝霞
语文课程名师名课案例分析	武玉鹏 郭治锋等
语用性质的语文课程与教学论	王元华
语文课堂教学技能训练教程（第二版）	周小蓬
中外母语教学策略	周小蓬
中学各类作文评价指引	周小蓬

21世纪教师教育系列教材·学科教学技能训练系列

新理念生物教学技能训练（第二版）	崔 鸿
新理念思想政治（品德）教学技能训练（第三版）	胡田庚 赵海山
新理念地理教学技能训练	李家清
新理念化学教学技能训练（第二版）	王后雄
新理念数学教学技能训练	王光明

王后雄教师教育系列教材

教育考试的理论与方法	王后雄
化学教育测量与评价	王后雄
中学化学实验教学研究	王后雄
新理念化学教学诊断学	王后雄

西方心理学名著译丛

儿童的人格形成及其培养	［奥地利］阿德勒
活出生命的意义	［奥地利］阿德勒
生活的科学	［奥地利］阿德勒
理解人生	［奥地利］阿德勒
荣格心理学七讲	［美］卡尔文·霍尔
系统心理学：绪论	［美］爱德华·铁钦纳
社会心理学导论	［美］威廉·麦独孤
思维与语言	［俄］列夫·维果茨基
人类的学习	［美］爱德华·桑代克
基础与应用心理学	［德］雨果·闵斯特伯格
记忆	［德］赫尔曼·艾宾浩斯
实验心理学（上下册）	［美］伍德沃斯 施洛斯贝格
格式塔心理学原理	［美］库尔特·考夫卡

21世纪教师教育系列教材·专业养成系列（赵国栋主编）

微课与慕课设计初级教程
微课与慕课设计高级教程
微课、翻转课堂和慕课设计实操教程
网络调查研究方法概论（第二版）
PPT云课堂教学法